江南历史名人年谱丛刊（第一辑）

尤侗年谱

徐坤 著

复旦大学出版社

本书由上海文化发展基金会图书出版专项基金资助出版

出 版 说 明

唐宋以来，江南一直是中国的经济中心和文化中心，名人辈出。了解江南历史人物的生平、学术与思想，年谱是必不可少的工具书。为此，我社将陆续推出"江南历史名人年谱丛刊"，第一辑共收录江南地区清代历史名人年谱十二种。诸谱以时间为坐标、史实为切面，以编年的形式，真实而全面地叙述了谱主一生的行迹，保存了江南地区名人珍贵的历史文化遗产和思想学术资源，对谱牒学和江南区域文化的研究，具有重要的意义和价值。

由于各谱主生活时代不同，著作旨趣有异，因而各谱作者撰述方式亦各有侧重。为体现年谱的学术性，各谱自为凡例，自成体系，不强求体例统一。各谱作者长期致力于该人物的研究，有着较深厚的学术功底。此次集中将江南地区历史名人研究的新成果展示出来，以期继承和弘扬江南地区传统文化乃至中国传统文化。

复旦大学出版社
2020 年 11 月

目 录

序 …………………………………………………… 谭 帆 1
凡例 …………………………………………………………… 1
长洲莳门尤氏支系表 ………………………………………… 1

年谱 ………………………………………………………… 1
 万历四十六年 …………………………………………… 1
 天启二年 ………………………………………………… 1
 天启五年 ………………………………………………… 1
 崇祯元年 ………………………………………………… 1
 崇祯二年 ………………………………………………… 2
 崇祯五年 ………………………………………………… 2
 崇祯八年 ………………………………………………… 2
 崇祯九年 ………………………………………………… 3
 崇祯十年 ………………………………………………… 4
 崇祯十一年 ……………………………………………… 4
 崇祯十二年 ……………………………………………… 4
 崇祯十三年 ……………………………………………… 5
 崇祯十四年 ……………………………………………… 5
 崇祯十五年 ……………………………………………… 7
 崇祯十六年 ……………………………………………… 10
 崇祯十七年 ……………………………………………… 11
 清顺治二年 ……………………………………………… 15
 顺治三年 ………………………………………………… 17

顺治四年	18
顺治五年	20
顺治六年	20
顺治七年	22
顺治八年	26
顺治九年	28
顺治十年	31
顺治十一年	35
顺治十二年	38
顺治十三年	41
顺治十四年	42
顺治十五年	46
顺治十六年	51
顺治十七年	53
顺治十八年	55
康熙元年	59
康熙二年	61
康熙三年	63
康熙四年	64
康熙五年	69
康熙六年	70
康熙七年	72
康熙八年	77
康熙九年	80
康熙十年	84
康熙十一年	87
康熙十二年	88
康熙十三年	91
康熙十四年	93
康熙十五年	95
康熙十六年	98

康熙十七年 …………………………………… 101
康熙十八年 …………………………………… 110
康熙十九年 …………………………………… 119
康熙二十年 …………………………………… 122
康熙二十一年 ………………………………… 127
康熙二十二年 ………………………………… 133
康熙二十三年 ………………………………… 140
康熙二十四年 ………………………………… 142
康熙二十五年 ………………………………… 147
康熙二十六年 ………………………………… 149
康熙二十七年 ………………………………… 152
康熙二十八年 ………………………………… 156
康熙二十九年 ………………………………… 158
康熙三十年 …………………………………… 162
康熙三十一年 ………………………………… 165
康熙三十二年 ………………………………… 169
康熙三十三年 ………………………………… 178
康熙三十四年 ………………………………… 184
康熙三十五年 ………………………………… 194
康熙三十六年 ………………………………… 202
康熙三十七年 ………………………………… 210
康熙三十八年 ………………………………… 218
康熙三十九年 ………………………………… 224
康熙四十年 …………………………………… 230
康熙四十一年 ………………………………… 233
康熙四十二年 ………………………………… 237
康熙四十三年 ………………………………… 240

参考文献 ……………………………………… 242
人名索引 ……………………………………… 246
后记 …………………………………………… 254

序

谭 帆

徐坤是我指导的博士研究生,2006年毕业,现在是华东师大传播学院的副教授。她的博士论文选择明末清初一位重要的作家尤侗为研究对象,完成了两部著作,一部是《尤侗研究》,另一部就是这本《尤侗年谱》。《尤侗研究》已由上海文化出版社于2008年出版,而这本年谱也曾由台湾花木兰出版社出版繁体字版,此次在复旦大学出版社再出简体版,的确是令人高兴的事情。

徐坤《尤侗年谱》以尤侗一生为线索,勾勒出一幅清前期的士人图景,再现了清初江南文人的政治、生活与社交的生动画面,具有重要的研究价值。其特色和价值至少可从以下三个维度来考虑。

其一,作为清初文坛的"真才子"(顺治帝语)和艺苑"老名士"(康熙帝语),尤侗性格敦厚,名重一时,在诗、文、词、曲等多个领域皆有成就,现存《西堂全集》《西堂馀集》以及《鹤栖堂稿》等共一百四十二卷,"著书之多,同时毛奇龄外,甚罕其匹"(邓之诚《清诗纪事初编》)。关于尤侗的年谱,迄今主要是其自撰的《悔庵年谱》,惜内容过于简略,且撰写时年事已高,细节之处难免错讹;尤其在关涉其与友人结社、聚会等活动事迹时,须旁证其相关材料,加以比照、分析与说明。故而就尤侗个体的研究而言,重新编撰一部尤侗年谱颇有必要。

其二,尤侗由明入清,以八十七岁高龄辞世,一生几乎贯穿自万历至康熙的六个年号。同时,他生平交游广泛,上至达官权贵,下至市井平民,三教九流几乎皆有过从,可谓明清之际朝代更迭、社会变迁,尤其是江南一带民心士风演化的亲历者与见证人。就历史性、文化性与地域性角度而言,以尤侗的生平事迹为坐标切入历史现场,观照和还原当时江南文坛错综复杂的关系网络、文化氛围、政治气候与官场生态,也是一项重要的研究工作。

其三,近些年来,经过几代学者的共同努力,清代文学的研究已经取得长足的进展。尤侗的诸多师友同好如陈维崧、曹尔堪、毛奇龄、杜濬等,皆在不同程度上吸引了学界关注。尤侗年谱之编撰既有抛砖引玉之效,亦可谓这一学术研究链条中不可或缺之一环。

当然,清代历史文献之浩繁与琐碎众所周知,整理修订年谱是一项考验个体意志的精神劳动,需翻阅大量尚未被点校整理之著作文献与方志史料,在浩如烟海的古籍中潜心爬梳。徐坤《尤侗年谱》之编撰,便以爬梳历史文献得来的原始材料为凭据,在考察核断材料真实性的基础上,采用文史互证的考证方法,以原始资料本身为叙述对象,通过对来自不同史料之大量信息的充分汇集、仔细梳理与悉心对比来陈述事实、剖析问题,这种学术研究态度是值得肯定的。

时至今日,关于清朝名人年谱的整理与出版仍然是一项有待深耕的工作。任何宏观的学术研究都应建立于对个体充分把握的基础之上,如果缺少对重要个案的悉心整理与深入探究,清代文学史、清代历史等相关领域的研究将缺少可靠、生动的历史细节。徐坤《尤侗年谱》之编撰价值除了梳理尤侗一生之遭际,还在于勾勒了清前期诸多的士人面貌,不仅可为今后的尤侗研究作参考,也可推进清前期的文学研究和历史研究。

徐坤聪颖好学,在古代戏曲、尤侗研究等领域已有不俗的成绩,已出版多种论著,发表多篇有影响的学术论文。因工作所需,徐坤在华东师大传播学院入职后,把研究领域扩展到现代影视,尤其以美国动漫研究为主要方向,也已取得不少研究成果。这样,徐坤的研究和教学形成为"传统戏曲文化传播"和"影视批评"两个既相对独立也有所关涉的研究领域。相信徐坤能在这两个领域都做出好的成绩。

2021 年 4 月 25 日

凡　例

1. 本谱以《悔庵年谱》为底本，以《西堂全集》《西堂馀集》《鹤栖堂稿》等作品为主要资料根据，旁征尤侗诸多亲友、交游的别集、年谱、传略，以及史书、方志与家谱等材料。年谱中，有关尤侗生平而未特加注释之处，悉本自《悔庵年谱》，如无必要，不一一注明。

2. 本谱以考述尤侗家世、生平、著述、交游为主，对涉及人物思想、生平活动的时事亦作适当关注，其余内容不多罗列。且对于尤侗的著述，与考证谱主生平事迹、交游往来活动相关并有具体或大致日期可考者引之，余则从略。

3. 尤侗交游广泛，故而年谱载录牵涉人物众多。其中社会地位不俗、影响颇大且生平行迹多处可见者，本谱仅略述其生平，不特注明具体出处；声名不甚显著者，简述其生平事迹及文献出处；凡生平资料难以确知者，不敢妄述，阙如待考。

4. 在述及尤侗生平、交游时，若所遇资料与《悔庵年谱》相抵牾，旁征文献再三考证以断之，如仍难作明决，一般依《悔庵年谱》所云。

5. 本谱以年号编次，兼标干支纪年。凡有年岁日月可考之事，均按时间先后顺序排列；具体日期不详者，置于年末；年份尤为不详且琐碎者，略之。

6. 年谱中所征引之原始文献，以简洁、明确为要，一般按需以作详释；对于易见之材料，除均注明出处、引述之文力求从简，免冗赘篇幅。

7. 本谱意在搜检整理谱主的生平事迹，以客观事实文献为凭据，依靠对资料的汇集、梳理、排述、对比来说明情况，必要之处适当加以分析。

8. 本谱中有关尤侗作品的出处，主要源自康熙丙寅周君卿刻本《西堂全集》《西堂馀集》与清刻本《鹤栖堂稿》。

长洲蒯门尤氏支系表(十二世至二十五世)

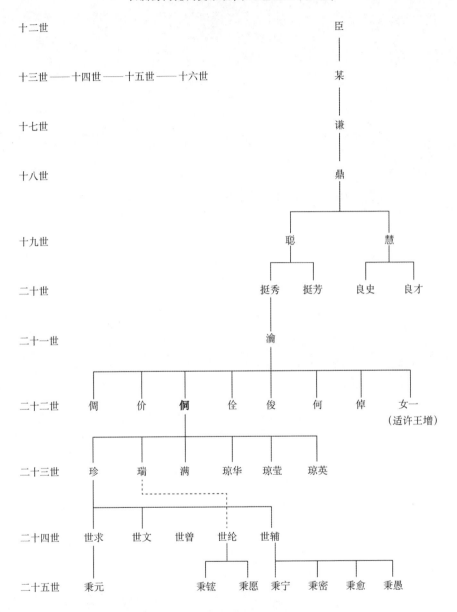

[说明]

(一) 本表据光绪辛卯重修《尤氏苏常镇宗谱》(文苑阁锓版)编制

(二) 虚线表示过继关系

万历四十六年　戊午(1618)　一岁

闰四月二十四日申时,侗生。

《悔庵年谱》卷上。《鹤栖堂稿·西堂老子生圹志》:"父亲太学远公府君,乡饮大宾,崇祀乡贤,敕赠征仕郎、翰林院检讨。妣郑氏,敕赠孺人。兄弟七人,翁其三也,所居有'七业堂'云。翁生前明万历戊午闰四月廿四日申时,越今康熙己卯,春秋八十二矣。"尤珍《沧湄文稿》卷六《翰林院侍讲先考艮斋府君行述》亦有相关记载。

是年,亲友年岁之可考者:王崇简十七岁。冯溥十岁。吴伟业十岁。归庄六岁。宋琬四岁。钦兰一岁。施闰章一岁。

天启二年　壬戌(1622)　五岁

入学,读《四书》,习《易经》。

徐枋生。

天启五年　乙丑(1625)　八岁

侗家自斜塘迁入苏州城内,居葑溪带城桥宅。

《西堂杂组二集》卷八《募重造黄石桥》:"予家世斜塘,距城数里许……既迁葑溪。"《(民国)吴县志》卷二十:"斜塘河在金鸡湖东岸,有南斜塘、北斜塘、古鸡陂、鸭城等处。"

崇祯元年　戊辰(1628)　十一岁

家又迁至葑门内上塘新造桥宅,后世居于此。

《苏州府志》卷四六《第宅园林二》:"尤侍讲侗宅在新造桥。"《西堂杂组一集》卷五《游灵严记》:"绕城而东,至葑溪,门已阖,呼之乃启。迨抵家则灯篝半天,月影横斜,侧听天街已二鼓矣。"尤珍自撰《沧湄年谱》:"顺治四年丁亥十月初四日未时,予生于葑门新造桥上塘之祖居。"尤珍《沧湄类稿》附录《寿言》中录张廷枢《尤谨庸先生七十寿序》:"其家吴之葑溪,葑溪者,城之东南葑门也。……其地近南园,半村半郭,有林木之饶,有兰若之胜。"
王熙生。

崇祯二年　己巳(1629)　十二岁

入家塾,厌时文,慕古学。自馆课经史外,窃取《老》《庄》《离骚》《左传》《战国策》《史记》《文选》诸书读之。有友钦兰比屋齐年,相与强记、辨难、对偶、射覆,间作小诗赋,大抵游戏而为。业师吴世英(字人千)见而异之,向人称"神童"云。

《悔庵年谱》卷上。
钦兰(1618—1677),字序三,与尤侗为童年同乡挚友,亦乃《悔庵年谱》所载首位少年友人。关于钦兰之生平事迹,据《看云草堂集》卷一《钦序三四十初度长歌为寿》:"与君同甲子,少君三月馀。一日复一日,四十入须臾。追忆平生两童稚,比屋连床并嬉戏。"《看云草堂集》卷八《钦序三与予齐年用前韵为寿四首》有云:"少小追随常比肩,忽成二老兴颓然。羡君多学诗馀料,愧我无官乏俸钱。"知钦兰乃尤侗齐年旧友。钦兰著有《素园诗草》。《(民国)吴县志》卷六十六《列传四》:"兰,字序三,少为诸生,有名。鼎革后,高尚不事,卖文自给,文博雅致,诗有汉魏风。性孤介,离其妻,无子,寄友人家以终。"
朱彝尊生。弟尤俊生。

崇祯五年　壬申(1632)　十五岁

出应童子试,太守史应选奇其文,语侗父尤瀹:"此子异日必以文名世。"然院试不售,益发愤。

《悔庵年谱》卷上。

崇祯八年　乙亥(1635)　十八岁

补长邑弟子员。

《艮斋倦稿诗集》卷八《元旦》:"七十八年一艮斋,逢场作戏亦奇哉。……今朝揽镜还堪笑,面目依然小秀才(原注:前乙亥,予十八岁,始入学)。"

深秋入冬之际,随父兄途经虞山。

《西堂杂组一集》卷五《游虞山记》:"忆乙亥岁,予有江上之行,从父兄便道登此。时背秋涉冬,万象萧瑟。阴风怒号,野鸟悲鸣,游子凄然,有故乡之思。未半道,足力苦烦,竟挂帆而去。"按,尤侗有二位兄长,分别为大哥尤偶、二哥尤价。

尤偶,字周人,号飞台,府庠生。娶史氏。

尤价,字介人,号心斋,长邑庠廪生。娶吴氏。

是年,始出交友。

《西堂杂组三集》卷八《祭章素文文》:"予年十八始出交友,以渐识天下之士,然总角同好,不过数人。数人中,或中道夭折者无论,其他诸子多后先捷去,登仕籍,有致身卿相者。即最不肖如仆,亦尝备朝廷之末吏。盛名之下,赋士不遇者,独素文耳。"盖因尤侗于是年始补弟子员,故自云其时始交友。

七弟尤倬生。

崇祯九年　丙子(1636)　十九岁

与同里诸子陆寿国等结文社,始交汤传楹,赋诗赠答,篇什日多。

《悔庵年谱》卷上。

陆寿国(?—1642),字灵长,号孝简子。陆寿名之兄。有遗著《岭云集》。生平事迹见《西堂杂组一集》卷三《告陆灵长文》、《(乾隆)长洲县志》卷二十四《人物三》等。

汤传楹(1620—1644),字卿谋。明诸生。与尤侗情深意笃。崇祯驾崩,汤卿谋痛哭三日,归而病殁,夫人丁氏越宿而亡。后其女嫁徐元文。汤传楹卒后,尤侗刻其遗著《湘中草》六卷,附于《西堂全集》之后。

秦松龄生。徐釚生。

崇祯十年　丁丑(1637)　二十岁

冬,赴昆山应院试。闻祖母李氏之丧,奔归。念祖母素笃爱,哭之恸,将婚,遂止。

《悔庵年谱》卷上。

崇祯十一年　戊寅(1638)　二十一岁

四月初八新婚,娶曹令为妻,时令年十八。令父应旌以例监仕至咸阳知县。

《艮斋倦稿诗集》卷十一《思旧二首》,题下自注:"崇祯戊寅四月初八日,予新婚,迄今戊寅已六十年矣。"《西堂杂组三集》卷七《先室曹孺人行述》:"吾妻曹氏讳令,字淑真。父应旌例监仕至咸阳知县。母朱氏。少读书,以疥疾未卒业,然深明书义,针指尤工。年十八归予,盖端庄淡静人也。"

曹令(1621—1678),咸阳知县曹应旌女,为侗育三男三女。其中,男尤珍、尤瑞、尤满(幼殇),女尤琼华、尤琼莹、尤琼英。

崇祯十二年　己卯(1639)　二十二岁

八月,与陆寿国、徐卿鄂(陆寿国妻舅)同舟赴南京乡试,不第归。

《西堂秋梦录·哭陆灵长文》:"己卯夏,予与卿鄂、灵长同舟赴鹿城试,对床数日,复并载而归。"《西堂秋梦录·哭陆灵长八首》一云:"回首旧游真一梦,难寻李郭共仙舟。"

九月九日,与诸子过虎溪,感发落第之失意。

《西堂剩稿》卷上《九日同诸子走虎溪(原注:己卯)》中有云:"秋声一鸣萧然薄,千岩万壑愁如削。仆本恨人不可闻,闻之捣出心头恶。"

应诏习骑射。

《悔庵年谱》卷上。

崇祯十三年　庚辰(1640)　二十三岁

四月二十四日,生日,作《自祝文》。

《西堂杂组一集》卷三《自祝文》:"四月二十四日,予生日也,家人买一瓣香,杂以蔬果,为祀星官。予乃作小文,再拜神前而告之。告罢,遂酌酒以自劝。噫嘻,尔今春秋二十有三。"

秋,与匡社诸子盟于沧浪亭。

《悔庵年谱》卷上。关于匡社,清顾轼编、顾思义订《吴梅村先生年谱》卷一:"崇祯之初,嘉鱼熊开元宰吴江,进诸生而讲艺于时,孙淳孟朴结吴翻扶九、吴允夏去盈、沈应瑞圣符等,肇举复社于时。云间有几社,浙西有闻社,江北有南社,江西有则社,又有历亭席社、昆山云簪社,而吴门别有羽朋社、匡社,武陵有读书社,山左有大社,佥会于吴,统合于复社。"

时与汤传楹同病,作《宾病秋笺倡和集》。

《西堂剩稿》卷下《哭汤卿谋》一注云:"庚辰秋,予与卿谋同病,有《宾病秋笺倡和》。"按,《宾病秋笺倡和》集未见。

是年,长女琼华出生。

《西堂杂组一集》卷三《戏册庄女九锡文》。

按,长女命名"琼华",恐与侗青年时期所慕之叶小鸾有关。

叶小鸾(1616—1632),字琼章。吴江叶绍袁之女,叶纨之姊,年十七而卒。尤侗集中颇多颂赞关涉叶小鸾的诗句,见《西堂剩稿》卷下《戏集返生香句吊叶小鸾十首》等。

周亮工中进士。

《明清进士题名碑录》、周亮工《赖古堂集》附录《年谱》。

崇祯十四年　辛巳(1641)　二十四岁

三月,同沈磐、章在兹、汤传楹赴常熟临社,与黄淳耀、陆圻、夏云蛟、吴羽三、钱安修、侯元涵、侯玄汸诸子盟于拂水岩,游虞山。

《西堂杂组一集》卷五《游虞山记》:"辛巳暮春,钱子方明有临社之盟,期于拂水岩。十五之夕,予与沈子石均、章子允(素)文、汤子卿谋买一叶,鼓行而东。……座上客为西泠陆丽京、曤城黄韬生、夏启霖、侯记原、研德、松陵吴羽三。……斯游也,友不过四人,时不过三日,地不及百里。而对床风雨,并马高丘,有宾朋之乐焉,有山水之适焉,有羁旅邂逅、欢愁离合之殊焉。昔七贤邺下,子桓叹斯乐之难常;三月兰亭,逸少悲陈迹之不再。吾辈他日登车作客,拔剑出门,千里相思,十年不见,回首今日之游,风流云散,邈若山河,不重可念耶?"《西堂杂组一集》卷四《露文序》有云:"辛巳,晤丽京于虞山。"又《于京集》卷一《挽侯记原二首》一云:"忆昔虞山会,东风拂水时。凄凉点鬼簿,惆怅纪游诗。家世三年血,文章两鬓丝。五侯今巳矣,地下可连枝(原注:识记原在辛巳春虞山临社,坐中如黄韫生、夏启霖、钱方明、汤卿谋、章素文及研德皆亡矣)。"证实了崇祯十四年春诸子的结社活动。

章在兹,字素文,江南吴县(今江苏苏州)人。顺治十四年副榜,生平事迹见《清诗别裁集》卷五、《(乾隆)长洲县志》卷二十五《人物四》。

沈磐,字石均,木渎人,明诸生。《(民国)吴县志》卷六十六《列传四》载其:"少为文文肃、杨忠节所器,事母以孝谨称。鼎革后,以诗名吴下,著有《宛陵》《吴门》两集。沈德潜订其稿刊之,与同里张锡祚、黄子云、盛锦称'灵岩四诗人'。"

黄淳耀,字韫生,号陶庵,私谥贞文,嘉定(今属上海)人。崇祯十六年(1643)进士。著有《陶庵集》《山左笔谈》。生平事迹见《四库全书总目》卷七七、《大清一统志》卷七一、《(光绪)重修华亭县志》卷十七《人物》等。

陆圻(1614—?),字丽京、景宣,号讲山,钱塘(今浙江杭州)人。明贡生,入清为僧,法号今竟。著《威凤堂文集》《从同集》等。生平事迹见《四库全书总目》卷一二五、《清史稿》卷四八四、孙静庵《明遗民录》卷四三、《明诗综》卷七七、《国朝先正事略》卷三七、全祖望《鲒埼亭集》卷二十六《陆丽京先生事略》。

夏云蛟,字启霖,嘉定(今属上海)人。明诸生。家贫,笃行好学,与黄淳耀齐名,抗清,为士卒所杀。

吴翿,字羽三,一字松岩,江南吴江(今属江苏)人。著《梅花草堂诗集》,生平事迹见《江苏诗征》卷十一。

钱安修,字方明,常熟人。诸生。幼好读书,游于张溥之门,所为古文词坚古峭拔,一时名士皆与之游,年二十九卒,生平事迹见《(光绪)常昭合志》卷三十《人物九》。

侯玄涵(1620—1664)，本名泓，作侯涵，字研德，号掌亭，苏州府嘉定(今属上海)人，侯岐曾幼子。明诸生。著《掌亭集略》《玉台金镜文》《燕喜楼日记》等。生平事迹见《清诗别裁集》卷六、《明遗民诗》卷十五、《国朝耆献类征初编》卷四六六、陈瑚《确庵文稿》卷七下《挽侯研德二首》。

侯玄汸(1614—1677)，又作侯淓，字彦直，一字记原，嘉定(今属上海)人，侯岐曾长子。明诸生，究心学术，人称潜确先生。有《潜确先生集》《明月诗筒》以及理学著作《月蝉笔露》等。生平事迹见、陆世仪《桴亭先生文集》卷三《侯记原乙未学规序》。

六月十三日，敬装观音大士像成，作《忏愁文序》。

《西堂杂组一集》卷三《忏愁文序》："昭阳大荒落之岁，六月十有三日，敬装观音大士像成。乃延苾刍、设香花诸供，赞叹作礼，命忏悔一切罪业。某稽首曰：'弟子生平不作罪业而受诸恶报，惟愁心种种未能除耳。繇此一念，即是罪业根苗，愿仗佛力开解此结。'于是手疏此文，再拜而告。"

秋，大旱，作《田夫祷序》《问雨师》。

《西堂杂组一集》卷七《田夫祷序》："辛巳秋七月，大蝗食苗几尽。田夫持伤禾告，予曰：'曷不杀之？'曰：'神怒祸且不测。'予曰：'然则祷于神而后加诛焉，可乎？'曰：'可。'遂代作文以献。"《西堂杂组一集》卷七《问雨师》有云："今日之旱三者，何居其为天旱。"同卷七又有《五禽言(原注：忧旱)》《二禽言(原注：喜雨)》记此次旱情。

自名其室曰"西堂"。

《西堂杂组一集》卷六《西堂铭》。

　　　　崇祯十五年　　壬午(1642)　　二十五岁

元旦有雪，赋诗记之。

《西堂剩稿》卷下《壬午元旦见雪》。

春，与汤卿谋送人赴任，游武陵。

《西堂杂组一集》卷五《六桥泣柳记》："犹记壬午春，与亡友汤卿谋再送人，游武陵，赋诗。予顾语之曰：'但见送人作郡，不见送汝作郡，西湖有知，不且揶揄吾辈杀风景乎？'"具体所送何人不详。

七八月间,赴科试不录,遗试又不录。

《西堂秋梦录·弃置复弃置二首》序云:"予失意后再走江上,已沉船破釜……而十上不行,三黜仍去,命也。"又《西堂秋梦录·夜行》:"惭魂无处去,不敢梦归家。"《西堂秋梦录·入门》:"莫言沦落苦,且慰别离思。"

归而患河鱼疾,病卧在床,辑《西堂秋梦录》。

《悔庵年谱》卷上。《西堂秋梦录·病信》序云:"今年春夏可幸无恙,入秋旬馀,遂得河鱼疾。"按,当年立秋在七月十三,"入秋旬馀"则时至七月下旬,可推知尤侗乃于此时食鱼患疾。《西堂秋梦录》题下自注:"壬午七、八、九月之作。"又《西堂秋梦录·和江月诗五首》序云:"予八月中放废家居,颇似闲人,抱文园之疾,足不出外户。"知时闲居家中,著《西堂秋梦录》遣愁绪。

八月九日,陆寿国游金陵雨花台,吊方孝孺祠。

《西堂秋梦录·哭陆灵长八首》,一云:"雨花台上谒荒祠,破藓曾题怀古诗(原注:八月九日,陆子游雨花台,吊方正学,自此绝笔)。孝友文章君不愧,山川草木我重悲。江潮咽尽招魂赋,野鸟啼残堕泪碑。地下若逢诸义士,为言有客吊湘累(原注:今春,予作《壬午诸臣论赞》,陆子以建文书法致予备考)。"

陆寿国以疾卒于江干舟次,年仅二十六。因病送椁不及,与卿谋望空酹酒,哭于其室,并作文吊之。后刻其遗稿《岭云集》。

《西堂杂组一集》卷二《悲秋风》注云:"哀陆灵长也。"《西堂杂组一集》卷三《告陆灵长文》:"仲秋二旬,予病卧荒庐,客有南中归者,以陆子讣音告。初闻惊怛,未敢信也。越二日,病少间,遽走询之,则椁达墓门矣,一恸而返。又三日,与汤卿谋哭之其室,拟抽管陈词,泪涔涔下,投笔而止。延至明月,乃叙一言以告吾友……未有如君之德而才,才而贫贱,贫贱而仅二十六年,二十六年而仅六日之疾以殁,殁而又离家五百里之外。"《西堂秋梦录·哭陆灵长八首》一云:"悲哉四子只存三(原注:予与卿谋、二陆盟四子社),编曲弹琴益不堪。野树独怜左伯死,竹林谁共阿戎谈(原注:辛巳春,七子游虞山,尝戏陆子为阿戎)?叩棺何及思悬剑,渍酒空然愧脱骖。他日墓门重执绋,北邙松柏一时南(原注:陆子椁至河干,予尚未知,不及素车奔丧,仅与卿谋望空酹酒,哭之其室)。"汤传楹《湘中草》卷四《哀江头》:"自灵长之殁,吾辈各天相吊,不言神伤。……予悲悼之馀,情不能已,聊复赋此以志感怀略同,名曰'哀江头',盖陆子卒于江干舟次,爰借杜陵之泪,敬吊湘累之魂云尔。"

九月,卿谋寄诗感怀。

《西堂剩稿》卷下《哭汤卿谋》,一云:"挹青亭上望平畴,曾背奚囊一网收。今日招魂魂可至,月明同醉蓼花洲(原注:予始病起,登挹青亭。壬午秋,卿谋寄怀予诗云:'昨梦亦园秋色好,挹青亭上望平畴')。"汤传楹《湘中草》卷二《暮秋寄怀展成》:"伊人远在水中洲,褰袂从之狎海鸥。临镜珮环朝粉艳,隔帘眉黛晚峰愁。静闻落叶添诗料,遥数归云下酒筹。昨梦亦园秋色好,挹青亭上望平畴(原注:展成家有亦园,挹青亭园中最胜处)。"

十月九日,陆寿国将葬于凤凰山之麓。前一日,与卿谋、沈磐、冯六皆等往吊之,又顺访灵岩,登涵空阁。

汤传楹《湘中草》卷六《同社送葬奠别陆子文》。《西堂秋梦录·哭陆灵长墓二首》云:"凤凰山上烟茫茫,白日之下飞青霜。大鸟朝鸣吊鹤死,孤桐夜啸哀琴亡。"又云:"慷慨悲歌此杯酒,送君永归青松堂。……我铭石碣秋风里,当与日月争沧桑。"《西堂杂组一集》卷五《游灵岩记》:"玄黓敦牂之岁,阳月九日,故人陆子灵长将窆于凤凰山之麓。前一日,予与冯子六皆、钱子鍊百、汤子卿谋服朋友之服,驰往赴之。"此处所说"玄黓"指壬,"敦牂"指午,谓壬午之年;"阳月"指十月,可知陆灵长为壬午十月九日入葬。《西堂剩稿》卷下《哭汤卿谋》一云:"蒯缑同挂古灵岩,百步阶前倚碧杉。留得猊床花一束,西施收拾旧妆函(原注:壬午秋,予与卿谋登灵岩,曾折花供佛)。"《西堂秋梦录·登涵空阁二首》云:"我梦曾登此,如浮震泽舟(原注:……予少梦登山,见日月二井,今至灵岩,恍若旧游……)。"《西堂秋梦录·登灵岩二首》一云:"山中暮气出,石迳杳然凉。万树涵湖白,孤鸦带日黄。人同秋色静,心入梵声长。欲问兴亡事,愁烟没大荒。"汤传楹《湘中草》卷五《灵岩怀旧记》:"今纪其时,则岁在玄黓敦牂之阳月八日也;纪其地,则一山之中,有所谓琴台……采香径,画船湖者未历也;纪其人,则冯子六皆、钱子鍊百、尤子展成,益予而四,而又得山中主人沈子石均为之导也;纪其事,则以故人陆子灵长将窆于邓尉之墟,吾等执绋送之……然则回首斯游,百感交集,以视旧游之意气浩然,其所得为孰多耶?其能不始于相乐而终于相悼耶?若乃一日之言,五君之迹,与夫宾主酬答,唁吊聚散之情,则尤子叙之详矣,予故不复云。但叙其时、其地、其人、其事之由,以志同一灵岩而两游之不同盖如此。"另汤传楹《湘中草》卷二《秋杪登灵岩,展成得句云"山中暮气出",遂用其语为赋》《眺震泽》《闻梵》《登涵空阁》等均为时所作。可知,尤侗与汤传楹等此次为陆子送葬,路途顺游灵岩、登涵空阁,并有唱和。

《(民国)吴县志》卷十九:"灵岩山在赤山、焦山南,距城西南二十五里,高三百六十丈,一名砚石山。……其阳为涵空阁,西南石壁峭拔,曰佛日岩,其中平坦处即灵岩寺。"

冯六皆(1616—?),冯勖之父,江南长洲(今江苏苏州)人。《艮斋倦稿文集》卷十三《冯勉曾六十寿序》对冯六皆事迹有载。

钱鍊百,生平不详。

崇祯十六年　癸未(1643)　二十六岁

读书王复阳如武园。

《悔庵年谱》卷上。

王复阳,字禹庆,益州(今四川成都)人,生平不详。

秋,患疾,与卿谋赋诗唱和。

《西堂剩稿》卷下《哭汤卿谋》,一云:"漫言无病不成秋,君病谁归仆病留。夜雨半床诗讯少,药烟影里泣西州(原注:癸未秋,予柬卿谋云:'有诗即过日,无病不成秋。'卿谋答云:'有诗应羡子,无病益愁予。冷淡知秋意,吟来定不如。'盖予病而卿谋无病,故孰知今日不惟无病不可得,即长病亦不可得,悲夫)。"

岁暮,偶为扶鸾之戏,得遇孙过庭真人,请为《西堂秋梦录》作序,又请为亡友陆寿国招魂。

《悔庵年谱》卷上、《西堂诗集·西堂秋梦录》前有署孙过庭者《解梦语》。《西堂剩稿》卷下《哭汤卿谋》,一云:"欲赋天边第几楼,问奇应侍上真游。人间书穴都搜遍,此夜青藜重照刘(原注:客冬,予召孙真人过庭,自云掌天上笔札,卿谋赋诗赠之)。"又一云:"华亭鹤唳不堪闻,惆怅初逢李少君。又拆一行飞雁去,招魂空叫楚天云(原注:壬午,陆灵长殁,予恳孙真人招魂来归。卿谋亡,而真人去矣)。"

孙过庭(1648—1703),字虔礼,关于其籍贯,一说陈留(今河南开封)人,一说富阳(今杭州西南部)人。一般均称富阳人,然其自称吴郡(今江苏苏州)人。孙过庭乃唐高宗、武则天时人,官右卫胄曹参军、率府录事参军。博雅能文,擅长书法和书法理论。传世作品有《书谱》等。此处所云孙过庭事乃尤侗扶鸾占卜活动而生,实托其名而为之。

有感梦瑶台仙女之事,赋诗词以记,托孙过庭之名题曰《沙语》。侗又作小传并《落花赋》吊之。

《悔庵年谱》卷上。《西堂杂组二集》卷六《瑶宫花史小传》:"岁癸未,予读书王氏如武园,偶为扶鸾之戏,得遇瑶宫花史云。花史何氏……王母怜其幼敏,录为散花仙史,此掌文真人唐孙过庭告予云。"《西堂杂组一集》卷一《落花赋(原注:吊瑶宫花史也)》《西堂杂组二集》卷七《戏与瑶宫花史启》,又《西堂剩稿》卷上《太华行(原注:掌文真人孙过庭降乩云:元日,同湘江诸子游太华山,乐甚。命予与花史作长歌记之)》、《西堂剩稿》卷下《赠瑶宫花史和降乩韵》等皆为是次扶乩所作。

是年,二女琼莹生。

崇祯十七年　甲申(1644)　二十七岁

春,与汤卿谋游虎丘,联诗题壁。

《西堂剩稿》卷下《哭汤卿谋》,一云:"春风两度白公堤,空想纱笼壁上题(原注:今春,予与卿谋至虎丘,联诗题壁)。他日再来惟一哭,直教古鹤尽哀啼。"

父瀹葺亦园,命作《亦园赋》。赋文有云:"百年之后,此园之为桑田乎?沧海乎?又非主人所得而保也。"竟为谶语。

《西堂杂组一集》卷一《亦园赋》末云:"予作赋时,在甲申之春,初不觉末语为谶也,亡何,北都之变闻矣。"

三月,李自成兵破京师,崇祯帝自缢于煤山。

《世祖实录》卷四:"顺治元年四月,吴三桂遣使来言:'李自成已陷燕京,崇祯帝、后俱自经,自成于三月二十二日僭称帝,国号大顺,改元永昌。'"王先谦《东华录》顺治元年载:"是月(三月),流贼李自成陷燕京,明主自经,自成僭称帝国,号大顺,改元永昌。"

四月初一,汤卿谋过亦园,饯春小饮。

《西堂剩稿》卷下《再哭汤卿谋十首》,一云:"为问春风胡不归,落花依旧故人非。孤亭独上杳如梦,空见满园蝴蝶飞(原注:四月朔,亦园晚眺,忆去年今日,卿谋过此饯春小饮)。"

闻京师之变,汤卿谋移住村庄,遂成长别。

《西堂剩稿》卷下《哭汤卿谋》,一云:"避秦何处问桃源,满眼兵戈各泪痕。今后佳城一片地,应无风鹤惊幽魂(原注:自四月间闻京师之变,传言流寇长驱,卿谋移住村庄,遂成长别)。"

二十四日,生日,赋诗感怀。

《西堂剩稿》卷下《甲申生日感怀,再用"星"字韵》有云:"北去狼峰惊上谷,南来鹤唳到新亭。迎神自引壶中酒,独枕离骚不敢醒。"记载时局世势变迁所感。

二十九日,李自成于京师即位,国号大顺,改元永昌。次日即撤离京师。

五月,清兵占领京师。

《世祖实录》卷五:"顺治元年甲申五月……己丑,师至燕京,故明文武官员出迎五里外,摄政和硕亲王进朝阳门,老幼焚香跪迎。"

五月五日,汤卿谋留绝笔。

汤传楹《湘中草》卷二《午日(原注:绝笔)》:"卷却离骚不忍言,榴花飞血溅湘沅。百年众醉蛟龙怒,万户荒燐猿鹤冤。续命只应凭涕泪,辟兵遮莫向村原。可怜蒲酒无情物,此日能招何处魂。"

十五日,福王朱由崧于南京即帝位,是为明安宗。

二十七日,祖父挺秀卒。一时家国之痛,百感交集,赋诗志悼,并草文祭崇祯帝。

《悔庵年谱》卷上。《西堂剩稿》卷下《哭汤卿谋》,一云:"国丧家难一时并(原注:予于五月二十七日遭先王父之变)",又云:"却将离黍西京曲,谱入广陵散里弹(原注:予自五月中草文祭先帝)"。

尤挺秀,字实甫,以孝行著乡里,生平事迹见《(乾隆)长洲县志》卷二十四《人物三》。

六月六日,汤传楹病殁,年二十五。越宿,汤传楹妻丁氏亦亡。侗往哭之,抚其孤子阿雄,许以婚姻。作《哭汤卿谋文》,序汤之遗集《湘中草》,又作祭文挽诗若干,名《焚琴驸马》。

《西堂杂组一集》卷三《哭汤卿谋文》:"崇祯十七年三月十九日,贼陷京师,皇帝崩。越两月,哀诏下,吾友汤子卿谋哭临三日,归而病,以六月六日酉时卒。其明日,侗闻讣,往哭之。是夜,嫂丁夫人在病中,一恸而亡。侗又往哭之,归而病,病几死。至晦日少间,又往哭之,以一尊酒奠焉。时侗肝肠断绝,不能成声,至七月二十六日,又随同社诸子往奠哭之,则七七之期尽矣。"《西堂剩稿》卷下《哭汤卿》一云:"忠爱平生似少陵,一朝杜宇泣冬青。骑箕还喜归行在,间阖门前谒帝灵(原注:卿谋哭临三日,忧劳成疾)。"《湘中草》卷首载宋实颖《湘中草序》:"《湘中草》者,余友汤子卿谋之所著也。……自甲申三月以后,忽忽不自得,生平善病,至夏遂尔长逝,嫂夫人亦从之,距今壬子盖二十有九年矣。"宋既庭生于1621年,卒于1705年,故而所署"壬子"当为康熙十一年(1672),由此亦可证实汤传楹卒于距康熙十一年之二十九年前的1644年。另《西堂杂组一集》卷三《再哭汤卿谋文》、《西堂杂组二集》卷六《汤卿谋小传》《重题汤卿谋遗像赞》、《艮斋倦稿文集》卷十一《亡友汤卿谋墓志铭》及《西堂剩稿》卷下组诗《哭汤卿谋(原注:九十首,今删存六十首)》等均为悼亡所作。

时南朝新建,端忧抱病,憔悴不堪,友陆寿名亦患病在身。

《西堂剩稿》卷下《哭汤卿谋》,一云:"同病无人病益愁,西风何处递诗邮。鲍家坟上吟魂在,独对青枫唱晓秋(原注:今秋,予病而卿谋亡矣)。"又一云:"王杨卢骆旧文坛,半卧床头半盖棺。地角天涯生死隔,青衫有泪各偷弹(原注:予与二陆、卿谋结四子社,二子殁,而予与处实皆病甚)。"

陆寿名(1620—1671),字处实,号芝庭,江南长洲(今江苏苏州)人。顺治九年(1652)进士,改宁国府教授。后丁忧归。有《芝瑞堂古文》《诗稿》《续太平广记》。生平事迹见《(民国)吴县志》卷六十八《列传六》、《艮斋倦稿文集》卷八《陆芝庭墓志铭》、彭定求《南畇文稿》卷十《诰赠奉政大夫陕西提学道按察司佥事前进士改宁国府儒学教授芝庭陆先生行状》等。

七月六日、七日,忆及汤卿谋夫妇。

《西堂剩稿》卷下《哭汤卿谋》,一首云:"一月杳如一岁长,君亡我病两茫茫。相思误惊经旬别,欲写秋书到草堂(原注:初六日,忆亡友忌辰)。"又一云:"生别何如死别愁,天河泻作泪痕流。当年乞巧人安在?犹有双魂上彩楼(原注:初七日,忆亡嫂忌辰)。"

七月二十三日,值汤卿谋七七之日,道场设于南楼,同社诸子为之礼忏。二十六日,又与诸子哭于灵前。

《西堂剩稿》卷下《哭汤卿谋》,一云:"忏罪云何只忏愁,西方何处更悲秋。生前绮语还宜戒,文冢诗飘一笔勾(原注:二十三日,同社诸子为亡友礼忏)。"又一云:"素车白马赴山阳,萧索闲庭足断肠。一滴酒浆千点泪,哭声遥杂梵声长(原注:二十六日,予随诸子奠哭灵前,是日佛事回向)。"又一云:"一别房栊无见期,空床倒挂旧罗帷。九原魂魄犹无恙,可忆南楼风月时(原注:是日登南楼,其故房也)。"又一云:"铁马悲嘶铜雀台,玉箫声去暮钟催(原注:道场即设楼中)。"

二十七日,登吴山,感念旧游。

《西堂剩稿》卷下《哭汤卿谋》,一云:"遂使吴山作岘山,山灵堕泪水潺湲。行人莫上磨盘岭,秋草离离恨血斑(原注:二十七日,登吴山,感念七子旧游磨盘山当日饮酒处)。"

《(民国)吴县志》卷十九:"吴山为横山南出之支,在石湖滨,吴越广陵王子文奉建吴山院于此,故名。"

九月,清世祖自盛京(今沈阳)迁都京师。

九月十三日,过访汤子定,见卿谋遗孤阿雄,凄然有感。

《西堂剩稿》卷下《哭汤卿谋》,一云:"可怜未解悲风树,嘻笑依然学大家(原注:十三日,予过子定,抱阿雄出见,不胜凄然,下羊舌之泪)。"其后又一云:"百日光阴转眼间,斯人一去几时还(原注:十五日,亡友弃世已百日矣)。"按,汤卿谋卒于六月六日,其百日乃于九月十五日,故可知所云十三日亦在九月,为九月十三日。按,《悔庵年谱》顺治十八年:"嫁女于汤氏婿万熞,庠生,比部云洲公孙、文学子定子,卿谋犹子也。"可知,汤子定为卿谋手足。

与王复阳往千亩潭,采芙蓉,饮酒持螯,以咨慰藉。

《悔庵年谱》卷上。《西堂剩稿》卷下《哭汤卿谋》,一云:"扁舟偶放百花潭,一曲春风记酒酣。欲采芙蓉何处赠,雁飞今不到江南(原注:是日,泛千亩潭,看芙蓉,忆去岁卿谋寄札语)。"按,汤传楹《湘中草》卷二《暮秋寄怀展成》有句"临镜珮环朝粉艳(原注:忆池上芙蓉也)"。

十一月十二日,完成《读东坡志林二十则》,自识之。

《西堂杂组一集》卷八《读东坡志林》:"今冬羁栖千亩潭,案间适有《志林》,信手翻阅,偶有所得,捉笔书之。"文末题:"甲申十一月十二日也(原注:自识)。"

吴雯生。

清顺治二年　乙酉（1645）　二十八岁

正月,豫亲王多铎率兵破西安,移师江南。

春,葬祖父、祖母于官山祖坟,举襄事。

《悔庵年谱》卷上。《(民国)吴县志》卷四十:"处士尤聪墓在官山蔡店,子旌表孝义挺秀、孙赠检讨瀹等均附。"

三月,王简为绘小像。

《西堂杂组一集》卷六《自题小影赞二首》末道:"乙酉暮春,王子维文为予作此图,未及百日,遽遭丧乱,仓皇出奔。兵燹之馀,金石尽毁,而此图岿然独存。"

王简,字维文,吴县人。精于写真,下笔须眉逼肖,康熙初召入供奉,恩赏甚渥。生平事迹见《(民国)吴县志》卷七十五《列传·艺术一》。

十八日,登黄山,祭吊卿谋。

《西堂剩稿》卷下《再哭汤卿谋十首》,一云:"三年重客到黄山,谢朓惊人在此间。借得江潮千里恸,一江春水半江殷(原注:三月十八日,登黄山,忆壬午旧游同卿谋有作)。"距壬午已三年,可知时为乙酉年。

《(民国)吴县志》卷十九:"黄山在茶磨北四里胥塘之北,诸峰高下相连,俗称笔格山。"

十九日,登君山,吊先王,又吊卿谋。

《西堂剩稿》卷下《再哭汤卿谋十首》,一云:"鼎湖龙去恨如何,独倚江楼涕泗多。还忆青华香案吏,春风重唱故宫歌(原注:十九日,登君山,哭先帝,遂哭卿谋。时有降乩者云:先帝本青华帝君,汤子侍书金童也)。"

《(道光)江阴县志》卷三:"君山在澄江门外二里县治直北,以春申君得名,旧名瞰江山,俯临大江,北眺淮扬,南挹姑苏,东望海虞,西眄京口,洵一邑之雄胜也。"

刻汤卿谋之《湘中草》十二卷,四月间为序。

《西堂杂组三集》卷五《〈湘中草〉跋》:"亡友汤卿谋所著《湘中草》十二卷,岁在乙酉,刻之中山氏者。"《湘中草·原序》后落款为:"乙酉孟夏,书于西堂。"故知是时为四月间。

二十五日,多铎率清兵破扬州,屠城。五月,福王出奔,南中大乱。

《世祖实录》卷一五:"顺治二年四月十八日,大军薄扬州城下,招谕其守扬阁部史可法、翰林学士卫允文及四总兵官二道员等,不从。二十五日,令拜尹图、图赖、阿山等攻克扬州城,获其阁部史可法,斩于军前,其据城逆命者并诛之。五月初五日,进至扬子江……初十日,闻福王率马士英及诸太监潜遁。"蒋良骐《东华录》卷五对此亦有记载。

奉父母渡金镜湖,避地斜塘旧庄。湖寇猝发,烽火相望,寝食不宁。

《西堂杂组一集》卷一《亦园赋》:"予作赋时在甲申之春……其明年,大兵渡江,予仓皇出奔。"《年谱图诗》之《斜塘避难图》:"伤乱也,乙酉五月,予移家斜塘。八月,仍入城。"《西堂小草·避地斜塘》:"江关鼙鼓压城间,水竹村南问卜居。十里镜湖非诏赐(原注:渡金镜湖),数间草屋即吾庐。相看雕甲争驰马,自着羊裘学钓鱼。"

六月六日,汤卿谋忌日,作《反招魂》记之。

《西堂杂组一集》卷二《反招魂》:"乙酉六月六日,卿谋忌辰也。乱深矣,将安归?命巫阳辞焉,而今而后,哭则不敢。"

八月入城,应岁考,县令沈以曦、郡守丁允元俱拔第一,督学陈昌言取第五。又赴江宁应省试,不第归。

《悔庵年谱》卷上。

沈以曦,临湘(今属湖南)人,《湖广通志》卷五六载其:"由进士为常熟令,迁苏州司理。"又据《江南通志》卷一〇七载,沈以曦于顺治二年"任长洲知县"。

丁允元,字右海,山东日照人。崇祯四年(1631)进士,授中书舍人,据《(民国)吴县志》卷六十四,丁允元"顺治二年以前工科给事中改知苏州府",又《大清一统志》卷五五:"时定鼎之初,庶事草创,允元练习典故,因事厘政,纲纪粲然,尤加意人才,所识拔多知名士"。后起榆林道,不赴。生平事迹见《大清一统志》卷五五、《苏州府志》卷七十、《(民国)吴县志》卷六十四《名宦三》。

陈昌言,字禹前,号道庄,山西泽州人。崇祯七年进士,顺治初年曾任苏州府督学。生平事迹见《山西通志》卷一三八等。

作《追荐诸亡友启》,悼陆寿国、汤卿谋等亡友。

《西堂杂组一集》卷六《追荐诸亡友启》:"陆子灵长,华亭唳鹤,一去三秋;汤子卿谋,箫馆飞鸾,双归二载。泪碑犹湿,笑石难逢,业中之七子奄然,林下之五君尽矣。"

是年,少女琼英生。

顺治三年　丙戌(1646)　二十九岁

正月,王崇简考授内翰林国史院庶吉士。

　　王崇简自撰《年谱》。

　　王崇简(1602—1678),字敬哉,直隶宛平(今属北京)人。崇祯十六年(1643)进士,选庶吉士。顺治二年(1645)入都补官,累升至礼部尚书,以疾告休。卒谥文贞。著《青箱堂诗集》《文集》。生平事迹见《碑传集》卷九、《清诗别裁集》卷二、《全清词钞》卷一、《清画家诗史》甲上等。

秋,再行乡试,得太仓州守李作楫荐卷,主司则以文太奇乙之,中副榜。

　　《悔庵年谱》卷上。

　　李作楫,字盈公、辛水,孝感(今属湖北)人。崇祯三年(1630)举人,天性孝友,时称为"真孝廉",巡方使遵例举荐,授太仓州知州。生平事迹见《湖广通志》卷四十七等。

时乱未定,一日数惊,里中细人讹传恫已死,家人不胜悲骇。归,闻以笑之曰:"坡公有言:'臣亦自厌其馀生矣。'"作诗云:"原无自祭辞陶令,遂有招魂吊屈平"。喑者笑而去。

　　《西堂杂组三集》卷七《先室曹孺人行述》:"丙戌之役,南中小警,有讹传予凶信者,妇悲骇欲自引决。"《西堂小草·秣陵游归人传已死漫引坡句自解并示家人》:"飘零亦自厌馀生,惭愧诸君诅远行。烽火天连家万里,刀镮信断梦三更。原无自祭辞陶令,遂有招魂吊屈平。今夕束薪殊可赋,挑灯却话石头城。"

徐元文时年十三,来从游。

　　《悔庵年谱》卷上。

　　徐元文(1634—1691),字公肃,号立斋,昆山(今属江苏)人。顺治十六年(1659)状元,官授翰林院编修。康熙初,迁国子祭酒,充经筵讲官。康熙十八年,监修《明史》,后擢升左都御史,迁刑部、户部尚书、文华殿大学士,兼翰林院掌院学士,以结党营私被劾解职。工文辞,与兄徐乾学、弟徐秉义以文名显于时,世称"昆山三徐"。著有《含经堂集》《含经堂书目》等。

是年,郑芝龙降清,其子郑成功不从,走入海。

潘耒生。洪昇生。彭定求生。

顺治四年　丁亥(1647)　三十岁

春,范骧舟至虎溪,与侗、曹尔堪诸子觞于君子亭,时曹尔堪与顾大申将联十郡之盟。

《西堂杂组一集》卷四《露文序》:"丁亥春,文白忽驾一叶至虎溪,六桥佳气,挟以偕来。晤对之间,觉十年旧梦忽忽复作。时鹤湖曹子顾、冶城范赤生亦在,与同社诸子觞于君子亭。……子顾与云间顾震雉(大申)将联十郡之盟,以湖上为葵丘。予愿文白提牛耳登坛,吾辈虽执鞭所欣慕焉。"可知此次聚会拟欲结社之事。清初此类文人结社活动甚为频繁,范骧是重要的参与者之一,据《海宁州志稿》卷十三:"《桑梓录》云:'国初海昌文社最盛。'丹六(袁袜)等为观社十二子,实主东南坛坫,今无能举其姓名者矣,因备录之:葛定远(辰婴)、葛定象(大仪)、葛定厂(爱三)、朱嘉征(岷左)、朱昇(方庵)、朱一是(近修)、朱永康(石磐)、范骧(文白)、袁袜(丹六)、查诗继(二南)、梁次辰(天署)、张华(书乘)。"

范骧,字文白,号默庵,浙江海宁人。《海宁州志稿》卷十三:"(文白)性孝友,工书法,环堵萧然,日以经学自娱。顺治甲午以贤良方正举,不就。晚因史案被逮,已而释归,志气如常。卒年六十八。门人私谥曰清献先生。"著有《十三经评注》《古韵通补》《海宁县志稿》《爱日堂文集》《得闲草》。

顾大申,字震雉,号见山,初名镛,江南云间(今属上海)人。顺治九年(1652)进士,授工部主事,后出为陕西洮岷道佥事,卒于官。生平事迹见《(光绪)重修华亭县志》卷十六《人物》。

曹尔堪(1617—1679),字子顾,号顾庵,浙江嘉善人。顺治九年(1652)进士,改翰林院庶吉士,授编修,迁侍讲,又升侍讲学士,以事罢归。善诗文,工词,与王士禛、宋琬、施闰章等唱和,一时目为"海内八大家"。著《杜鹃亭稿》《南溪文略》及《南溪词》等。

至太仓谒见吴伟业等,引为忘年交。又与周肇(子俶)、王揆(端士)、王昊(惟夏)、王曜升(次谷)等饮酒赋诗观乐,五旬乃返。

《悔庵年谱》卷上:"至太仓谒李夫子、太史吴梅村先生,引为忘年交。"尤侗未详名李夫子为何人,此处将李夫子置于吴梅村之前,知其应年长于吴伟业,时在太仓又被尊称为李姓"夫子"者,可能的人物之一为李明睿。

李明睿(1585—1671),字太虚,南昌人。乃谭元春、吴伟业座师,亦为明末清初颇有影响的诗人、史学家及社会活动家。尤侗诗文集中并无与李明睿的交往记载,而且据施祖毓《李明睿钩沉》(《复旦大学学报》(社科版)2002 年第 5 期)载述,李明睿其时应在南昌老家,是否有可能至太仓会友亦未可知,姑录此存疑。《西堂小草》中有《夜集周子俶宅,同吴骏公太史、万考叔、沈荷百、王曦白、次谷、徐校书、卢小史,得六十句,用正韵》:"古树绕林屋,清溪界石桥。……南邻来锦里(原注:太史比邻),北渚出离骚(原注:考叔,楚人)。入座知昭略,吹笙遇子乔。红参小史艳,粉扫念奴娇。拂麈连三倒,投壶尽百饶。"又按《梅村先生年谱》,吴伟业生于万历三十七年(1609)己酉五月,顺治四年(1647)吴伟业三十九岁,长尤侗近十岁,故有"忘年交"之称。

　　周肇(1615—1683),字子俶,江南太仓(今属江苏)人。顺治十四年(1657)举人,晚得青浦教谕,又升新淦知县。著有《东冈文稿》。生平事迹见《国朝先正事略》卷三八、《国朝诗人征略初编》卷一四、《江苏诗征》卷八一、《清诗别裁集》卷十四。

　　王揆(1619—1696),字端士,一字芝廛,太仓(今属江苏)人。王时敏次子。顺治十二年(1655)进士,以推官用,不就;康熙间荐鸿博,力辞。著《芝廛集》,生平事迹见《清史列传》卷七〇、《江苏诗征》卷四六、《清诗别裁集》卷四等。

　　王昊(1627—1679),字维夏,江南太仓人。少而能文,声名颇传,康熙十八年举博学鸿儒,未第归。著《硕园诗稿》《当恕轩随笔》。生平事迹见《清史稿》卷四八四《文苑》《清史列传》卷七十、《(民国)太仓州志·文学》卷二十、《清诗别裁集》卷十二、《全清词钞》卷五。

　　王曜升,字次谷,太仓(今属江苏)人。明诸生,著有《东皋集》。生平事迹见《江苏诗征》卷四八、《清史列传》卷七〇、《清诗别裁集》卷十四等。

　　万考叔与沈荷百生平不详。

书坊聘选丁亥房书,侗题名曰"真风",戊子、己丑皆因之。

　　《西堂杂组一集》卷四《丁亥真风序》《戊子真风序》《己丑真风序》。

十月初四,长子尤珍生。

　　《悔庵年谱》顺治四年:"十月,举长子珍。"尤珍自撰《沧湄年谱》:"顺治四年丁亥十月初四日未时,予生于葑门新造桥上塘之祖居,在七业堂东偏内室,先大人命名曰珍。"

尤珍(1647—1721),字慧珠,一字谨庸,号沧湄,一号谨坊。康熙二十一年(1682)进士,改翰林院庶吉士,散馆,授编修。二十七年充会试同考官,寻充《大清会典》《明史》《三朝国史》纂修官、日讲起居注官,迁赞善,以养亲归。工诗词,与沈德潜最善,有《沧湄文稿》《诗抄》与《沧湄札记》等。娶丘氏。生平事迹见《清史列传》卷七一、《国朝诗人征略》卷一五、《全清词钞》卷五等。

是年,冯溥、宋琬(荔裳)、蒋超(虎臣)中进士。

《明清进士题名碑录》。

姜实节生。

顺治五年　戊子(1648)　三十一岁

科试,督学苏铨拔侗为第一。省试复不第,诏以首名拔贡,明年四月试于廷。

《悔庵年谱》卷上。

苏铨,字次公,河北交河人,进士。顺治四年起,任苏州督学,著有《惊仪斋集》。生平介绍见《(民国)交河县志》卷六《选举志》等。

刻历年试卷,名曰"小草"。

《悔庵年谱》顺治五年:"科试,督学苏次公先生铨拔第一,省试复不第,诏以首名拔贡,明年四月试于廷。予刻历年试卷,名曰'小草',盖取谢公语'殆将出也'。"按,《世说新语·排调》三二:"谢公始有东山之志,后严命屡臻,势不获已,始就桓公司马。于时人有饷桓公药草,中有远志。公取以问谢:'此药又名小草,何一物而有二称?'谢未即答。时郝隆在坐,应声答曰:'此甚易解。处则为远志,出则为小草。'谢甚有愧色。桓公目谢而笑曰:'郝参军此过乃不恶,亦极有会。'"尤侗"小草"之意,殆取于此。

顺治六年　己丑(1649)　三十二岁

沈以曦本为常熟县令,以苏州司理左迁北上,侗因拔贡应试,与之同行。

《悔庵年谱》卷上。

沈以曦,字仲朗,岳州府临湘(今长沙)人,崇祯十三年(1640)进士,先为常熟知县,后迁苏州司理。为人正直。著有《惕先堂文集》。据《同治重修临湘县志》卷十一《人物志》:"有松商被诬为盗,(沈)昭雪之。缘事降知山东博兴县,恤贫急病。友人某妻被掠,称贷赎还。"

二月,至金陵,登雨花台、清凉山,泛桃叶渡、莫愁湖,取道中州,抵京城。

《悔庵年谱》卷上。

四月,廷试取第七,出学士白胤谦(东谷)、编修张尔素(东山)两先生之门,应授推官。

《艮斋倦稿文集》卷四《王夫人七十寿序》:"往者顺治己丑,予以拔贡试于廷,维时四方英杰魁垒之士,咸集京师。"《右北平集》卷首有白胤谦序,云:"余往尝以廷试识展成……。"均记是时之事。

白胤谦,字子益,号东谷,阳城(今属山西)人。崇祯十六年(1643)进士,入清,官至刑部尚书。有《东谷集》《归庸集》。

张尔素(?—1671),字贲园,号东山,阳城(今属山西)人。顺治三年(1646)进士,累官左谕德,出为江南参政,后三迁为刑部左侍郎。生平事迹见《大清一统志》卷一〇七、《重修嘉庆一统志》卷一四五。

张端、吕崇烈爱侗之才,勉以再举。

《悔庵年谱》卷上。

张端(1617—1654),字中柱,山东掖县人。崇祯十六年(1643)进士,改庶吉士。甲申之变,先降李自成,后降清朝。入清后授弘文院检讨,官至国史院大学士。卒谥文安。

吕崇烈(1595—1666),字伯承,号见斋,安邑(今属山西运城)人。崇祯十六年(1643)进士,入清后,由翰林弘文院检讨累迁至礼部左侍郎兼秘书院侍读。生平事迹见《山西通志》卷一三九、《碑传集》卷一〇。

施闰章中进士。

《愚山先生年谱》卷一、《明清进士题名碑录》。

六月归,与施闰章同出长安门。

《愚山先生年谱》卷一顺治六年载:"夏即归里。"《西堂杂组三集》卷五《施愚山薄游草序》:"忆己丑六月,先生初登第,予亦廷对,同出长安门,趋驰赤日中,解鞍村店,贳酒赋诗,以为笑乐。"《西堂小草》之《出都》《六月》《夜走株林》《归》等均载回乡一事。

施闰章(1618—1683),字尚白、屺云,号愚山、蠖斋等,晚又号矩斋,江南宣城(今属安徽)人。顺治六年(1649)进士,官江西布政司参议。康熙十八年举博学鸿儒,授翰林院侍讲,二十二年转侍读,不久病殁京邸。祖、父均为理学家,而他则以诗文名噪一时,有"南施"之目。著《学馀堂文集》《诗集》《别集》及《遗集》等。

入秋返家,哀其诗,刻《北征轴》,浩然生游思。九月二十六日,涉吴江,入樵李。十月七日至武林,渡钱塘,游西湖,作《六桥泣柳记》。

《悔庵年谱》卷上。《西堂小草·归》:"一百四十二日想,今日即真始到门。稚子喜夸夜梦准,老妻珍重酒杯存。"按月推算,尤侗已离家四月余。由于六月中始归,自京师至吴门需时几月余,而是年六月二十九立秋,可知归时已入秋。《西堂杂组一集》卷五《六桥泣柳记》:"己丑秋,自长安归,将游于东诸侯。以九月二十六日涉吴江,入樵李,至十月七日始抵于杭州,临江而舍,期以明发。渡钱塘,日已移午矣,主人延予而候潮焉。予忽忽念之曰:'吾有旧约会当去。'乃与客一、平头二逾冈越陌约五里许,始见所谓西湖者。"《西堂小草》之《吊西湖》《和西湖泣柳诗五首》《渡钱塘》等均记此次西湖游事。

行山阴道,登钓台,拜严子陵祠,憩兰溪。还至桐庐,经富阳,逗留湖上十日,抵家已为岁暮。

《西堂小草》中《山阴客夜》《再渡钱塘》《过钓台》《兰溪大云山寺》《夜泊七里滩》《登钓台谒严先生祠》《访徐世臣、柴虎臣》《归兴》等均载述此行。

时武林坊人乞侗之存稿,梓行于世。

《悔庵年谱》卷上。

顺治七年　庚寅(1650)　三十三岁

春,亡友汤卿谋遗子阿雄八岁病殇,作《遗亡友汤卿谋书》哭之。

《悔庵年谱》卷上。《西堂杂组一集》卷六《遗亡友汤卿谋书》:"弟别兄七年矣,一日不见采萧,犹叹其久,况死生契阔哉?然思兄而不见,见阿雄如见兄焉。今阿雄又殁矣,弟永无见兄之日矣。"《西堂杂组二集》卷六《汤卿谋小传》有云:"哀孤子阿雄八岁而觞。"《西堂小草·哭阿雄痘殇五首》,

一云:"荒郊宿草已离离,无限伤心强自持。今日有声吞不得,七年血泪一齐垂(原注:卿谋亡已七年)。"又一云:"讣信惊传正晓鸦,忍看玉骨委泥沙。连宵风雨真狼藉,吹折春来第一花。"汤卿谋卒于甲申(1644),由"卿谋亡已七年"句可知尤侗作此文时乃顺治庚寅年,又由"荒郊宿草已离离""吹折春来第一花"等句,可推知汤之遗子阿雄殁于庚寅春。

宛平金铉来寻盟,盟者十人:彭珑(云客)、缪慧远(子长)、章在兹(素文)、吴愉(敬生)、汪琬(苕文)、宋实颖(既庭)、宋德宜(右之)、宋德宏(畴三)、侗与金铉。

《悔庵年谱》卷上。《艮斋倦稿诗集》卷十一《感怀金冶公寄信辽阳》题下注云:"庚寅,冶公至吴,有十子之盟:缪子长、彭云客、章素文、宋既庭、右之、畴三、吴敬生、汪苕文及予也。今诸子并亡,惟存既庭与予耳。"

金铉,字冶公,直隶宛平(今属北京)人。顺治九年(1652)进士,历任都察院右副都御史、福建巡抚、浙江巡抚等职,曾主修《福建通志》。生平事迹见《四库全书·浙江通志》卷一二一。

彭珑(1613—1689),字云客,号一庵,自称"信好老人",人称"吴中醇儒",门人私谥仁简先生,长洲(今江苏苏州)人。彭定求之父。顺治十六年(1659)进士,授广东长宁知县,后因清明廉洁、刚正耿直忤逆知府,罢官而归。著有《孝经纂注》《抽簪杂咏》《山居抱子诗》等。生平事迹见徐元文《含经堂集》卷二十八《敕封国子监司业云客彭先生墓志铭》、《江苏诗征》卷七六、《(民国)吴县志》卷六十八《列传六》。

缪慧远,字子长,号宁斋,江南吴县(今江苏苏州)人。顺治丁亥进士,官寿阳知县。著有《宁斋诗集》。生平事迹见《江苏诗征》卷一四三、《清诗别裁集》卷二、《(民国)吴县志》卷六十六《列传四》等。

吴愉,字敬生,江南长洲(今江苏苏州)人。门人私谥端仁先生,贡生,官溧水训导。生平事迹见《江苏诗征》卷十四、《(民国)吴县志》卷六十八《列传六》等。

宋德宜(1626—1687),字右之,长洲(今江苏苏州)人。顺治十二年(1655)进士,选庶吉士,授编修,累迁国子监祭酒、翰林院侍读学士,擢至刑部尚书,后拜文华殿大学士,加太子太傅。卒于官,谥文恪。有《庄史辨诬》一篇、《文恪公制草》一卷、《奏议》一卷、《诗稿》一卷。生平事迹见《(民国)吴县志》卷六十八《列传六》、《江苏诗征》卷一二六等。

宋德宏,字畴三。德宜弟。顺治八年举人。生平事迹见《苏州府志》卷八八等。

汪琬(1624—1691),字苕文,号钝庵,晚号钝翁,长洲(今江苏苏州)人。顺治十二年(1655)进士,曾任户部主事、刑部郎中等职,以疾辞。返乡后,结庐太湖尧峰山,闭户撰述,不交世事,学者称尧峰先生。康熙十八年中博学鸿儒,授翰林院编修,预修《明史》,在馆六十余日,乞病归。著《钝翁类稿》《续稿》等。

宋既庭(1621—1705),名实颖,号湘尹,长洲(江苏苏州)人。顺治十七年(1660)举人,官宜兴化县学教谕。康熙十八年举博学鸿儒,不第归。著《读书堂集》《老易轩集》《玉磐山房集》等。

太仓吴伟业,昆山徐乾学,武进邹祗谟,浙江毛奇龄、陆圻、朱彝尊、曹尔堪等,集嘉兴南湖,举十郡大社,声势浩大。侗与彭珑、计东等举慎交社,七郡从焉。

沈云《盛湖杂录》。《悔庵年谱》顺治七年:"予与彭、宋、计甫草举慎交社,七郡从焉。"毛奇龄《西河集》卷一二二《骆明府倪孺人合葬墓志铭》:"当顺治初年,好为文社,每会集,八县合百馀人,钟鼓丝竹,君必为领袖进退人物,人物亦听其进退,不之难。尝同会稽姜承烈、徐允定、萧山毛甡赴十郡大社,连舟数百艘,集于嘉兴之南湖。太仓吴伟业,长洲宋德宜、实颖,吴县沈世奕、彭珑、尤侗,华亭徐致远,吴江计东,宜兴黄永、邹祗谟,无锡顾宸,昆山徐乾学,嘉兴朱茂晭、彝尊,嘉善曹尔堪,德清章金牧、金范,杭州陆圻争于稠人中觅叔夜,既得叔夜,则环而拜之。越三日,乃歃血定交去。"赵经达辑《汪尧峰先生年谱》:"顺治七年庚寅二十七岁,太仓吴梅村先生及长洲宋右之等举十郡大社,连舟数百艘,集于嘉兴南湖。越三日,乃定交去。宛平金冶公来寻盟,盟者十子:金冶公、彭云客、缪子长、章素文、吴敬生、宋既庭、宋右之、宋畴三、尤悔庵及先生也。悔庵与彭、宋、计甫草举慎交社,七郡从焉。"《(民国)吴县志》卷六十八《列传六》载宋实颖:"与吴下诸名人倡慎交社,声誉藉甚。"该书同卷六十八载彭珑:"与宋德宜兄弟订慎交社,不为驰骛声名。"可知清初文人集会结社及宋实颖、尤侗等组织慎交社活动之事。

毛奇龄(1623—1713),又名甡,字大可、于、齐于,号秋晴、初晴等,萧山(今属浙江杭州)人。因以郡望西河,世称西河先生。康熙十八年应召博学鸿儒,授翰林院检讨。康熙二十五年(1686)引疾归里。著述极富,《西河合集》凡四百余卷。生平事迹见《清史稿》卷四八一本传、《清史列传》卷六八本传、郑方坤《国朝耆献类征》卷一一九、《清诗别裁集》卷十一、《(民国)萧山县志稿》卷三〇、《全清词钞》卷五、《清画家诗史》乙上。

计东(1624—1675),字甫草,号改亭,江南吴江(今属江苏)人。顺治十四年中举,以奏销案被黜。有《改亭诗集》《文集》,生平事迹见《清史稿》卷四八四、《国朝先正事略》卷三八、《国朝耆献类征初编》卷四二五、《清儒学案小传》卷四、《江苏诗征》卷一三七、《清诗别裁集》卷五等。

吴伟业(1609—1671),字骏公,号梅村,别署灌隐主人,江苏太仓人。崇祯四年(1631)进士,授翰林院编修,升国子监司业,后任南明弘光朝少詹事,乞假归。入清以两江总督马国柱荐,诏授秘书院侍讲,充修太祖、太宗圣训纂修官,又迁国子监祭酒,辞官归。著《梅村集》《梅村家藏稿》及戏曲《通天台》《临春阁》等。

徐乾学(1631—1694),字原一,号健庵,江南昆山(今江苏)人,与弟徐元文为顾炎武外甥。康熙九年(1670)进士,授编修,历任礼部侍郎、左都御史、内阁学士、刑部尚书等职。解组南归后,以亲属、门客依势横行被劾夺职,卒后仍复原官。奉旨编纂《明史》《大清一统志》及《清会典》等。工诗文,著《憺园文集》等。

邹祗谟(1627—1670),字讦士,号程村,别号丽农山人,江南武进(今江苏)人。顺治十五年与王士禛同榜进士。赋词甚工,与王士禛合选《倚声初集》二十卷,著《邹讦士诗选》《程村文选》《丽农词》及《远志斋词衷》等。

朱彝尊(1629—1709),字锡鬯,号竹垞,晚号小长芦钓鱼师、金风亭长,浙江秀水(今嘉兴)人。早年抗清,事败以布衣游幕四方。康熙十八年应试博学鸿儒,除检讨,纂修《明史》。康熙二十年充日讲官,二十二年入值南书房,屡经劾复,终罢归。工诗文,与王士禛有"南朱北王"之称。著《曝书亭集》《经义考》等。

骆复旦,字叔夜,山阴(今绍兴)人。工诗。有《桐荫堂诗钞》等。生平事迹可见《(光绪)诸暨县志》志三一《人物志·列传五》、《(乾隆)绍兴府志》卷五十四《文苑》等。

秋,过访蒋超太史,时值蒋新婚,留饮。

《西堂小草·访蒋虎臣太史留饮却赠》:"锦瑟新调云母幌(原注:太史

新婚),芸香旧染鹤文绫。"

蒋超(1625—1673),字虎臣,号绥和、绥庵,又号华阳山人、华绥山人等,金坛(今属江苏)人。顺治四年(1647)进士,授翰林院修撰。少耽佛典,好游山水,无宦情。晚入峨嵋,卒于伏虎寺。著《绥庵诗稿》。

至衢州,访李际期观察。时李义赎毛力怀女,择配周召。

《西堂小草·李庚生观察赎同年毛力怀女择配周公右,诗以美之》有"使君感旧伤慨慷,不惜黄金赎翠珰。孟德有心嫁蔡琰,小乔不意得周郎"句。

李际期,字应五、元献,号庚生,孟津(今属河南)人。崇祯庚午举于乡,庚辰成进士。鼎革后,授工部主事,丙戌视学两浙,再迁金衢道,生平事迹见《(康熙)孟津县志》卷七。

周召,字公右,衢州府西安(今属浙江)人,顺治五年拔贡。《(光绪)衢州府志》卷三十五《孝友》载其:"五岁丧父,事母李孺人至孝,家贫,织履以佐食,夜则读古人书。为文典赡丰藻,学使黎元宽、李际期皆国士遇之。以选知陕西凤县,多惠政。为人严正坦易,朝夕编摩不辍,所著述甚富。"

遇太史陈炌于柯山,订南湖之约。

《西堂小草·陈公朗太史奉诏再游两浙,遇于柯山,且订南湖之约》:"亲捧金函出玉除,锦衣使者汉相如。北宫铃索悬人节,南部星文照客车。……更能一榻容徐孺,倚席同看月绝书。"

《(民国)吴县志》卷二十:"南湖本名张矢鱼湖,在周庄镇南袤三里,广亦如之。"

陈炌,字云炫,号公朗,孟津(今属河南)人。顺治丙戌会魁,授庶吉士。历官弘文院侍读学士,詹事府正詹。戊子曾典浙试,终卒于官。生平事迹见《河南通志》卷五十九、《陕西通志》卷五十二、《(康熙)孟津县志》卷七。

顺治八年　辛卯(1651)　三十四岁

三月,至嘉兴,与朱一是(近修)、彭宾(燕又)、蒋玉立(亭彦)、马耀曾(又辉)、徐斗锡等集会南湖。

《西堂杂组三集》卷四《澹芳园诗序》:"予交马子又辉,自辛卯始也。维暮之春,泛舟南湖,同座为彭燕又、朱近修、蒋亭彦、徐斗锡诸子,而又辉方有燕台之役,于是诸子即席赋诗送之,而予为之序。"《西堂小草·蒋亭彦、徐斗锡招同彭燕又、朱近修、马又辉泛舟南湖》:"荡舟出南门,一水澹容与。清波何窈窕,云是鸳鸯渚。……故人各天涯,良会空延伫。独存二三人,相逢半逆旅。"按,鸳鸯湖即南湖的别称,可知诸子集会泛舟于南湖。

朱一是(1610—1671),字近修,浙江海宁人。崇祯十五年举人,甲申后避地梅里,自署林居士、梅溪旅人、欠庵等,有《为可堂文集》《为可堂诗集》《梅里词》。生平事迹见《清画家诗史》甲上、《海宁州志稿》卷十二《典籍四》。

彭宾,字燕又,一字穆如,入清号大寂子,松江(今属上海)人。所著《偶存草》《越州草》均散佚,后友人为辑《搜遗稿》。生平事迹见《明遗民诗》卷二、《四库全书总目》卷一八一等。

蒋玉立,字亭彦,嘉善(今属浙江)人。拔贡生。少从张溥游,求实学,慷慨好施。生平事迹见《(康熙)嘉兴府志》卷十四《人物》。

马耀曾、徐斗锡,生平不详。

宿楞严寺,忽逢雨雪天气,与秦祖襄夜话,赋"饥来驱我去"二章。

《西堂小草·楞严寺雨雪,同秦汝翼夜话》:"相惊白雪下,一夜满庭栏。古寺春偏少,他乡客易寒。雨深花泪重,风动佛灯残。比屋袁安在,同歌行路难。"《西堂小草·饥来驱我去二首》有"春风多雨雪,短裘寒切肌"句,可证为其时所作。

秦祖襄,字汝翼,浙江慈溪人。崇祯十六年(1643)进士,授工部主事,弃职归,杜门著述。生平事迹见《古今图书集成·氏族典》卷一三四。

七月,王崇简升任国子监祭酒。

王崇简自撰《年谱》:"辛卯五十岁,七月,升国子监祭酒。"《世祖实录》卷五九:"顺治八年八月壬辰,升内秘书院侍读王崇简为国子监祭酒。"

八月,省试复不第。当是时,主司高珩、黄机二人觅其试卷不得,深为惋惜,遂自叹"命也",捧檄决矣。

《悔庵年谱》卷上。高珩《栖云阁文集》卷一《江南乡试录序》云:"岁辛卯,天下复当论秀于乡,上命臣珩偕臣机往典江南试。"

高珩(1614—1697),字葱佩,号念东,又号紫霞道人,山东淄川(今山东淄博)人。崇祯十六年(1643)进士,入清后,授检讨,官至刑部侍郎。为人情率萧逸,胸襟坦荡,工诗词曲,体近元、白。著《栖云阁诗》《拾遗》及散曲《醒梦戏曲》等,生平事迹见《碑传集》卷四十三、《全清散曲》小传、《清诗别裁集》卷二、《全清词钞》卷一。《西堂小草》有《饮高念东太史斋赋呈》《看云草堂集》卷八有《为高念东侍郎题文待诏雪景》，知二人日后亦有所交往。

黄机(1612—1686)，字次辰，号雪台，钱塘(今属浙江)人。孤事祖母蔡，以孝闻。顺治四年(1647)进士，选庶吉士，授编修，累迁为礼部侍郎，康熙间进尚书，官至文华殿大学士，谥文僖。生平事迹见《武林先贤传》载杨鼐之《皇清资政大夫文华殿大学士兼吏部尚书黄文僖公墓志铭》。

与陆寿名同车北上应试，作《骒车》《渡泗》记途中见闻。

《悔庵年谱》卷上。《西堂小草》中有《渡泗听仆夫唱边调歌》，《骒车六章》一为："北风猎猎，载雨载雪。室处则那，道路以月。"可见时为严冬。

按《明清进士题名碑录》，陆寿名于顺治九年中进士，那么其是年亦当上京应试，与尤侗所述合。

除夕之夜有雨，宿扈家庄。侗与陆寿名赋诗遣兴，时宋德宜、宋德宏兄弟亦同在路上，宋实颖已抵京城。

《西堂小草·除夕书怀四首》，一云："携手同车弟与兄，依依旅馆对寒檠。吴山千里齐回首，鲁酒三升自遣情。枕上晓鸡新旧梦，阶前零雨短长更。相传犹有江南俗，空谷登然爆竹声(原注：示陆处实)。"又一云："天边飞鸟影参差，河北河南共此时。……貂裘自信长安乐，蹇策徒怀歧路悲。莫以沉吟劳永夕，恐妨明发载趋驰(原注：遥同右之、畴三道中，并怀既庭京邸)。"同卷又有《岁朝阻雨扈家庄》，可见雨大而阻行程。

顺治九年　壬辰(1652)　三十五岁

至京师，二月会试。

《西堂小草·长安杂感》："三年两度入长安，依旧飞尘扑带冠。"这里指顺治六年与此次入京应试之事，故有"三年两度入长安"之语。

旅次无聊，戏作《论语诗》三十首。

《论语诗》卷首自云："今春入长安……日各赋十题，酒酣耳热，叉手便成。"《续论语诗》卷首自云："追溯壬辰(1652)之作，已四十年，今虽续前调，而一知半解，或少进焉。"

王崇简为《论语诗》作序，都下传写，以为美谈。

《悔庵年谱》卷上。《论语诗卷首》有王崇简序云："展成英矫崛起，年未三十名噪海内而不获……以乙榜试于庭，旋以选人留京师。时选士南宫，闭门燕市，三日而成《论语诗》三十首。"尤侗作《论语诗》时已年近三十五岁，王崇简所云"年未三十"应当不是指尤侗当时情况，很可能是指尤侗三十岁以前即小有名气。从尤侗早期频繁积极地参加文人集社交游活动作以推测，其文坛声名虽未如王崇简所说"名噪海内"，但在一定程度上得以传播想必亦是自然。

二月二十六日清明，同宋琬、宋实颖、陆寿名、施敬先登毗卢阁，时宋琬携饮。

《西堂小草·清明日同宋荔裳、既庭、陆处实、施尔恭登毗卢阁，荔裳携酌小饮》："满城土雨踏青难，梵阁岧峣一倚栏。……斗酒双柑休惜醉，春风不易到长安。"《于京集》卷一《寒食登毗卢阁二首》："不堪骑马地，梦断五湖滨。"末原注云："壬辰清明日，宋荔裳携酒，同施尔恭、陆处实小饮松下，今三子皆已亡矣。"

宋琬(1614—1673)，字玉叔，号荔裳，山东莱阳人。顺治四年(1647)进士，授户部司主事，累迁户部郎中，出为陇右道佥事，升永平副使，顺治十八年擢为浙江按察使。因事系禁三年，几死。释后流寓吴、越，康熙十一年重新起用，授四川按察使。次年入京觐见，适逢吴三桂举兵占领成都，惊悸忧愁而卒。与施闰章有"南施北宋"之赞，著《安雅堂集》《安雅堂未刻稿》《二乡亭词》、杂剧《祭皋陶》等。生平事迹见《清史列传》卷七〇、《清史稿》卷四八四、《(康熙)吴江县志》卷三八、《(乾隆)山东通志》卷二八、《清诗别裁集》卷二、《全清词钞》卷一等。

施敬先，字尔恭，江南长洲(今江苏苏州)人，顺治八年(1651)举人，著《尚书讲义》《性理摘要》，生平事迹见《(民国)吴县志》卷六十八《列传六》等。

五月，选授永平府推官。

《西堂小草·授永平推官后寄家人》。

《(民国)卢龙县志》卷二十《名宦》："(侗)顺治九年任永平推官。"《(民国)吴县志》卷六十八《列传六》载侗："历试不利，以贡谒选除永平府推官。"

永平任上，时一投充人借民家田产献于旗下满人，遂生斗讼。侗以法断，还田与被夺者，重惩投充人。事后题联于柱，表其为官宗旨："推论官评，有公

是,有公非,务在扬清激浊;析理刑法,无失入,无失出,期于扶弱除强。"

《悔庵年谱》卷上。《右北平集·秋兴八首》其一:"……牧马嘶圈地,行人说战场。挽弓看射雉,投笔想封狼。所事不如意,吟残雁数行。"同卷《赋得绝塞愁时早闭门四首》有云:"亭障几年荒守戍,田庐是处付投充。"均载投充事。

放衙之暇,萧然无事。署中有楼,侗题曰"拄笏"。朝夕晏坐,眺望西山,千里黄沙白草,时发怀古之幽思,赋得《绝塞愁时早闭门》四首。

《右北平集·秋兴八首》一云:"公事清香了,刑书秃笔无。早衙来鸟雀,晚食断樵苏。只看西山爽,还披北海图。高楼凝绝处,南去白云孤。"《右北平集·赋得绝塞愁时早闭门四首》其一:"高楼独眺四山低,何处将军桃李溪。白水一干惟饮马,黄茅千里不鸣鸡。难将枹鼓驱群盗,愧乏丝毫补子黎。漫道长安同日近,帝城望断五云西。"

有刘山人者,善鼓琴,侗从之习曲,自谱《梅花三弄》,并赋之。

《西堂杂组一集》卷二赋《梅花三弄》前序云:"适学鼓琴,至《梅花三弄》,有声无文,因援笔写之。"《艮斋杂说》卷五:"山海关刘山人赠予一琴……土气尽消,音韵清远,然已破坏,予令工修好。从山人学数曲,声泠泠出户外,吏人多窃听之。"

刘山人,生平事迹不可考。

九月,妻曹令携子至。时珍儿六岁,入永平书塾。

《右北平集·喜家人至二首》一云:"别离屈指日三百,行役关心路四千。纸上加餐频见字,衣间减带已经年。欢欣初看趋儿女,涕泪翻因听管弦。今夕三星同有梦,江东云树晚秋天。"尤珍《沧湄年谱》顺治九年:"予六岁,先大人任直隶永平府推官,予随先母赴任所,遂入塾读书。"

冬至遵化,拜见中丞王来用。首问山海游击夏登仕事,侗条款劾之,遂列白简。

《悔庵年谱》卷上。《右北平集·遵化道中行雪》:"霜天凛冽射戈矛,千里彤云画塞愁。一路晓风当马首,四围残雪满山头。只看鸿雁征人字,谁取狐狸公子裘。衰草荒原凄绝处,健儿偏喜试鹰鞲。"

夏登仕,榆林(今属陕西)人,子娶吴三桂女。顺治六年任山海关副总兵,九年裁。《悔庵年谱》卷上:"夏故悍帅,又吴平西姻亲家也,几反噬,瘐毙乃免。"

御史陈棐微服私访永平,命侗收捕衙中蠹虫,劾去墨吏数人。

《悔庵年谱》卷上。

陈棐,字孝先,光州(今属河南)人。据《(光绪)光州志》卷九《仕贤列传》:"(棐)少孤依母,性至孝。明天启丁卯举于乡,屡试南宫不第。又值流寇狂獗,遂奉母避地江南,寻值国朝定鼎,简择贤良,即授棐泰兴令。……丙戌分校乡闱,得士八,连翩去者六人,一时称盛。考绩擢御史,出巡三楚,风节凛然。已又改巡顺天,顺天为畿辅重地,讼狱滋甚,每虑囚,多所平反。"

除夕,怀家乡二老。

《右北平集·除夕怀二亲》:"仆马风尘再岁除,寄身传舍即吾庐。老妻久醖椒花酒,儿子初临柿叶书。边塞官厨饶野鹿,故乡土物忆河鱼。寒宵莫更围炉守,为待灯深梦倚闾。"

作《拟上命满洲蒙古乌金超哈一体科举群臣谢表》。

《西堂杂组二集》卷七《拟上命满洲蒙古乌金超哈一体科举群臣谢表(原注:顺治九年)》。

曹尔堪中进士。

《明清进士题名碑录》。

顺治十年　癸巳(1653)　三十六岁

在永平推官任上。

春至迁安,登景忠山,礼碧霞元君,留诗于别山上人(性在),上人画菜见贻。

《右北平集》有《登景忠山礼碧霞元君》《憩石洞留示别山上人》《别山上人贻诗兼寄画菜和答》。

《(民国)卢龙县志》卷六:"碧霞元君庙在东门外。按,碧霞元君为宋真宗所封也,以为泰山之女,后之文人知其说不经,曲引黄帝遣玉女事以附会之。"

性在,清僧,字别山,出丰润(今属河北)郑氏。年十四,礼安国化一剃染,归隐景忠山知止洞,德化一方。清世祖曾幸其洞门,问答称旨,赐号净善禅师,敕住京师安国寺。生平事迹载于《五灯全书》卷六十三。

至昌黎，登五峰山，谒韩愈（文公）祠。

《右北平集·登五峰山，谒韩文公祠二首》一云："先生坐高处，北斗逼山寒。松柏疑玄冢，芙蓉捧绛坛。塞云浮雉堞，海日照栏杆。把酒空冥外，茫茫起百端。"

周体观来，载酒游一柱峰、钓鱼台，赋诗唱和。登阳山，观李将军虎头石。登孤竹城，拜伯夷、叔齐祠堂。至抚宁，登山海关、澄海楼，感兴亡如梦，作长歌题壁。

《右北平集·陪周伯衡黄门游一柱峰钓鱼台和韵二首》，一云："偶然走马看花回，却喜登临接赋才。山势遥吞射虎石，水声长绕钓鱼台。"可知与周体观春日同游之事。同卷又有《虎头石》《登孤竹城，拜伯夷叔齐祠堂》《登山海关澄海楼观海》等记游。按，《（民国）卢龙县志》卷三《山脉》："……东岭迤南，即阳山一带，古称阳山列屏是也。他如笔架、大王等山均此一带，乱山高下，居户零星。而阳山之西，则为芝麻山、凤头山、南台山、龙王坡、虎头石、雪峰、一柱峰，东南则与昌黎界诸山相连。"同卷四《名胜》："阳山在城东南十五里，旧志云中有大窪寺，今山阴有九莲庵，境最幽，为县内胜地，故列入八景，曰'阳山列屏'。"同卷四："虎头石在城南六里许，状若虎踞，旧传为汉李广射虎处。其下滦、漆合流，向有渡口，故入八景曰'虎头唤渡'。"同卷四："雪峰在城南二十里，峰峙滦河内，上有寺，故八景称为'雪鸟闻钟'。"同卷四："钓鱼台在城南二十五里一柱峰下面，北临滦河。"同卷四："一柱峰在城南二十里，孤石直秀，雄立滦河之浒。"同书卷五《古迹》："孤竹城在治城西十五里，《汉书·地理志》：'令支县有孤竹城。'《史记正义》引括《地理志》云：'孤竹古城在卢龙县南十二里，今城南已无其迹，而祠在府城西北二十里，滦河之左，洞山之阴，夹河有孤竹君三冢。'"

周体观（1618—1680），字伯衡，直隶遵化（今属河北）人。顺治六年（1649）进士，改翰林院庶吉士，迁吏科给事中，出为江西饶九南道副使。著有《晴鹤堂诗钞》《南州草》。《皇清百名家诗》收《周伯衡诗》一卷。生平事迹见《大清畿辅先哲传》卷一九、《清诗别裁集》卷三。

三月三日，江南诸社集会禊饮，聚会虎丘，奉吴梅村为宗主，时场面盛大。

王撰《王随庵自订年谱》："十年上巳，吴中两社并兴，慎交则广平兄弟执牛耳，同声则素文、韩倬、宫声诸公为之领袖，大会于虎丘，奉梅村先生为宗主。"赵经达《汪尧峰先生年谱》顺治十年癸巳:"春,慎交、同声两社各治具虎阜申订九郡同人,至者五百人。第一日慎交社为主,次一日同声社为主,奉吴梅村先生为宗主,梅翁赋《禊饮社集》四首,同人传诵。翌日,复有两社合盟之举,山塘画舫鳞集,冠盖如云,拔其尤者集半塘寺订盟。四月,复会于鸳湖,从中传达者侯研德及周子俶两人,专为和合之局。"董含《三冈识略》卷二:"吴闻宋既庭实颖、章素文在兹上巳日飞笺订客,大会于虎丘阜。江、浙二省及自远赴者凡二千人,吾乡与会者二十馀人。先一日,布席山顶。次夕,联巨舰数十,飞觞赋诗,歌舞达曙。翌日,各挟一小册,汇书籍贯、姓名而散。真修禊以来一盛事也。吴祭酒以诗记之,云:'杨柳丝丝逼禁烟,笔床书卷五湖船。青溪胜集仍遗老,白祫高谈尽少年。笋屐莺花看士女,羽觞冠盖会神仙。茂先往事风流在,重过兰亭意惘然。'"程穆衡《梅村诗笺》:"癸巳春社,九郡人士至者几千人。第一日慎交社为主,慎交社三宋为主:右之德宜、畴三德宏、既庭实颖,佐之者尤展成侗、彭云客珑也。次一日同声社为主,同声社主之者张(章)素文在兹,佐之者赵明远炳、沈韩倬世奕、钱宫声中谐、王其倬长发。太仓如王维夏昊、郁计登禾、周子俶肇,则联络两社者。"可见当时场面之浩大。不过尤侗是年正在永平任上,山高路远,不太可能出现在江南春社集会之中,程穆衡此处记载尤侗与会之事恐有误,兹存以待证。

太守朱衣助迁去,侗摄篆三月,略采民间利弊条陈二十款,当道皆允行之,又兴学拔隽。

《悔庵年谱》卷上。

朱衣助,字文祐,奉天人,旗籍,阿桂等纂《盛京通志》卷八十六载有其生平事迹。

于署西偏辟婉画堂,以待宾客。

《西堂杂组二集》卷六《婉画堂记》:"画者,直也;直而故婉之,时不可以激也。与予画者谁?未尝至于偃之室也。"

衙门暇日,饲鹤听琴。

《右北平集·听刘山人鼓琴》:"官衙萧瑟如秋水,高楼昼静琴声起。……谁欤弹者移我情,昔日颍师今刘生。边声哀壮击金铁,城乌惊啼牧马鸣。我亦从之聊一作,羁愁变入江南乐。灯光半灭星河落,空庭独唳辽东鹤(原注:予有一鹤)。"《西堂杂组一集》卷六有《瘗鹤铭》,证实尤侗在永平任上曾饲鹤遣兴。

石申视学江南,偕高辅辰往,侗饯之滦阳,登偏凉汀,把酒论文,尽三日夜。

《右北平集》有《寄高二亮先辈》《送石仲生太史督学江南》。同卷《偏凉汀登眺二首》一云:"独凭虚阁俯滦河,萧瑟凉风襟带过。"又一云:"秋水觉多濠濮意,田家时似武陵人。"可知时已入秋。由于《右北平集》以时次而编,此诗在《九日》诗前,故知此事亦于重阳前。

石申,字仲生,滦州(今河北滦县)人。顺治三年(1646)进士,选庶吉士,授检讨。历官户部左侍郎,卒赠吏部尚书。据《世祖实录》卷七六:"顺治十年六月,(上谕)以……内翰林国史院侍讲石申提督江南淮扬等处学政。"石申生平事迹可见《畿辅通志》卷七四、《(民国)重修滦县志》卷十。

高辅辰,字钦亮,晚号南村病人,滦州(今河北滦县)人。人称二亮先生。《(民国)重修滦县志》卷十载其:"登崇祯癸未进士,曾任安阳令,清催补范县。未几,以病辞。上官固留分校酉闱,三谢不赴,始奏回籍,后屡征不起。遍游恒、岱、江、楚,交识海内名宿,家食优游,不问生产。所著《存熙堂稿》。……卒年七十有五,祀乡贤。"

是秋,中丞王来用来巡,善侗政,遂首荐。

《悔庵年谱》卷上。

王来用,汉军镶蓝旗人。天聪八年(1634),诏命礼部考取通满汉蒙古文义者为举人,来用以汉书中试。历任保定兵备道、山西布政史、顺天巡抚等职,后降署湖广按察使,改补河南大梁道,寻卒。《钦定八旗通志》卷二〇八载王来用:"(顺治)九年授顺天巡抚。"与其年巡视永平府之事合。

八月十八日,尤瑞生,众人贺之。

《西堂杂组三集》卷八《哭瑞儿文》:"儿于癸巳(1653)八月十八日生永平官舍,故小名阿永。吾虽薄宦,自郡太守、副将军,下至州县镇衙官吏,皆持羊酒,贺司理得子,其诸生耆老瓣香叩阶下者相属也。"尤珍《沧湄年谱》"顺治十年"条:"予七岁,先大人举仲弟瑞。"

尤瑞(1653—1680),诸生,娶郑氏(保御郑兼山女),续娶金氏(明癸未进士晋江知县金际升女)。瑞青年夭折,金氏育有一女。

九月九日,同沈以曦、罗廷玙、王心海等再登钓鱼台、一柱峰。

《右北平集·九日,同沈旭轮夫子、罗芸皋太守、王心海总戎登一柱峰,再和前韵》,一云:"去去方舟联骑回,登高谁继大夫才?只今歌舞卢龙塞,何处江山戏马台?寒菊一丛随客老,怨鸿万字背秋来。相逢半是东南侣,莫惜风前数引杯。"

罗廷玙,字芸皋,江西新建人,《南昌府志》卷三十七《新建荫袭》载其:"以父朝国官浙江金衢道。"

王心海,官总兵,生平不详。

九月,吴伟业入京师,授秘书院侍讲,寻升国子监祭酒。

顾师轼《梅村先生年谱》:"(顺治)十年癸巳……(梅村)九月应召入都,授秘书院侍讲,奉敕纂修《孝经演义》,寻升国子监祭酒。时先生杜门,不通请谒,当时有疑其独高节全名者。会诏举遗佚,荐剡交上,有司敦逼,先生控辞再四,二亲流涕办严,摄使就道,难伤老人意,乃扶病出山。"

冬,至保定虑囚,刑部刘芳声乃乡人,宴聚赋诗,观演游访,为十日饮。

《右北平集》中《自玉田至蓟州》《过都城》《和涿州邮亭诗二首》《刘何寔肷部招同胡苍恒、徐淡岩诸同寅夜饮,听小史弦索》《登保阳大悲阁》《同何寔登十方院阁手谭二首》《雪后,再同胡苍恒、吕于庵、张献昂诸同寅集何寔署中》等均记此事。

刘芳声,字何寔,江南人,生平不详。

至遵化,谒中丞王来用。

《悔庵年谱》卷上。

时莱州推官李煌守胶州,死于海上,赋诗吊之。

《右北平集·同年宣城李煌以莱州司李署守胶州,死海。时行之难,诗以挽之》。

李煌,江南人,顺治间任莱州推官,卒于任。《新修莱州府志》卷九《宦绩》载其:"海逆之乱,被劫不屈,死胶镇。"《新修莱州府志》卷六《职官》:"李煌,宣城拔贡,九年有任。"

是年,清廷封郑成功为澄海公,成功拒而不受。

顺治十一年　甲午(1654)　三十七岁

旧岁大水,大无麦禾,民饥甚。

《(民国)卢龙县志》卷廿三《史事》:"(顺治)十年,春旱。夏四月,霪雨四十馀日,滦河溢,有蛟见于河,淹没田庐。冬饥,大雪人畜多冻死。(顺治)十一年春,饥赈之。秋七月,滦河溢。"

上谕诸臣分赈全国,佟岱、郝杰至永平督办赈灾事宜,命侗专司其役。遍历各邑,夜则秤封,日则唱给,辛劳阅月,作《散米谣》以记。

《世祖实录》卷八一:"顺治十一年二月,工科左给事中魏裔介奏言:'连岁水灾频仍,直隶、河北、山东饥民逃亡甚众,请敕督抚严饬有司:凡流民所至,不行收恤者,题参斥革;若能设法抚绥,即分别多寡,准以优等保荐。并乞大沛鸿恩,发银数万两,遣满、汉贤能官员沿途接济,务使流民得所,庶德泽布而闾井宁矣。'得旨:'饥荒流徙,民不聊生,朕深切悯念。其赈济安插、劝惩鼓舞事宜,俱属急务,著所司速议以闻。'"《世祖实录》卷八二:"顺治十一年三月,敕谕赈济直隶大臣巴哈纳等曰:'直隶各府系根本重地,去年水潦为灾,人民困苦,饥饿流移,深轸朕怀,昼夜焦思,不遑寝食。特命发户、礼、兵、工四部库贮银十六万两……兹命尔等赍银前往各府地方,督同该道、府、州、县、卫、所等官,计口给赈,须赈济如法,及时拯救,毋论土著流移,但系饥民,一体赈济。'"《年谱图诗》其一《卢龙赈饥图》:"悯荒也,甲午,永民大饥,予与罗太守率属捐赈,作《散米谣》。"《右北平集·纪赈》:"朝驱北平东,暮驰北平西。问君何所行,奉诏赈灾黎。使者上头来,千骑压城堤。箕踞高堂上,意气吞虹霓。金盘罗几席,椎牛烹黄羝。官长左右立,指挥似童奚。百工尽奔走,执役到鸣鸡。凿银细如粟,权衡慎毫厘。赫蹄重封裹,筐篚与山齐。大示张通衢,远近争扶携。一口散丁夫,二口散丁妻。子女三四口,半口及孩提。七十赐布匹,老人学儿啼。……呜呼小民苦,尧舜病难医。闾阎分芥子,内府破须弥。……岩岩廊庙臣,为尔遍轮啼。大吏口舌敝,小吏筋骨疲。栉沐风雨中,面目等黄泥。岂敢辞况瘁,但愿慰调饥。使者乘传还,户口满箱赍。入朝告天子,咨嗟叹靡遗。"阿桂等纂《盛京通志》卷八十:"佟岱,隶正蓝旗汉军,父佟三,事太祖,为副都统,佟岱为其第三子也。"岱初任佐领,崇德三年授吏部副理事官,寻兼参领,又授兵部左侍郎,累迁户部、吏部侍郎,擢闽浙总督,后以事降世职为三等轻车都尉,康熙二年卒。"关于郝杰,《世祖实录》卷七六:"顺治十年五月,升光禄寺少卿郝杰为大理寺少卿。"同书卷八〇:"顺治十一年正月,升大理寺少卿郝杰为大理寺卿。"知是时郝杰确属大理寺官员身份。

佟岱出都之时听小人中伤侗言,故盛气凌之,后得解,侗随之出猎游乐。

督学程芳朝来访,侗雍容谈艺。总督马光辉与侗素未识面,闻侗名,列荐于朝。

《悔庵年谱》卷上。《年谱图诗》之《榆关观猎图》:"秋高兮,露晞。草浅兮,马肥。伐鼓兮,树旗。来朝兮,打围。张罝兮,布罘。犬走兮,鹰飞。羽散兮,毛摧。乌鸦叫兮,猩猩啼。龙之山兮,滦之水。越榆关兮,亘千里。雪漫漫兮,阴风起。杀气迷兮,愁神鬼。是何将军兮,坐大纛。麾旌头兮,驰作足。援弧矢兮,鸟兽逐。车行酒兮,骑行肉。健儿醉兮,舞刀槊。美人迭唱兮,边关曲。猎既罢兮,武帐开。铙吹奏兮,参军来。谓子大夫兮,高才。为我赋诗兮,壮哉!"据《世祖实录》卷七六:"顺治十年六月,以左春坊左谕德程芳朝提督顺天等府学政。"

程芳朝(1611—1676),初名钰,字其相,号笠庵,安徽桐城人。顺治四年(1647)进士,殿试一甲第二,授编修,迁秘书院修撰,后出任会试同考官,转任春坊左谕德,提督北直学政,曾出使安南,官至太常寺正卿。生平事迹可见程氏合族:《程氏宗谱》《(道光)续修桐城县志》《桐城县志》等。

马光辉(?—1655),顺天大兴人,隶镶黄旗汉军。明武举人,后降清。顺治间以军功封三等男,又以兵部尚书、右副都御史总督直隶、山东、河南,卒谥忠靖,生平事迹可见《国朝耆献类征初编》卷一四九。

刑部郎柯公奉旨来恤刑,侗佐之,参核平反,全活甚众。

《悔庵年谱》卷上。

闻知顺治帝将东巡谒陵,驱道通渠,筑桥不成,造舟以迎之,而驾不果行。

《右北平集·成梁》:"遥传白骆下卢龙,秋水排天起彩虹。河伯不仁瓠子渡,将军跋扈石尤风。谁呼乌鹊填银汉,试驾青凫建碧宫(原注:筑桥未成,因更造舟)。"同卷又有《除道》《驾止东巡有赋》记此次圣驾巡游未果事。

七月,冯溥升国子监祭酒。

毛奇龄《文华殿大学士太子太傅兼刑部尚书易斋冯公年谱》。《世祖实录》卷八五:"顺治十一年七月,升内翰林国史院侍读冯溥为国子监祭酒。"

冯溥(1609—1692),字孔博,号易斋,谥文毅,益都(今属山东)人。顺治四年(1647)进士,授编修,后累擢至文华殿大学士。著有《佳山堂集》。生平事迹见《清史列传》本传、《清诗别裁集》卷二、毛奇龄《文华殿大学士太子太傅兼刑部尚书易斋冯公年谱》等。

徐元文乡试中式,贺之。

《右北平集》之《喜门人徐公肃乡荐》《闻公肃捷感念亡友汤卿谋》。

徐元文《含经堂集》附录一韩菼撰《资政大夫文华殿大学士户部尚书掌翰林院事徐公行状》。

九月,彭珑下第来访,酌酒叙旧。

《右北平集·酌酒慰彭云客》:"谁肯远寻穷塞主,故人下第在长安。三年雨断成新梦,九月风高近小寒。"可知彭珑下第前来卢龙时为九月。

冬,又前往保定虑囚,举军政。再过京师,遥望天寿山诸陵。

《右北平集》中有《再过都城遥望天寿山诸陵》《夜投天宁寺宿》《定兴行雪》《保阳道院》《谒杨椒山祠》《早发芦沟桥》《再游天宁寺》等纪行。

是年十二月,郑成功攻陷漳州、泉州等地。

顺治十二年　乙未(1655)　三十八岁

元旦,朝鲜国王觐见。

《世祖实录》卷八八:"顺治十二年正月,朝鲜国王李淏遣陪臣临平大君李㴭等表贺冬至、元旦。"《右北平集·元旦拜阙拟早朝诗》:"景阳钟动晓星斜,十部銮仪拥翠华。金殿天颜光日月,玉河春色起云霞。禁城车马罗千陌,海国衣冠会一家(原注:朝鲜国王入觐)。独滞边关成外吏,称觞遥望上林花。"

二月,以公事至河间,返过都城,宿天宁寺,徐乾学、徐元文兄弟来聚饮。

《右北平集》中《三过都城》《行次都门寄公车同学诸子》。

徐乾学《憺园文集》卷二《永平推官尤展成有事河间,道经都门,喜晤二首》,一云:"星轺屈指溯滹沱,却向昭王台下过。射虎夜深迷碣石,观鱼春早度滦河。一官万里鳞鸿少,二月三山霜草多。自是才人多治绩,已看辽海不扬波。"由诗中"二月三山霜草多"句,可知时为二月早春。

徐元文会试下第,往永平相聚甚乐,校侗《西堂杂组》,并携归刻之。

《悔庵年谱》卷上:"公肃下第至永平,相聚甚乐,校予《西堂杂组》,携归刻之。"

督州县设粥场赈济灾民,怜民苦,作《煮粥行》。

《右北平集·煮粥行》:"去年散米数千人,今年煮粥才数百。去年领米有完衣,今年啜粥见皮骨。去年人壮今年老,去年人众今年少。……今朝有粥且充饥,哪得年年靠官府。商量欲向异乡投,携男抱女无车牛。纵肰跋涉经千里,恐是逃人不肯收。"

朝廷诏募流民实辽左,满百家者授县令。

《右北平集·刘明府募流民实辽左,擢嘉定令,有赠》。

永平民众多裹负从之,止之不得,哀其离散,作《出关行》。

《右北平集·出关行》:"出关去,往辽东,诏徙十万填新丰,五陵年少走如风。……但得今秋谷子熟,只教家居莫出关,出关容易入关难。"

时寇盗充斥,借旗下为逋逃薮,司寇弗能诘,作《忧盗行》。

《右北平集·忧盗行》。

四月间,白胤谦应侗之邀为《右北平集》作序。

《右北平集》卷首白胤谦序云:"……展成走使以诗来,余读之益喜甚。"末署为:"顺治乙未孟夏,濩泽白胤谦拜题。"

五月,有滦人邢可仕以诬告反坐,因初不自陈为投充人,侗依法抶之。

《悔庵年谱》卷上。

徐元文至京师,告知侗意,请王崇简为题《西堂杂组》,崇简于八月序之香山。

王崇简《青箱堂文集》卷三《尤展成〈西堂杂组〉序》云:"友人徐公肃自永平来,述展成之意,以斯集属叙于予,予时方栖迟西山,览睹低徊久之……。"序末署云:"顺治乙未仲夏,宛平王崇简题于香山之来青轩。"据王崇简自著《年谱》载,他于顺治十年癸巳(1653)即"因年衰病弱,请告照京官例在籍调理",顺治十三年丙申年(1656)补詹事府少詹事兼弘文院侍讲学士。这期间,王崇简正处"在籍调理"之时,与其《〈西堂杂组〉序》所言相合。

八月,得徐履忱书。

《右北平集·徐鹤心贻诗见怀,漫答二首》有云:"遥知夜雨生公石,八月天高听塞鸿。"可知得书时乃为八月。

徐履忱(1629—1700),字孚若、鹤心,号匏叟,昆山(今属江苏)人。《(道光)昆新两县志》卷二十七《文苑》载其:"九岁能作诗歌、小赋,十二丧父开泽,十五补诸生,寻依其舅顾炎武,避兵尚湖之滨,朝夕讨论。后读书郡城,与诸名流结社倡和……所著《匏叟诗钞》,同里叶方蔼及从弟徐乾学为之序。年七十二卒。"

赋诗送族兄尤师锡归桐乡,时值师锡中进士第。

《右北平集·吾宗一首送天士家兄归桐乡》:"吾宗推阿大,文笔妙京华。夜雨生池草,春风吹榜花。兄应登紫阁,弟已老黄沙。昼锦吴江路,还寻小谢家。"

尤师锡,字天士,浙江桐乡人。顺治十二年(1655)进士,历官福建建宁府推官、左迁陕西西安府卫经历,生平介绍见《(光绪)桐乡县志》卷十一等。

秋,因受风寒,卧病几殆两月,九月重阳乃起。再上书总宪龚鼎孳述己憔悴之状,龚手札酬答,勤勉备至。

《悔庵年谱》卷上。《右北平集·病起四首》,一云:"九日重看荒塞菊,三秋不见故乡书。"可知时至重阳,尤侗乃病起。《西堂杂组二集》卷五又有《上龚总宪书》《再上龚总宪书》。其中《再上龚总宪书》有云:"侗之年已逾三十矣,踽踽于卑官、栖迟于绝塞者三年于兹矣。今秋一病五十馀日,假使三日不汗,七日不食,则卒然溘。"可见当时尤侗情况之窘,不过《定山堂集》中未见龚鼎孳酬答尤侗之语。

龚鼎孳(1615—1673),字孝升,号芝麓,安徽合肥人。崇祯七年(1634)进士,授兵部给事中。入清,官至礼部尚书,谥端毅。工诗文,与钱谦虚、吴伟业为人合称"江左三大家"。著有《定山堂集》《香严词》。

上拟改之京兆推官,然因邢可仕一事罢。期间,邢可仕以事羁,贿通州狱吏而赴告刑部,部下府问状,州守刘汉杰故意中伤侗。时侗大病,不与闻笔帖式私,刘汉杰置勿问,而以侗擅责投充,例应革职。启心郎杨公力争之,遂得改降二级调用。

《悔庵年谱》卷上。《鹤栖堂稿·西堂老子生圹志》:"……以首名拔贡试大廷,选直隶永平府推官,在任五载,有政声,凡三荐,缘擅责投充一案降调。"朱彝尊《曝书亭集》卷七十六《翰林院侍讲尤先生墓志铭》:"贡于廷,谒选除永平府推官,不畏强御,坐挞旗丁降调。"潘耒《遂初堂文集》卷十八《尤侍讲艮斋传》:"以乡贡谒选,除永平推官,人谓'文士未必谙簿书',而先生吏治精敏,猾胥豪民,敛手帖息,怙势梗法者,逮治无所纵。竟坐挞旗丁镌级归,廷臣多欲荐起之,辄谢不应。"《(光绪)永平府志》卷五三载尤侗:"学识优长,治政明决,尤优礼学校,因材鼓舞,人文振兴,一时称盛。以执法不阿,调任去。"

启心郎(注:清朝官职,负责满汉翻译)杨公,生平不详。

除夕,赋诗感慨仕途险恶。

《右北平集·乙未除夕》:"沧海风波急,边城草木稀。逢迎吾道拙,耐可返柴扉。"

是年,汪琬、王士禄等中进士。

《明清进士题名碑录》、赵经达辑《汪尧峰先生年谱》、《王考功年谱》。

值尤侗永平任上,计东曾往访之,把酒叙旧。

计东《改亭诗集》卷五《尤展成司李永平,诗以赠之》:"虞廷兵法寄刑官,吾友风流早据鞍。"《西堂杂组三集》卷八《祭计甫草文》亦云:"(东)尝从使车,渔阳上谷。至右北平,访我宦躅。周询父老,口碑不辱。观我题壁,喜笑顿足。归来慰藉,把酒相属。此意千古,知己敦笃。"从尤侗此文语气可推知,计东来访当早于邢可仕事,然由于二人相会具体日期不确,姑置于此。

顺治十三年　丙申(1656)　三十九岁

买舟南回,作诗记之。

《右北平集·附南归杂诗二十四首》。

四月,泊张家湾,关民程启贞挟数十骑来,白昼劫行李去,一境震骇,侗愯而后免。

《右北平集·君马黄》即影射程启贞白日抢劫一事。又《看云草堂集》卷一《张家湾》:"予于丙申四月去任,抵张家湾,为土寇程启贞所劫,惶而得免。启贞本山海关民,犯法当死,予捕之,急逃入旗下。至是挟数十骑来,白昼攫行李去。一境震骇,莫可谁何也。……至庚子,启贞入狱杀人,吏不敢问,怨家挝登闻鼓,天子震怒,逮至部,并发其前后罪状,处以极刑,传首边庭,殁其帑,京东百姓无不把酒相贺者。"

三伏炎蒸,舟行濡滞,胸怀作恶,恨无可言者。

《右北平集·附南归杂诗二十四首》,一云:"避暑无长策,入林恐不深。岂堪乘木坐,河大日当心。薄晚飘风发,床头又苦霖。聊为一斗醉,漫学五噫吟。"

途中,少子尤满殇。

《右北平集·附南归杂诗二十四首》,一云:"风雨云阳驿,惊怜少子殂。扁舟长此别,萧寺暂羁孤。季子埋嬴博,潘郎坎路隅。旅魂还北去,不肯到姑苏。"又一有"未尽逐臣恨,重添爱子冤"句,亦记少子尤满卒事,由于除此处外尤侗自撰年谱及诗文集中并未提及此少子,故推知尤满很可能乃出生不久即夭。

七月抵家,拜见父母,筑看云草堂居焉。堂中书对联云:"门外堪容驷马,庭前拟植三槐。"

《悔庵年谱》卷上。《看云草堂集·自序》:"予自丙申秋北平罢官归,卜筑先人敝庐之侧,草堂殆成,因咏少陵'看云''杖藜'之句,取以名之。"尤珍《沧湄年谱》"顺治十三年"条:"予十岁,先大人自永平罢官,携家归里,始构新居于祖居之东,署曰'看云草堂',堂中书一联云:'门外堪容驷马,庭前拟植三槐。'"

辑《右北平集》,自号悔庵,以志三十九年之非。

《悔庵年谱》卷上。

编写杂剧《读离骚》,聊以自况,并安排家乐演出。

《悔庵年谱》卷上:"先君雅好声伎,予为教梨园子弟十人,资以装饰,代斑斓之舞,自制北曲《读离骚》四折,用自况云。"

秋,施闰章奉使督学山东。

《施愚山先生年谱》卷二:"顺治十三年丙申先生年三十九岁,在刑部,秋奉使督学山东。"

顺治十四年　丁酉(1657)　四十岁

开春,陪父至万峰山探梅,得弘璧禅师深器,然谢未能也。

《看云草堂集》卷一《万峰看梅,宿剖石禅师方丈,有赠》:"东风初解冻,玉梅发新葩。我梦万峰好,偶泛横塘槎。"可知时为初春。按,《(民国)吴县志》卷十九:"玄墓山在邓尉山东南六里,本为一山,北称邓尉而南称玄墓也。相传东晋青州刺史郁泰玄葬此,故名。明初万峰和尚居之,又名万峰山。……山有圣恩寺,即万峰和尚道场寺,有喝石。相传穿井时,有巨石下坠,万峰喝止之,故名寺。"又该《万峰》诗后还有《赠化雨上人(原

注:上人陆氏处实介弟)》《赠物外上人(原注:上人张氏弃诸生辞婚出家)》,很可能均为是游所作,即此游也很可能拜访二位上人。

弘璧(1598—1669),字剖石,无锡(今属江苏)郑氏。灵岩寺僧。年十二出家,十七剃染。掩关寂坐,四方名硕问道,皆服其真实。著《剖石和尚语录》《广录》等。生平事迹见《五灯全书》卷六九、《正源略集》卷五、《苏州府志》卷一三四。

宋德宜北上入都,送之。

《看云草堂集》卷一《送宋右之编修入都》:"早乘青雀舫,去直紫微垣。天子临南海,词臣进北门。燃藜蝌蚪见,视草凤凰鶱。若问榆关客,为言今灌园。"

《(民国)吴县志》卷六十八上《列传六》载宋德宜:"顺治乙未(1655)进士,选庶吉士,授编修。"

一月,钦兰四十初度,赋诗祝之。

《看云草堂集》卷一《钦序三四十初度长歌为寿》。

程邑过看云草堂,留饮之。

《看云草堂集》卷一《程翼苍枉饮草堂却赠》:"长安大道日鸣珂,吾子高斋自啸歌。禁烛论文书不律,宫袍赏酒饮亡何。好风深树交黄鸟,新雨荒园长碧萝。欲共先生醉吟去,古来诗卷左迁多。"

程邑,字翼苍,号介轩、幼洪,新安籍(今属安徽),上元(今属江苏南京)人。壬辰进士,选庶吉士,顺治十三年(1656)出为苏州教授,官至国子助教。著有《介轩集》《花圃诗》,生平事迹见《江苏诗征》卷七四、《(同治)苏州府志》卷七三、《(民国)吴县志》卷六四《名宦三》《大清一统志》卷六八。

三月,宋琬赴任永平道。

宋琬《安雅堂诗》五言古诗《丁酉季春赴任北平,留别秦州守姜继海》。《(民国)卢龙县志》卷二十《名宦》:"(琬)顺治十四年任永平道,慷慨明决,遇事立剖,一时奸宄敛迹,境内肃然。"

四月二十四日值四十寿辰,赋诗四首呈同庚诸子和焉。

《看云草堂集》卷一《初度偶成呈同庚诸子四首》有云:"归去来兮又一年,敝裘短鬓各萧然。刚留丹管堪呵壁,未买黄牛得种田。"

诸子具体身份未明,但可推测主要为里中友人。

夏日闲居,赋诗以遣。

《看云草堂集》卷一《夏日闲居,杂咏八首》一云:"整日科头林下,有时赤脚池中。卧读庄生秋水,行歌宋玉雄风。"

七月,游衢州,与罗廷玙副使、袁国梓太守会饮柯山。

《看云草堂集》卷一《罗芸皋副使、袁丹叔太守招游柯山》。

袁国梓,字丹叔,号若遗,江南华亭(今上海松江)人。顺治六年(1649)进士,授刑部主事,升郎中,出知衢州府,又以母亡服阕,补平阳知府,后补嘉兴知府。生平事迹见《大清一统志》卷一〇〇、《山西通志》卷九十、《江苏诗征》卷二十九、《(光绪)重修华亭县志》卷十六《人物》。

又至常山,会阻兵未得归。

《看云草堂集》卷一《途中叹所见》《打闸行》《漕船行》等均为此游所作。

途中,夜遇族兄尤师锡,始寄家信。

《看云草堂集》卷一《韩庄早发(题注:是夜,遇天士家兄始寄家信)》诗中有"骨肉悲歧路,音书慰断蓬"句。

逆旅无聊,日填南词一出,出成歌呼,以酒浇之,匝月而毕,题曰"钧天乐"。

《西堂乐府》之《〈钧天乐〉自记》云:"丁酉之秋,薄游太末,主人谢客,阻兵未得归。逆旅无聊,追寻往事,忽忽不乐,漫填词为传奇……阅月而竣,题曰'钧天乐'。"

八月,王士禛与诸文士集约大明湖畔,举秋柳社。

王士禛《蚕尾续文集》卷二《〈菜根堂诗集〉序》:"顺治丁酉秋,予客济南。时正秋赋,诸名士云集明湖。一日,会饮水面亭,亭下杨柳十馀株,披拂水际,绰约近人。叶始微黄,乍染秋色,若有摇落之态。予怅然有感,赋诗四章,一时和者数十人。又三年,予至广陵,则四诗流传已久,大江南北和者益众。"

王士禛(1634—1711),字子真,又字贻上,号阮亭,又号渔洋山人,山东新城(今山东桓台)人。后避雍正(胤禛)讳,改士正,(乾隆)时诏命又改为士祯。顺治十二年(1655)进士,选授扬州府推官。康熙三年(1664)内迁京官,历任翰林院侍讲、詹事府少詹事、都察院左副都御史,后官至刑部尚书,卒谥文简。著《带经堂集》,又有自选《渔洋山人精华录》,另著笔记《香祖笔记》《分甘馀话》等多种。

十月,顺天乡试科场之弊发。

《世祖实录》卷一一二:"顺治十四年十月甲午,先是刑科右给事中任克溥参奏:'乡会大典,慎选考官,无非欲矢公矢慎,登进士真才。北闱榜放后,途谣巷议,啧有烦言。臣闻中式举人陆其贤用银三千两,同科臣陆贻吉送考官李振邺、张我朴,贿买得中。北闱之弊,不止一事,此辈弁髦国法,亵视名器,通同贿卖,憖不畏死。伏乞皇上大集群臣,公同会讯,则奸弊出而国法伸矣。'事下吏部都察院严讯,得实奏闻。得旨:'贪赃坏法,屡有严谕禁饬,科场为取士大典,关系最重,况辇毂近地,系各省观瞻,岂可恣意贪墨行私!所审受贿用贿过付种种情实,可谓目无三尺,若不重加处治,何以惩戒将来?李振邺、张我朴、蔡元禧、陆贻吉、项绍芳,举人田耜、邬作霖,俱着立斩,家产籍没,父母兄弟妻子俱流徙尚阳堡,主考官曹本荣、宋之绳,著议处具奏。'"《世祖实录》卷一一三:"顺治十四年十一月庚子,降左庶子曹本荣、右中允宋之绳五级,仍以本衙门用,以其为顺天主考,不能觉察同考官作弊也。"王崇简自撰《年谱》丁酉年亦载:"十月,钦命吏部都察院察审科臣,纠参顺天乡试科场之弊。"

十一月,江南乡试科场案发。

《世祖实录》卷一一三:"顺治十四年十一月癸亥,工科给事中阴应节参奏:'江南主考方猷等弊窦多端,榜发后,士子忿其不公,哭文庙,殴帘官,物议沸腾。其彰著者,如取中之方章钺,系少詹事方拱乾第五子,悬成、亨咸、膏茂之弟,与猷联宗有素,乃乘机滋弊,冒滥贤书,请皇上立赐提究严讯,以正国宪,重大典。'得旨:'据奏南闱情弊多端,物议沸腾;方猷等经朕面谕,尚敢如此,殊属可恶。方猷、钱开宗并同考试官,俱著革职,并中式举人方章钺,刑部差员役速拿来京,严行详审。本内所参事情,及闱中一切弊窦,著郎廷佐速行严察明白,将人犯拿解刑部,方拱乾著明白回奏。'"金埴《不下带编》卷五:"顺治十四年科丁酉,京闱及江南乡试,皆被论劾。"夏承焘《顾贞观寄吴汉槎〈金缕曲〉词征事》:"江南闱案发于顺治十四年丁酉之十一月,后顺天闱一月。给事中阴应节参奏江南主考方猷等与取中举人方章钺为桐城同族,乘机滋弊。次年十一月,方猷、钱开宗俱正法,妻子家产籍没入官,举人方章钺、张明荐、伍成礼、姚其章、吴兰友、庄允堡、吴兆骞、钱威,俱责四十板,家产籍没入官,父母兄弟妻子并流徙宁古塔。"(《夏承焘集》第二册,第209页,浙江古籍出版社1997年。)

十二月,河南乡闱事发。

《世祖实录》卷一一三:"顺治十四年十二月壬申,刑科右给事中朱绍凤劾奏:'河南主考官黄钲、丁澎,进呈试录《四书》三篇,皆由己作,不用闱墨,有违定例。……请敕部分别处分。'得旨:'黄钲著革职,严拿察究,丁澎亦著革职察议。'"

腊尽,始得以归家,授家乐演《钧天乐》。

《悔庵年谱》卷上。《年谱图诗》之《草堂戏彩图》:"华灯四照陈高堂,氍毹席地湘帘张。画鼓冬冬三叠毕,梨园子弟更衣妆。清歌一发音绕梁,琵琶参差争低昂。忽然起舞小垂手,当宴宛转飘霓裳。"知为家乐演出情景。

是年起,李渔侨居南京,以芥子园名经营刻书业。

单锦珩《李渔年谱》。

李渔(1611—1680),原名仙侣,字笠鸿、谪凡,号天徒,后改名渔,号笠翁,兰溪(今属浙江)人。著有《笠翁一家言诗文集》《笠翁十种曲》《闲情偶寄》、小说集《十二楼》等。生平事迹见《杭州府志》卷一七〇、《国朝耆献类征初编》卷四二六、《全清词钞》卷二、单锦珩编《李渔年谱》等。

是年,珍儿受业于郑宾,学八股文与《易经》。侗赐珍儿字曰"慧珠"。

尤珍《沧湄年谱》"顺治十四年丁酉"条:"予十一岁,受业于郑有嘉表叔讳宾,学八股文成篇,习《易经》。先大人命字曰'慧珠'。"

是年,秦王孙可望兵败云南,降清,受封义王。

顺治十五年 戊戌(1658) 四十一岁

正月,丁酉科顺天举人复试。三月,丁酉科江南举人复试。此次丁酉科场案中,陆庆曾、吴兆骞、孙旸、刘逸民等举子获罪被逮。

《世祖实录》卷一一四:"顺治十五年正月,上亲复试丁酉科顺天举人。"《世祖实录》卷一一五:"顺治十五年三月,上亲复试丁酉科江南举人。"王崇简自撰《年谱》戊戌年:"奉命覆试丁酉顺天乡试举人卷于南苑。"王熙自著《年谱》戊戌年:"正月十七日黎明奉召入乾清宫,命拟覆试顺天乡试举人题,即于御前书就,捧付礼部颁发……奉命阅覆试顺天举人卷,又命阅覆试江南举人卷。"吴兆骞《西曹杂诗》卷四《戊戌三月九日,自礼部被逮赴刑部,口占二律》《四月四日,就讯刑部。江南司命题,限韵立成》载复试不合格而被逮事。王先谦《东华录》顺治十五年:"四月辛卯,谕刑部等衙门:'开科取士,原为遴选真才,以备任使,关系最重,岂容作弊坏法!王树德等交通李振邺等贿买关节,紊乱科场,大干法纪,命法司详加审拟。'据奏:王树德、陆庆曾、潘隐如、唐彦曦、沈始然、孙旸、张天植、张恂俱应立斩,家产籍没,妻子父母兄弟流徙尚阳堡。"

陆庆曾,字子元,江南华亭(今属上海)人。顺治十四年(1657)顺天举人,以科场案遭黜。生平事迹见《(光绪)重修华亭县志》卷十六《人物》。

吴兆骞(1631—1684),字汉槎,号季子,江南吴江(今属江苏)人。顺治十四年举人,以科场案被戍。著《秋笳集》,生平事迹见《江南通志》卷一六五、《清史列传·文苑》本传、《清史稿·文苑》计东传附、《江苏诗征》卷十二、徐釚《南州草堂集》卷二十九《孝廉汉槎吴君墓志铭》《清诗别裁集》卷五、《全清词钞》卷二。

孙旸(1626—1701),字寅仲,赤崖,晚号蔗庵,常熟(今属江苏)人。有《蔗庵集》。生平事迹见《江苏诗征》卷三十、《清诗别裁集》卷五、《全清词钞》卷二、《海虞诗苑》卷八、《(光绪)常昭合志》卷二十六等。(光绪)《苏州府志》卷一〇〇载孙旸:"字赤崖,少游文社,名与兄埒。顺治丁酉,举顺天乡试,科场事发,牵连谪戍尚阳堡。圣祖东巡,献颂万馀言,召至幄前,赋东巡诗,试以书法,上叹惜其才。大学士宋德宜疏荐,不果用。久之还里。"

刘逸民,身份事迹阙考,但据吴兆骞《秋笳集》卷二《抚顺别孙赤崖、刘逸民》《看云草堂集》卷五《伤刘逸民夫妇》(原注:逸民死尚阳堡,其妇为盗所害),可知刘逸民乃与吴兆骞、孙旸同时遭丁酉科场案祸。

五月殿试,榜发,王士禛、毛际可、邹祗谟、郑重、曾王孙等中进士。

《明清进士题名碑录》。

七月,丁澎等丁酉科场主考被责徙尚阳堡。

《世祖实录》卷一一五:"顺治十五年二月庚午,礼部磨勘丁酉科乡试朱卷,劾奏违式各官:'河南省考试官黄钅金、丁澎,用墨笔添改字句;……俱属疏忽。'得旨:'俱著革职逮问。'"《世祖实录》卷一二〇:"顺治十五年七月辛酉,刑部议:'河南主考黄钅金、丁澎,违例更改举人原文作程文,且于中式举人朱卷内,用墨笔添改字句,黄钅金又于正额供应之外,恣取人参等物。黄钅金应照新例籍没家产,与丁澎俱责四十板,不准折赎,流徙尚阳堡。'"

《国朝杭郡诗辑》卷一载丁澎:"顺治丁酉主试中州,为榜首数卷更易数字,廷议谪戍奉天。值冰合,不得汲,取芦粟小米和雪嚼之。躬自饭牛,与牧竖同卧起。暇则乘牛车,行游紫塞中,作《辽海杂诗》,磊落雄秀,绝无失职不平之慨。戍五年而归。"可知丁澎因科场案戍遣尚阳堡事。

丁澎(1622—1686),字飞涛,号药园,浙江仁和(今杭州)人。顺治十二年(1655)进士,官至刑部主事,调礼部,后以科场案事遭贬黜,流放边塞五年。有隽才,与陆圻、毛先舒等为人目为"西泠十子"。著《扶荔堂集》《信美堂诗选》《扶荔词》《药园闲话》、杂剧《演骚》等。生平事迹见《清史稿》卷四八四、《清史列传》卷七〇、《国朝耆献类征》卷一四〇、《清诗别裁集》卷四、《国朝诗人征略》卷四、《两浙輏轩录》卷四、《(民国)杭州府志》卷一四五、《全清词钞》卷二。

八月,谕诏因公诖误者,许自陈开复,遂登舟前往京师。

《看云草堂集》卷一《舟中闷极,杂写鄙怀,得五十韵》有云:"三上长安道,一歌出塞行。"同卷一《南阳九日》《秋雪行》《杨村》均为途中所作。《于京集》卷一《沧州漫兴二首》一云:"驿马临三戍,征车历九秋。"其后注云:"戊戌(1658)八月、戊申(1678)九月、戊午(1668)七月凡三入都。"

时有无名氏编为《万金记》,尽曝科场舞弊贿赂之事,顺治诏命进览其人,匿弗出也。

董含《三冈识略》卷三:"江陵书肆刻传奇,名《万金记》,不知何人所作,以'方'字去一点为'万','钱'字去边傍为'金',指二主考姓,备极行贿通贿状,流布禁中,上震怒,遂有是狱。北闱李振邺、张我朴有'张千李万'之谣,事发,被诛者亦数十人。"陈怡山《海滨外史》卷一:"(顺治)十四年丁酉,南北闱关节货贿,致士子鼓噪,扯破榜文。上震怒。北闱房官张我璞、李振邺、严贻左、田耜同日腰斩。南闱主考方猷、副考钱开宗(原注:书肆刻传奇,名《万金记》,以'方'去一点为'万','钱'去偏傍为'金',指二主考姓而言也)及分房官并弃市。"

臬司卢慎言大索江南诸伶,杂治之。因山阴姜图南侍御还朝过吴门,征演《钧天乐》,同人宴之申氏堂中。臬司疑其事类,檄捕优人,拷掠诬服,侗险遭逋,幸已入都,事得寝。

《悔庵年谱》卷上。《看云草堂集》卷一《舟中闷极,杂写鄙怀,得五十韵》:"谤书方龌龊,官檄又仓皇(原注:时予所作《钧天乐》院本为臬司大索)。意绪梦蚕网,肝肠割剑铓。"

姜图南,字汇思,浙江山阴人。顺治己丑(1649)进士,选庶吉士,改御史,有政绩。生平事迹见《四库全书·浙江通志》卷一六〇、《(嘉庆)山阴县志》卷十五《乡贤三》。

卢慎言,直隶正定(今属河北)人,《悔庵年谱》载其:"明年(即顺治十六年)大计,卢(慎言)以贪墨亡命寘极,典簿录其家,人皆称快。"

十月,重泊张家湾口,忆丙申间被谪遭劫之事。

《看云草堂集》卷一《张家湾》:"往时此地拂衣回,百日惊逢暴客来。十口仓惶魂欲断,三年幽愤眼谁开。参军不足当鸡肋,安国何能起死灰。匕首未酬燕市恨,萧萧易水至今哀。"

顺治帝与王熙、木陈道忞(弘觉国师)谈及侗《怎当他临去秋波那一转》制艺。十月中,侗过京师,使者迹至旅邸,索《西堂杂组一集》呈上阅之。

《西堂杂组一集·语录》:"先是戊戌秋,王胥庭(熙)学士侍讲筵次,上偶谈老僧四壁皆画《西厢》,却在临去秋波悟禅公案,学士随以侗文对。上立索览,学士先以抄本进,复索刻本。上览竟亲加批点,称'才子'者。再因问侗出身履历,为叹息久之,仍命取全帙置案头披阅。他日又摘《讨蚤檄》示学士曰:'此奇文也。'问有副本否,答曰无。遂命内府文书官购之坊间,不得,继购之同乡诸公,不得。至十月中,侗适过都门,使者迹至旅次,携一册去,装潢进呈。上大喜……"《西堂杂组一集》卷三收《讨蚤檄》。按,王熙自著《年谱》载其丁酉年(1657)即"升内翰林弘文院侍讲学士奉命充经筵讲官",戊戌年(1658)仍在任,与尤侗所述相合。

王熙(1628—1703),字子雍、胥庭,号慕斋、瞿庵等。顺治十四年(1657)进士,授翰林院检讨,累官至保和殿大学士,兼礼部尚书,加太子太傅,晋少傅,卒谥文靖。著《王文靖公集》。

道忞(1596—1674),字木陈,号山翁,晚号梦隐,潮阳(今属广东)林氏。顺治十六年(1659),清世祖征召至京,问法于万善殿,尊为弘觉禅师。著有《诸会语录》《北游集》《禅灯世谱》《布水台集》《百城集》,生平事迹见《宗统编年》卷三一、《续灯正统》卷三三。

留京五日,往永平晤宋琬,时宋琬自永平驻往蓟州,赠侗以抚按申文各一角。时患小恙。

《看云草堂集》卷一《至永平二首》,一云:"平卢昔游地,驱马复来归。

无恙将军石,犹馀公子薇。水流城郭是,鸟散吏人稀。可识辽东鹤,原名丁令威。"同卷一《送宋荔裳兵宪自永驻蓟》:"……五花榆塞出,千骑蓟门行。卤簿车前导,铙吹马上声。朔风摇大纛,凉月引高旌。勋业彤弓起,文心缓带生。前驱惭小吏,无笔赋从征。"同卷一《蓟州小病》:"及予回马首,犹尔滞渔阳。一病家千里,孤灯泪万行。道涂横枳棘,天地日冰霜。苦忆柴门卧,山妻检药囊。"

返京,因新抚未上任,乃前往真定谒按君,出张掖门坠马折左臂,勉驰至镇医治,弥月方愈。

《看云草堂集》卷一《往真定》《坠马》载述此遭,如《坠马》:"男儿一身贫贱不自保,麻鞋踏破关山草。驰传不拥相如节,叱驭却走王阳道。长安骏足贵人骑,我买一马瘦且老。风沙疾驱张掖门,滑擦一交齐踏倒。……哀哉我生命不犹,四肢不得蒙咻噢。隐忍奔驰六百里,顿辔暂息恒山麓。医者贾生三折肱,刮骨能出将军镞。右之右之日抚摩,涂以神膏渐平复。"

按君以代题属抚臣事拒勿纳,遂东行。冬至,夜息成安县寺,又过魏县,历大名,省沈以曦于博兴。

《看云草堂集》卷一《冬至夜,在成安县寺中作二首》《至日饮沈东生署中》《大雪,张广文携酒来饮》《登二祖说法台》《述役》均载此行之事。其中,《冬至夜,在成安县寺中作二首》有句:"去冬留太末,此日寄成安。作客恒千里,思家起百端。"尤侗顺治十四年冬游太末(即今浙江龙游),正与此合。《(道光)重修博兴县志》卷八《秩官表》:"沈以曦,临湘(人),进士,(顺治)十五年任。"《(同治)重修临湘县志》卷十一《人物志》载:"缘事降知山东博兴县,恤贫急病。"

沈以曦辍官厨,猎野味饷之,又索村优咿嚘奏伎,共度除夕。

《悔庵年谱》卷上。《看云草堂集》卷一《博兴除夕二首》,一云:"私自怜今夕,羁栖在薄姑。起弹双剑铗,坐对一浮屠。海峤冰霜重,江关鸿雁无。官厨频饷酒,谁与泛屠苏。"又一云:"仆夫皆叹息,禁我不凄然。水击三千里,云游九十天。客衣寒独夜,佛火了残年。暗想横波泪,空床画烛前。"

曹寅生。

顺治十六年　己亥(1659)　四十二岁

开春,至济南,施闰章学宪饮之独树轩,谈泰山、孔林、海市甚悉。历下官长多旧好,日置酒高会。登华不注,观趵突泉,流连月馀。

《西堂杂组三集》卷五《施愚山薄游草序》:"己亥,先生已官宪府,视学山东,而予适有事至历下,相见独树轩中。先生出紫露酒饮予,为述泰山、孔林、海市之奇,吃吃不住口,绝不闻驺铃声。"《看云草堂集》卷二《饮施愚山学使署中,长歌赠之》有"独树轩前春鸟鸣,张灯揖客紫露倾"句,可知此次于初春访施闰章。

趋河间,抚君讶其来迟,云案已报罢。

《悔庵年谱》卷上。

三月间,复入京,遇自天上人庆祐。

《看云草堂集》卷二《喜遇自天上人二首》,一云:"汝从五台至,予自泰山来。共作燕中客,相期吴下回。千岩击翠竹,四月熟黄梅。把臂须同去,风尘心已灰。"由于此诗后有《清明》一诗,是年清明乃三月十四日,可推知此遇应于三月十四日前。故虽诗云"千岩击翠竹,四月黄梅熟",乃是与自天上人相约回乡共赏翠竹与黄梅,非此遇时为四月。

庆祐(1602—1667),字自天,出自溧阳李氏。投五台涌泉寺,后迁香光律院。生平事迹见《(同治)苏州府志》卷一三四、《西堂杂组二集》卷八《自天禅师塔志铭》等。

闰三月初一,吴兆骞、孙旸、刘逸民等丁酉举子将戍往宁古塔、尚阳堡。

吴兆骞《秋笳集》卷四《闰三月朔日,将赴辽左,留别吴中诸友人》。《看云草堂集》卷一《入都二首》一云:"十年三度到京师,风景重新此一时。北府惟闻汉将贵,南冠常见楚囚悲(原注:时孙可望降封为义王,丁酉举子流徙尚阳堡)。"按,孙可望被封为义王乃顺治十四年十一月事,尤侗可能是时才得知。《看云草堂集》卷二《送人戍尚阳堡》:"送人东去戍辽阳,忍见囚车满道旁。万里戈役归异域,百年庐墓隔他乡。黄龙塞外青天远,鸭绿江边白草长。此日分携成永诀,春风吹泪上河梁。"亦当为流人送行赠别时作。

旁人咎侗浪游贻误公事,乃作《别长安诗》十首,扁舟南还。

《看云草堂集》卷二《别长安十首》,一云:"普天雨露本无涯,眨眼谁知云雾遮。亲见绣衣持大斧,漫劳玉帐拥高牙。君门咫尺疑千里,客路东西哭一家。尚沐恩波容隐遁,强如放逐向长沙。"

遣小奴往历城,舣清源待之,观清凉寺双桧,桧树百岁,寺之老僧亦百岁。

《看云草堂集》卷二《清凉寺双桧》。

至济宁,登太白酒楼,游杜甫南池,四月归。

《看云草堂集》卷二《济宁杜甫南池》,中有"清阴生古木,小雨长新荷",可知为三四月间事。

路悼淮南李长科,又闻刘长公殁。

《看云草堂集》卷二《挽淮南李小有先辈》:"桂树王孙去不归,淮南木落雁哀飞。元龙意气埋空谷,司马文章付钓矶。老病邗沟谁挂剑,故人吴下尽沾衣。刘伶李白皆黄土,怅望秋天坠少微(原注:闻刘长公亦殁)。"

李长科,字根大,号小有,改名盘,兴化(今属江苏)人。《(咸丰)重修兴化县志》卷八载其:"博综古今,务为经济之学,尤精韬略。……长科数奇,两中副榜,崇祯十三年始以贤良方正辟授广西怀集令,兴利除害,多善政。……晚年侨居丹徒,造渡生船,建避风馆于江口,拯活甚众,著《金汤十二筹》诸书。"

刘长公,生平不详。

五月殿试,徐元文、叶方蔼、叶封、黄与坚等中进士。

《明清进士题名碑录》。《看云草堂集》卷二《寄贺徐公肃状元》、徐元文《含经堂集》附录韩菼撰《资政大夫文华殿大学士户部尚书掌翰林院事徐公行状》。

六月,海寇犯京口,江宁被围,将军梁化凤率兵破之。时三吴震动,士女争出避乱,侗于家坚坐不动,治具酿酒,家人乃安。

《悔庵年谱》卷上。《世祖实录》卷一二六:"顺治十六年六月,海寇陷镇江府。"

《世祖实录》卷一二七:"顺治十六年七月,海寇犯江南省城。"《世祖实录》卷一二七:"顺治十六年八月己丑,江南总督郎廷佐奏报:'海寇自陷镇江,势愈猖獗,于六月二十六日逼犯江宁。'"《江南通志》卷一一二:"(梁化凤)自宁国总兵官移镇崇明,时海滨伏莽出没无时,平洋、平安、大安、联福等沙联为窟穴,化凤悉收复之。先是镇兵皆寄居民间,化凤申请创建营房,兵民称便。顺治十六年,海寇犯江宁,奉调赴援,冲围入城,与城中兵合悉力守御,未几觇贼弛备提锐,卒潜出,捣其中坚,遂歼群贼,克复镇江,以功擢苏松提督。"

梁化凤(？—1671),字翀天,一字沣源,谥敏壮,榆林(今属陕西)人。顺治三年(1646)武进士,曾任苏松总兵,援江宁,败郑成功兵,后官至江南提督。生平事迹见《江南通志》卷一百十二、《大清一统志》卷四九、《清史列传》卷五、《(嘉庆)松江府志》卷四十三《名宦传四》。

门人王简(莘云)时赴任昆山知县,延侗往留十日。

《悔庵年谱》卷上。《(道光)昆新两县志》卷十四《职官》之"昆山知县"条:"王简,(字)莘云,抚宁(今属河北)人,拔贡,(顺治)十六年(任)。"

十一月,王士禛谒选除授扬州府推官。

《渔洋山人自撰年谱》卷上。

顺治十七年　庚子(1660)　四十三岁

正月,朝廷禁止士人结社集会。

王先谦《东华录》顺治十七年正月:"给事中杨雍建奏:'朋党之害,每始于草野,而渐中于朝宁,拔本塞源,尤在严禁结社订盟。今之妄立社名纠集盟誓者,所在多有,江南之苏、松,浙江之杭、嘉、湖为尤甚。其始由于好名,其后因之植党,相习成风,渐不可长。请敕部严饬学臣,实心奉行,约束士子,不得妄立社名,纠众盟会,其投刺往来,亦不许用'同社''同盟'字样,违者治罪。倘奉行不力,纠参处分,则朋党之根立破矣。'得旨:'士习不端,结社订盟……相煽成风,深为可恶,著严行禁止。'"

二月,徐元文从顺治帝出游南海子。帝一日之间三言及侗,公肃寓书告知侗。

《悔庵年谱》卷上。徐元文《含经堂集》附录一韩菼撰《资政大夫文华殿大学士户部尚书掌翰林院事徐公行状》。《西堂杂组一集·语录》:"庚子二月,上幸南海子,顾问徐状元元文与侗师弟源流,受业本末,因大加称奖。顷之,又问侗以何事降官,今当补何职。顷之,又问侗年貌若何,徐一一奏对,盖一日之间,垂询者三焉。"

五月,顺治帝与道忞言及侗,赐以"敬佛"二字。后道忞刻石传之,侗得而作《世祖皇帝御书记》谢恩。

《悔庵年谱》卷上。《西堂杂组一集·语录》："(庚子)五月中,(帝)复与弘觉禅师问答。"《西堂杂组二集》卷六《世祖皇帝御书记》："世祖皇帝御书'敬佛'二大字以赐,木陈老人刻石传之,以一本贻臣,藏弆久矣。今装潢之次,肃然瞻仰,欢喜赞叹,因而慨然有感焉。"

夏,游云间,泊白龙潭,访陈继儒故宅。与史大成、张超、族兄尤师锡等集饮周裕斋广文斋中,赏曲观弈。

《看云草堂集》卷二《机山吊二陆读书处》《佘山访陈征君故宅》均为此游所作。同卷二《同史及超太史、张伯升明府、天士家兄集周裕斋广文斋中》："先生坐我草堂前,沉李浮瓜杂管弦。枉矢无文真率尔,围棋有道亦欣然。"可见此次聚会有曲儿助兴、围棋解闷。

史大成(1621—1682),字及超,号立庵,浙江鄞县人。顺治十二年(1655)年状元,授修撰,康熙间官至礼部左侍郎。有《八行堂诗文集》。生平事迹见《国朝耆献类征初编》卷四九。

张超,字伯升,浙江桐乡人。顺治十二年(1655)进士,授江南华亭知县,后以事罢。生平事迹见《(光绪)桐乡县志》卷十五、《(康熙)嘉兴府志》卷十四《人物》。

周裕斋,生平不详。

都督梁化凤招饮幕府,遂赋《南有大江九章》诵其平定海寇之功。

《看云草堂集》卷二《饮梁翀天都督幕府二首》,一云："麒麟图画待君侯,汗马馀闲数酒筹。一座簪缨吟玳瑁,三更刁斗叫貔貅。灯前丝管春云遏,雨后楼台暑气收。犹记出车歌六月,此时战鼓动江头。"又同卷二《南有大江九章八句》序云："《南有大江》,颂梁将军也。己亥六月,海寇入犯,将军讨平之。"

八月十一日,妻曹令四十初度,赋诗赠贺。

《西堂杂组三集》卷七《先室曹孺人行述》："妇生于故明天启辛酉八月十一日申时。"《看云草堂集》卷二《家人生日漫赠用前韵四首》有云："牵牛磨蝎雌雄甲,玉马金鸡先后庚(原注:予午生,妇酉生,故云)。"可知曹令属鸡,时年四十。

十九日,董贵妃殁,赋诗吊之。

《世祖实录》卷一三九："顺治十七年八月壬寅,皇贵妃董鄂氏薨,是日传谕:亲王以下、满汉四品官员以上并公主、王妃以下命妇等,俱于景运门内外齐集哭临,辍朝五日。"《看云草堂集》卷二《恭拟端敬皇后挽词八首(原注:贵妃董氏)》。

秋至海盐,知县雷腾龙乃故吏。宿天宁寺,赠书彭孙遹与彭孙贻。

《看云草堂集》卷二《寓海盐天宁寺》《赠彭骏孙兼呈仲谋》。

彭孙贻,字仲谋,号羿仁,私谥孝介先生,海盐(今属浙江)人。明末拔贡生,入清高隐不仕。著《茗斋百花诗》《茗斋集》《彭氏旧闻录》。生平事迹见《清史列传》卷七〇《文苑传》一、《清诗别裁集》卷七、《明遗民诗》卷十三、《全清词钞》卷二。

彭孙遹(1631—1700),字骏孙,号羡门,浙江海盐人。顺治十六年(1659)进士,官授中书,又于康熙十八年举博学鸿儒,以庭试第一授翰林院编修,官至礼部右侍郎。工诗文词,与王士禛为时人并称"彭王"。著《松桂堂全集》《延露词》等。

关于雷腾龙,《(光绪)海盐县志》卷十四:"雷腾龙,字化明,三原人,拔贡生,顺治十七年任(海盐)知县。十八年奏销抗粮一案,先期清算绅衿,无锱铢欠,各邑罣误甚多,人咸服其先见。"又《(同治)永平府志》卷十、《(光绪)抚宁县志》卷十均载雷腾龙曾任永平府抚宁县知县,故尤侗自撰年谱中此处有"故吏"云云。

时登天宁寺浮屠绝顶观海,又同钱德震登秦驻山,时值十月。

《看云草堂集》卷二《登天宁寺浮屠绝顶望海》:"兴至超然到上头,凭虚萧瑟见高秋。诸天冥冥人非想,大地茫茫我亦愁。"又同卷二《同钱武子登秦驻山》:"孟冬寒未严,海山净如濯。"可知时为孟冬十月。

钱德震,字武子,嘉兴(今属浙江)人,明季占籍华亭。有诗文名,著《青鹤堂集》。生平事迹见《江苏诗征》卷三五、《全清词钞》卷三、《(光绪)重修华亭县志》卷十七《人物》。

顺治十八年　辛丑(1661)　四十四岁

正月初七,顺治帝崩,作哭临挽诗八首悼之,末云:"平生知己犹惆怅,况感恩私在至尊。"

《世祖实录》卷一四四:"顺治十八年正月丁巳夜子刻,上崩于养心殿。"《看云草堂集》卷三《恭挽世祖章皇帝哀词八首》,一云:"自叹边关虮虱臣,归田耕凿荷皇仁。相如赋草传宫监,李峤歌头教内人。负曝有心谁为国,攀髯无路尚馀身。平生知己犹惆怅,况感恩私在至尊。"宋琬《安雅堂未刻稿》卷四《世祖章皇帝挽诗十章》等亦作于是时。

二十九日,奏销之事起,此次大案中江南士绅遭褫革者多至一万三千余人。

王先谦《东华录》:"顺治十八年辛丑(正月)……己卯(二十九日),谕吏部、户部:'钱粮系军国急需,经管大小各官须加意督催,按期完解,乃为称职。近览章奏,见直隶各省钱粮,拖欠甚多,完解甚少。或系前官积逋,贻累后官;或系官役侵那,借口民欠。向来拖欠钱粮,有司则参罚停升,知府以上,虽有拖欠钱粮未完,仍得升转,以致上官不肯尽力督催,有司怠于征比,枝梧推诿,完解愆期。今后经管钱粮各官,不论大小,凡有拖欠参罚,俱一体停其升转,必待钱粮完解无欠,方许题请开复升转。尔等即会同各部寺酌立年限,勒令完解。如限内拖欠钱粮不完,或应革职,或应降级处分,确议具奏。如将经管钱粮未完之官升转者,拖欠官并该部俱治以作弊之罪。'"《世祖实录》卷三:"顺治十八年六月,江宁巡抚朱国治疏言:'苏、松、常、镇四府属并溧阳县未完钱粮文武绅衿共一万三千五百一十七名,应照例议处;衙役等人二百五十四名,应严提究拟。'得旨:'绅衿抗粮,殊为可恶,该部照定例严加议处。'"《清史稿》卷四八八朱国治传:"国治疏言苏、松、常、镇四府钱粮,抗欠者多,因分别造册,绅士一万三千五百馀,衙役二百四十人。敕部察议,部议见任官降二级调用,衿士褫革,衙役照赃治罪。"董含《三冈识略》卷四:"江南赋役,百倍他省,而苏、松尤重。迩来役外之征,有兑役、里役、该年、催办、捆头等名。杂派有钻夫、水夫、牛税、马豆、马草、大树、钉麻、油铁、箭竹、铅弹、火药、造仓等项。又有黄册、人丁、三捆、军田、壮丁、逃兵等册。大约旧赋未清,新饷已迫,积逋常数十万。时司农告匮,始十年并征,民力已竭,而逋欠如故。巡抚朱国治刚愎自用,造欠册达部,悉列江南绅衿一万三千馀人,号曰'抗粮'。既而尽行褫革,发本处枷责,鞭扑纷纷,衣冠扫地。"

初春,宿古法堂,题远上人卷子次龚鼎孳韵。

《看云草堂集》卷三《宿古法堂,题远上人卷子,次龚孝升先生韵》:"湖山春载酒,风雨夜闻钟。拈取梅花看,为君剖五宗。"可知时乃初春。

四月,至虞山,游拂水岩、红豆庄。六月,梦王昭君,作杂剧《吊琵琶》。

《悔庵年谱》卷上。《西堂杂组一集》卷六有《青冢铭》《右北平集》有

《反昭君怨》,这些诗文之作为杂剧《吊琵琶》的创作提供了思想基础。

八月,送珍儿至昆山应童子试,未录。

《悔庵年谱》卷上。尤珍《沧湄年谱》顺治十八年:"秋应童子试于昆山,不录。"

时与彭珑、程梦简(苍孚)、盛符升(珍示)饮冯静容校书院;次日又饮盛符升家,观冯静容演《浣纱记》《西厢记》,作【南吕·宜春引】调数枝赠之;又集马鸣銮(殿闻)书斋,惜静容不至。

《看云草堂集》卷三《玉峰访冯静容校书有赠》《静容招同苍孚、云客、珍示,菽旃曲谦听歌,叠韵再赠》《同诸子谦珍示堂中,观静容演西子、红娘杂剧,再叠前韵》《殿闻书斋雅集静容不至,叠韵怨之》《留别静容叠韵毕》、《百末词》卷五【南吕宜春引(原注:赠冯静容校书)】等皆为此时所作。其中《同诸子谦珍示堂中,观静容演西子、红娘杂剧,再叠前韵》中有"钟声晓寺来传筒,花影清溪出浣纱",可知此次观演了《西厢记》《浣纱记》。关于此次饮宴的日期,《悔庵年谱》载为八月,又《留别静容,叠韵毕》云:"还期九月秋江上,载酒扁舟看荻花。"可知时于九月之前,诗后《附静容次韵答赠诗》也有句"珍重春风数相访,小庭新树枇杷花",枇杷头花多开于八九月份,又是"新树",故可推知此次聚会应值八月。

程梦简,字苍孚,江南丹徒(今属江苏)人。据《(光绪)丹徒县志》卷二二,程梦简乃顺治十八年(1661)进士,知广东镇平县。

盛符升(1615—1700),字珍示,号诚斋,昆山(今属江苏)人。康熙三年(1664)进士,历任内阁中书、礼部主事,考授广西司御史。著《诚斋诗集》《文集》。生平事迹见《国朝耆献类征》卷一三四、《江苏诗征》卷一四九、《清诗别裁集》卷九、《(同治)苏州府志》卷九五。

马鸣銮,字殿闻,昆山(今属江苏)人。康熙十二年(1673)进士,选庶吉士,授编修,生平事迹见《苏州府志》卷九五、《(道光)昆新两县志》卷二十七。

重阳前后,苏城一带奏销案士绅提审,侗诸多交游均遭卷进奏销之祸,如吴伟业、宋实颖、徐元文、邵长蘅、彭孙遹、计东等。金圣叹等十八人因哭庙被杀,顾予咸险些卷入而终得幸免。重阳之日,风雨大作,遂赋《续满城风雨近重阳》以喻时事。

《看云草堂集》卷三《续满城风雨近重阳》序云:"今秋重阳,风雨大作……。"一云:"满城风雨近重阳,觅句催租底事忙。不见遣粮一万户,南冠相对正仓黄(原注:提问十七年奏销绅衿)。"按,尤侗的诸多友人当时均遭奏销诖误,《吴梅村全集》附顾湄《吴梅村先生状》:"未几,朱太淑人殁,先生哀毁骨立,复以奏销事几至破家,先生怡然安之。"《(光绪)苏州府志》卷八八载宋实颖:"以江南奏销案诖误。"《淡墨录》:"宋实颖,顺治辛卯举顺天乡试,与吴下诸名人倡慎交社,声誉籍甚。后以江南奏销案诖误。"韩菼《有怀堂文稿》卷十七《资政大夫文华殿大学士户部尚书掌翰林院事徐公行状》:"会江南奏销案起,奸胥寅公(即徐元文)名其中,谪銮仪卫经历,公恬然安之。"《邵子湘全集》卷首载陈玉璂撰《青门山人传》:"未几,江南奏销案起,诖误者万人,而山人(即邵长蘅)亦黜弟子员籍,时论益惜之。"董含《三冈识略》卷四补遗载彭孙遹:"与余结契甚深,亦为奏销诖误,以札寓余,颇极感愤。"《艮斋倦稿文集》卷十三《计孝廉传》载计东"御试第二,名动长安",仍"旋遭奏销一案,罣误被黜"。毛先舒《潠书》卷一《丽农词序》中道邹祗谟:"射笨中甲科,中更不得意。"可见奏销案对江南士人打击范围之广及手段之厉。

关于哭庙案事,《续满城风雨近重阳》一云:"满城风雨近重阳,剪纸招魂满建康。一夜淋铃闻鬼哭,可知唱道念家乡(原注:金陵戮士十八人)。"实录了顺治十八年间奏销哭庙案在江南造成的恐怖气氛。此次哭庙案,尤侗友人顾予咸初被卷入终幸免遇难,按《(民国)吴县志》卷六十八《列传六》:"十八年春,顺治大行,遗诏至苏,巡抚以下,大临府治。有诸生十八人面诘吴县令(注:任维初)不法事,巡抚朱国治庇令,欲坐诸生重辟,而畏予咸刚直,从而请曰:'令无罪,当罪诸生。'予咸正色曰:'诸生讦令事皆实,何罪当罪?'令国治忌之,遂密告金陵会勘大臣,逮予咸系狱,坐以指使,论绞狱上。奉旨复官,寻以奏销案落职。"彭定求《南畇老人自订年谱》顺治十八年:"顾(予咸)先生忤邑令,罗织于诸生哭庙案内,就逮下金陵狱,议置重辟,旋奉特旨释归,相见为之破涕。"《艮斋倦稿文集》卷十一《题雅园自叙》道顾之遭遇:"然一旦闲居,为凶人所媒蘖,窜入哭庙诸生狱,欲置之死,即公自谓无生矣。幸天子察其冤,特旨释之,懂而获免。呜呼,亦危矣哉!"尽可想见是时情势局面之危急。

顾予咸,字小阮,号松交,江苏吴县(今江苏苏州)人。顺治丁亥(1647)进士,授宁晋知县,擢刑部主事,历吏部考功员外郎。著有《温飞卿集笺注》《注李昌谷集》《遭难自述》等,生平事迹见《长洲县志》卷二十五《人物四》、《(乾隆)江南通志》卷一四〇、《碑传集》卷五八、《(民国)吴县志》卷六十八《列传六》《(嘉庆)山阴县志》卷一二《名宦》。

时苏城又有驻防之师,嚣然多事,赋诗以叹。

《看云草堂集》卷三《续满城风雨近重阳》之"满城风雨近重阳,齐女门前开射堂。老去悲秋何处醉,蓝田新改虎侯庄(原注:新驻满兵圈住民房)"及"满城风雨近重阳,百道军符捉野航"等均载述有满兵驻防之事,又长洲同乡韩菼《有怀堂诗稿》卷一《出都述怀》:"破巢兵扑捉,勾租吏怒嗔。输租仍殿租,褫辱及衣巾。室毁还作室,督驱旧主人(原注:辛丑年奏销案应连逮,时驻防兵圈占房屋)。"按《(民国)吴县志》卷七十九《杂记二》:"顺治十六年,海寇作乱,苏郡有驻防之师。领兵将军祖大寿圈封民房以居兵,自娄门直至桃花坞、宝城桥止。康熙三年,巡抚韩世琦奏请移驻京口,去之日,恐兵有变,预与将军谋,备船城外,饬令兵一时尽行出城,不许停留,民赖以安。"陈康祺《朗潜四笔》卷一:"顺治十六年,海寇不靖,有驻防兵守苏州。将军祖大寿圈封民居为驻防之所,号大营。兵自娄门至桃花坞、宝城桥而止。时满兵多骚扰,且民间有借兵银者,偿之无已,名曰'满债'。康熙三年,抚军韩公心康密奏,请以驻防兵移守京口。预与将军谋,先备船于城外,传令立时出城,不得停留一刻,违者斩首。先期令欠户远逃,贴抚军封条于门,兵来索债,不得入,皆怏怏去,民赖以安。"可知顺治十六年至康熙三年之间,苏州城一直有满兵驻扎。

是年,嫁长女于汤万焞。

《悔庵年谱》顺治十八年:"嫁女于汤氏婿万焞,庠生,比部云洲公孙、文学子定子,卿谋犹子也。"

康熙元年　壬寅(1662)　四十五岁

春,赋诗赠许虬司理思州、曾王孙司理汉中。

《看云草堂集》卷三《送许竹隐司理思州二首》有云:"夜雨鸣铜鼓,春风舞竹鸡。"同卷三《送曾道扶司理汉中》有云:"江陵驿路满梅花,计日连云出谷斜。"可推知是时约为初春之日。按《明清进士题名碑录》,许虬与曾王孙乃同榜进士。

许虹(？—约1662),字竹隐,昆山籍,长洲(今江苏苏州)人。顺治十五年(1658)进士,历思州府推官、思南府同知、绍兴府同知、终永州知府。著《周易注解》《万山楼诗钞》(顾有孝辑)。生平事迹见《国朝诗人征略初编》卷四、《清诗纪事初编》卷一、《(同治)苏州府志》卷八八、《(民国)吴县志》卷六十八《列传六》。

曾王孙(1624—1699),字道扶,秀水(今浙江嘉兴)人。本孙氏,入继外祖曾氏为子。顺治十五年(1658)进士,官汉中司理,升部曹,仕至四川提学道佥事。著《清风堂文集》。生平事迹见《国朝耆献类征初编》卷二〇八、《清诗纪事初编》卷七、《(康熙)嘉兴府志》卷十四《人物》。

桐乡族兄尤师锡司理建宁,招往之。再渡钱塘,抵江山,眺江郎石三峰,度仙霞关。又从浦城下船,至建宁,舍郑重东溪草堂,游梅福山、浮石洞及光孝、开元二寺,观佛牙,赏玉魫兰,食鲜荔枝。

《悔庵年谱》卷上。《西堂杂组三集》卷四《月将堂近草序》:"岁在壬寅,予薄游闽中。"《看云草堂集》卷三《舟中连雨》《江郎石》《仙霞岭》《闻鹧鸪》《至建宁,送朱素书往汀州》《生日》《梅福山》《同郑山公游光孝、开元二寺》《食荔枝戏作》等均为游途所作。其中《同郑山公游光孝、开元二寺》:"策马渡河去,寻山到水南。荒烟横古道,老树隐名蓝。酒放陶潜醉,花开迦叶参。佛牙空一尺,对客未曾谈(原注:寺藏佛牙)。"知观佛牙事。

郑重(1625—1694),字威如,又字山公,福建建安(今福建建瓯)人。顺治十五年(1658)进士,官福建靖江知县,累升至刑部左侍郎。著《霞园诗集》《文集》《文选集注》,主修《靖江县志》。生平事迹见金敞撰《康熙靖江县志·宦绩》、《大清一统志》卷六十和卷三三一、《福建通志》卷四七等。**故吏丁与玉作令顺昌,邀至其邑。遂渡黯淡滩,延平剑津,寓地藏堂,与丁令同游普庆寺。值丘之蕃寿宁县解任,欠官税未得代,侗倾囊助之。**

《看云草堂集》卷三《赠丁顺昌县令(原注:丁曾司训抚宁,予故吏也)》《寓地藏堂示美中上人》《同丁令游普庆寺》《戏赠楚山上人》《小病》《谢人送兰喜成》《别山公》《别楚山次来韵》《黯淡滩》《延平剑津》《画眉鸟》《上滩》《舟迟写闷》《再题江郎山》《钓台》均载此间游事。义助丘之蕃一事,《悔庵年谱》卷上有记。

丁与玉,字性可,曾任顺昌(今安徽阜阳)县令。丘之蕃(《(民国)吴县志》中作"李之藩",恐为丘之蕃之误),字衍卿,举人,顺治十年知福建寿宁县,后以事解任,邑人立祠祀之。生平事迹见《(民国)吴县志》卷六十八《列传六》。

为送珍儿应童子试,秋至江阴,冬至湖州。珍儿两试皆未录,始学作诗与古文。

《悔庵年谱》卷上。尤珍《沧湄年谱》康熙元年:"予十六岁,秋应童子试于江阴,冬应童子试于湖州,俱不录,始学为诗、古文。"

本年,宋琬以被控与登州义军有连,再被逮击下狱,狱中作《祭皋陶》杂剧。

宋琬《安雅堂未刻稿》卷五。

康熙二年　癸卯(1663)　四十六岁

程邑北上入都,正月初七,于看云草堂为之歌舞饯别。

《看云草堂集》卷三《送程翼苍助教入都四首》,一云:"草堂陈楚舞,绮席唱骊歌。兄弟天涯别,莺花人日多。东风吹锦缆,明月渡黄河。回首吴山暮,相思奈尔何(原注:人日,予饯之草堂)。"

寄书于王崇简、龚鼎孳。

《看云草堂集》卷四《寄宗伯王夫子二首》《寄龚总宪五十韵》,由于此二人均在京师,故很有可能托程翼苍捎带书信。又《寄宗伯王夫子二首》云:"何时陪舞鹤,红烛醉微言(原注:怀来鹤轩)。夫子悬车后,尚书行马时(原注:胥庭宗伯)。"知所云"宗伯王夫子"应指王崇简。王崇简《青箱堂诗集》卷十九亦有《答尤展成》有云:"好句劳相念,兴怀岁月悠。雄文开后学,高志接前修。……如君岂隐者,漫理钓鱼舟。"

春日,父尤瀹于卢师庵结放生社,从之,并作《放生词》十二首。

《西堂杂组二集》卷八《卢师庵放生疏》。《看云草堂集》卷二《卢师庵放生词十二首》有句云"春色画桥西""雀衔花去更长鸣,日晚午风轻",可知时为春日。

县令苏仁归秦,赋诗别之。

《看云草堂集》卷四《送苏明府归秦》:"辛苦长洲令,居官仅一年。催科野老粟,挽縴大兵船。政绩馀碑记,归装乏俸钱。好移彭泽柳,去种杜陵田。"

苏仁,字长人,陕西蒲城(今属陕西渭南)人。据《(乾隆)长洲县志》卷二十一《宦绩》:"政宽简雅,好儒术,乐与士大夫交。故旧偶游吴门,坚谢去曰:'邑民赋役不聊,不能以膏脂饫宾客也。'逋税祸起,毗陵最严刻,有因而雉经者。仁闻之曰:'奉行若是其峻耶!'因用情于法,曲存士礼,学校至今思之。"

时蒋超太史住卢师庵中,载荷露酒饷侗,侗每过剧谈辄为绝倒,作杂剧《桃花源》示之。

《悔庵年谱》卷上。

蒋超过看云草堂,与侗论诗。时蒋将入万峰参坐,赋诗送之。

《看云草堂集》卷四《蒋虎臣太史枉顾草堂论诗,将入万峰参坐,长歌赠之》:"虎臣先生住句曲,身披紫霞骑白鹄。道上人呼王子乔,帝命较书留玉局。玉局金门暂游戏,掉头却卧王孙桂。养疾惟删本草经,出门遍写名山志。揭来一棹阖闾城,小园庾信相逢迎。脱帽草亭恣谈噱,青山对面凉风生。酒酣掷我惊人句,如入瑶林数琼树。卧龙跳虎岂能名,出月穿天不知处。酒醒复读大悲作,一口西江竟吞却。长斋绣佛妙香闻,宴坐毗耶雨花落。不见西京士大夫,貂婵金鱼玉鹿卢。可怜热官皆炙手,如公素心天下无。乍喜林间一把臂,蒲团又入万峰地。归来只点赵州茶,贺尔心空重及第。"

八月,功令废八股,以策论取士。珍儿作诗颇多,频赏之。

《圣祖实录》卷九:"康熙二年八月癸卯,礼部遵旨议覆:'乡、会考试停止八股文,改用策、论、表、判。乡、会两试,头场策五篇,二场用四书五经题,作论各一篇,表一篇,判五道,以甲辰科为始。'从之。"董含《三冈识略》卷四:"(康熙二年)八月,改试士法,八股制艺,永行停止,乡会试用策论表判,减三场为二场。至戊申七月,诏复旧制。"尤珍《沧湄年谱》康熙二年载:"予十七岁,功令废八股文,以策论取士,每岁作诗甚夥。《游猎篇》云'万马齐驱入烟雾',《妾薄命》云'蛾眉扫罢西风起',《夏日园居》云'青山云忽起,绿树鸟频来',俱为先大人所赏。"

本年,嫁女琼莹于陆德元。

陆德元,字益孙,长洲(今江苏苏州)人。陆寿名子。康熙十五年(1676)进士。有《怀芝草堂诗选》《奉使于役偶吟》《芝瑞堂家稿》。

"明史"狱起,庄廷鑨被杀,其兄庄廷珑被戮尸,株连获死者多达七十余人。

王先谦《东华录》"康熙二年"。

宋德宏卒。

康熙三年　甲辰（1664）　四十七岁

二月，彭孙遹寓苏州南园，四月十三日，为《读离骚》题词。

彭定求《南畇老人自订年谱》康熙三年："二月，海盐羡门叔来寓南园，题诗二首云：'三月南园雨复晴，轻衣初试踏青行。碧桃水暖通人境，绿柳阴浓覆女城。'"彭孙遹《读离骚题词》末署云："甲辰立夏后三日，海盐彭孙遹题于南园。"按，是年四月十日立夏，后三日当为四月十三日。

彭孙遹一客无锡张远为侗作小像甚似，适二十四日初度，侗作调《满江红》二阕题其后，自吴伟业而下，和者数十人。

《年谱图诗》之《竹林宴坐图》卷首题：海盐张远子游画，太仓王时敏烟客题。后录尤侗自作词及众人和词，和者有吴伟业、丁澎、彭孙遹、曹尔堪、宋琬、叶国华、马鸣銮、叶奕苞、计南阳、陈其年、吴绮、余怀、黄迁、张芳等。《百末词》卷四有《满江红·生日自题小影二首》，叶奕苞《经锄堂诗馀·题尤悔庵小像次原韵》题下还注明为"甲辰"所作。

张远，字子游，无锡人。《（康熙）嘉兴府志》卷十四《技艺》载其："少学画于冥南黄谷，谷携之至盐，因家焉。又学曾鲸，写真无不逼肖。"

六月，作杂剧《黑白卫》。

《西堂乐府·黑白卫》卷末云："六月栖栖日苦多，壮心无计与消磨。偶思剑侠看奇传，漫把长歌续短歌。"

宋荦除湖广黄州府通判，六月抵任。

宋荦《西陂类稿》卷四十七《漫堂年谱》。

宋荦（1634—1713），字牧仲，号漫堂、西陂，又号绵津山人，河南商丘人。大学士宋权子，顺治四年应诏以大臣子列侍卫。逾年考试举头名，受职，父以其年小力辞。康熙三年授黄州通判，累擢至江苏巡抚，晋吏部尚书，加太子少师致仕。著《西陂类稿》《绵津山人集》等。

六月十日，彭孙遹为《黑白卫》题词，并合其杂剧四种点定之曰："此足压《四声猿》矣。"吴梅村为之总序。

《悔庵年谱》卷上。尤侗杂剧《黑白卫》卷首彭孙遹题词末署云："甲辰六月十日，海盐彭孙遹题。"《西堂乐府》卷首有吴伟业序。

因功令策论取士，是年选古文律书行世。

陈维安《海滨外史》卷一："康熙三年甲辰，会试改用策论。"《悔庵年谱》卷上亦对此有载,然其云所选古文律书未见。

闻侯涵卒,赋诗哭之。

《看云草堂集》卷四《哭侯研德》:"中年离别最伤神,况复重泉哭故人。四海量交谁急难,半生通隐独忧贫。虚传素女教轩后,已见巫阳召楚臣。兄弟凋零妻子少,那能回首不沾巾。"

朝廷赦免顺治十五年前催征不得钱粮,作表谢之。

《圣祖实录》卷一二:"康熙三年六月庚申,谕户部等衙门:'各项钱粮关系国计民生,必征输起解,历年清楚,然后国用有裨,军需不匮,小民无催科之扰,官员免参罚之累。向因直隶各省自顺治元年至十七年拖欠银共二千七百万两有奇,米七百万石有奇……先曾有旨,应作何催征?作何蠲免?……今将自顺治元年以来十五年以前所欠银、米……布匹等项钱粮悉予蠲免。"《西堂杂组二集》卷七《上赦免顺治十五年前催征不得钱粮群臣谢表(原注:康熙三年)》。

钱谦益卒。

康熙四年　乙巳(1665)　四十八岁

郑重令靖江,邀侗往。阳春三月,渡澜江,与邹祗谟登兴文寺浮图。

《西堂杂组二集》卷二《〈倚声词话〉序》:"乙巳春日,偶与程村同客骥沙,闲话及此。"骥沙即为江苏靖江之别名,可知尤侗、邹祗谟二人在靖江相聚事。《看云草堂集》卷四《同邹评士登兴文寺浮图》《三月三日在澜江作》均为纪游所作,其中《三月三日在澜江作》:"又是三春三月三,离居江北忆江南。流觞曲水竟何在,沽酒当垆剧不堪。小圃谁家花隐约,空堂有客燕呢喃。杜陵寂寞丽人赋,闲看村姑出采蓝。"

二月二十日,邹祗谟于靖江旅邸为传奇《钧天乐》作序。

《西堂乐府·钧天乐》卷首有邹祗谟序,末署云:"康熙乙巳花朝后五日,南兰陵丽农山人程村氏拜题于骥江之城南精舍。"

三月,父瀹携珍儿往祖坟扫墓,顺游支硎、寒山,是晚宿化城。

尤珍《沧湄文稿》卷四《游寒山记》:"乙巳春,从祖父扫墓,便道登支硎,由观音寺折而西,始见所谓寒山者。……是晚宿化城,并见所谓千尺雪者,瀑流喷激……予又低徊留之不能去云,会催科事迫,遂从祖父归,爰为之记,时乙巳春三月也。"

靖江朱凤台(慎人)枢部家有小伶,数往观焉。

《看云草堂集》卷四《长歌题朱慎人行乐图》:"我来澜江四十日,飞燕落花春寂寂。主人惟有朱家贤,投车烧烛常留客。……梨园法曲霓裳序,髻鬟沉香张小部。野狐龟年皆妙颜,倾城尤爱周郎顾。"同卷四又《戏柬慎人》:"君家梨园皆妙手,更衣垂手如神仙。"可见时往朱凤台家观小伶表演。

按,《(光绪)靖江府志》卷十三《宦绩》:"朱凤台,字慎人,居布市,乡贤应鼎之三子。举顺治丙戌乡试,丁亥成进士,令于直隶阜平……调浙江开化县……辛卯充浙闱同考官……擢兵部车驾司主事,告归终养。"

至泰兴,寓张茂枝园中半月,相与甚乐。

《看云草堂集》卷四《赠延令张因亓》:"青乌白饭行厨具,胡饼江鱼频佐箸。饱馀同看辋川图,醉后闲吟芜城赋。君家兄弟继三张,投辖陈遵驿郑庄。十日平原乐未足,骊驹忽唱上河梁。感君意气思千里,还愁前路无知己。君不见临邛令下逐客书,长卿之游亦倦矣。"

张茂枝,泰兴(今属江苏)人,《(光绪)泰兴县志》卷二十一:"茂枝,字因亓,明经受长子,十龄能属文,甫冠名隽一矗。以举人谕巢县,全椒浮湛。三十年始第,康熙十五年进士,授内阁中书,疾归。茂枝有至行,事亲色养备至。亲殁,让产两弟,粒粟寸帛不以私。性严整,敦尚名节,人有为非义者,咸相戒曰:'毋使张君知也。'"

四月,抵扬州访王士禛,时王值扬州推官任上。

王士禛《渔洋山人自撰年谱》。

王士禛示以《渔洋山人诗集》,请序其所编次康熙元年至康熙三年诗,并于抱琴堂举宴饮之。席上,侗口占赠以《虎儿诗》二首,又为王士禛洋题《散花》《洗桐》二图。

《西堂杂组二集》卷二《〈渔洋山人集〉序》:"往予杖策走燕齐道上,每过邮亭野店,辄有新城王西樵、阮亭兄弟题诗,诗既惊人,而使笔斗大,龙拏虎攫,解鞍造食,坐对移晷而不能去。无何,阮亭司理扬州,数遣问讯,卒卒不得往。今乙巳春,召入仪曹,行有日矣。予怃然曰:'及是不面,交臂失之。'秣马并程,径造其署,适西樵亦从长安来,握手谈讌,恨相见晚也。阮亭出所刻《渔洋山人集》,读之澜汗砊砰,恧然足以骇矣。复次壬(寅)、癸(卯)、甲

(辰)三年诗,而命序于予,予方舌挢而不下,其敢序阮亭乎哉?"《看云草堂集》卷四(癸卯至丙午间诗)有《虎儿诗》二首,《合题王阮亭〈洗桐〉、〈散花〉二图》。其中,《虎儿诗》序云:"阮亭幼子三岁能诵唐诗百首,盖宿慧也。席上口占赠之。"《合题王阮亭〈洗桐〉、〈散花〉二图》有云:"琅琊王子神仙客,骑马扬州尝邑邑。闲来岸帻抱琴堂,琴声弹向双桐出。"可知此次交游活动。

适王士禄在署,相与论文甚得,并为士禄《炊闻卮语》作序。

《西堂杂组二集》卷二《王西樵〈炊闻卮语〉序》:"今遇西樵于邗沟,出《炊闻卮语》读之,静情逸思,撷花草之标,似未肯放阮亭独步。"

此处"邗沟"即指扬州,由于《西堂杂组》以编年而次,《王西樵〈炊闻卮语〉序》之前《〈渔洋山人集〉序》与之后《〈倚声词话〉序》都作于乙巳(1665),故可推之此文应为此次会面所作。《西堂杂组三集》卷六《王东亭进士传》:"今祭酒阮亭先生司理扬州,予于乙巳春访之。适西樵考功在署,相与缔交谈讌,欢若平生。"

王士禄(1626—1673),字子底,号西樵山人,山东新城人。顺治十二年(1655)进士,投牒改官,选莱州教授,迁国子监助教,擢吏部主事。后以员外郎典试河南,磨勘罣吏议下狱,得雪归。居数年,复起原官。母丧,以毁卒,私谥节孝先生。著《十笏堂诗选》《炊闻词》等。

阮亭最喜《黑白卫》杂剧,携至如皋,与冒襄、陈维崧授家伶演之。

《悔庵年谱》卷上。《西堂乐府·自序》:"王阮亭最喜《黑白卫》,携至雉皋,付冒辟疆家伶,亲为顾曲。"

冒襄(1611—1693),字辟疆,号巢民,如皋(今属江苏)人。明崇祯十五年(1642)副榜贡生。幼有俊才,尝游董其昌之门,深得赞誉。入清后,屡征召而不出。家筑水绘园,交会四方文士。著有《巢民诗集》《文集》《影梅庵忆语》,另辑《同人集》等。

陈维崧(1625—1682),字其年,号迦陵,江南宜兴(今江苏)人。年十七应童子试获第一,后补诸生,久之不遇。尝由汴入都,与朱彝尊合刻一稿,名《朱陈村词》,流传至禁中,蒙赐问,时以为荣。康熙十八年举鸿博,授翰林检讨,编修《明史》四年病卒。著《湖海楼诗集》《迦陵文集》《词集》等。

四月间,王士禄游杭州,与宋琬、曹尔堪等晤聚,并以《满江红》调相唱和。

《王考功年谱》。毛先舒《潠书》卷二《题三先生词》:"(荔裳、西樵、子顾)先后以事或谪或削,久之得雪。今年夏月,适相聚于西湖,子顾先倡《满江红》词一韵八章,二先生和之,俱极工思,高脱沉壮,至其悲天闵人、忧馋畏讥之意,尤三致怀焉而不能已。"王士禛《池北偶谈》卷十一:"先吏部兄作长调,往往好压险韵,一调叠韵有至十馀阕者。在杭州,与宋荔裳、曹顾庵唱和《满江红》词,同用'长''杖''状'等字。"另宋琬《安雅堂未刻稿》卷三《喜王西樵至湖上二首》《乙巳初夏,同王西樵、孙无言、孙晦生、王仲昭、葛无觳、张步青、张邺仙游壑庵四首》《二乡亭词》中有《王西樵客游武陵,曹顾庵赋词志喜,属予和之》(该词后还录有尤侗评语,道:"飘响若天风环珮")、《满江红·予与顾庵、西樵皆被奇祸得免》《满江红·铁崖、顾庵、西樵、雪洲小集寓中,看演〈邯郸梦〉传奇,殆为余五人写照也》及王士禄《炊闻词》卷下《再用前韵柬顾庵并呈荔裳》《满江红·湖楼坐雨,同顾庵用前韵,再柬荔裳》等均作于此次聚游。

渡江,访镇江程康庄通判。五月,登北固山多景楼,游甘露招隐寺。

《看云草堂集》卷四《登北固山多景楼》:"五月乘高白袷凉,眼前不尽景茫茫。"可知登山时为五月。

程康庄(1613—1679),字昆仑,山西武乡人,《(乾隆)武乡县志》卷二《选举》:"……崇正(祯)乙亥拔任镇江通判、安庆同知,迁耀州知州。"同书卷三《文苑》载程康庄工诗文,一度与王士禛多唱和往来,为人称"上下江诗伯"。《山西通志》卷一三九:"程康庄,字昆仑,武乡人。工文,陈大士罗文止杨子常胥称之。前乙亥选贡,国朝任镇江府通判,摄大营理事官,治讼不少偏,民甚赖之。公馀与诸生赋诗论文无虚日,迁安庆府同知,左迁耀州知州。"

端午,乘舟而归。

《百末词》卷四《满江红·忆别阮亭仪部,兼怀西樵考功湖上》:"我发芜城乘竞渡,一江风涨,为寄语池塘春草,阿连无恙。"

芜城即指扬州,鲍照有《芜城赋》,又由"竞渡"描写了"龙舟竞渡"的场景,亦可推知尤侗离开扬州之际时逢端午。

五月十日,邀曹尔堪、沈荃、陆寿名、宋既庭等共聚看云草堂,赋《满江红》词八首,曹尔堪等又和之。

《百末词》卷四有《满江红》调:《倦游初归,顾庵、绎堂、处实、既庭枉集草堂,用顾庵原韵》《即席赠顾庵学士》《即席送绎堂宪副北上,并寓都中同好》《飞涛祠部辞疾不至,柬以讯之》《寄呈荔裳观察(原注:西樵荔裳先有和词,故及之)》《苦雨书闷》《顾庵复和八首见示,赋此答之,并贻既庭》。曹尔堪《南溪词》载《满江红·沈绎堂、陆处实、宋既庭、御之同集尤悔庵看云草堂,原韵次答(原注:乙巳五月初十日)》,可知此次聚会时为五月初十。曹尔堪《南溪词》中还有《满江红·即席送同年沈绎堂入都,兼怀汪千顷、杨地一,同展成、既庭赋》《满江红·同悔庵、既庭赋柬荔裳观察》《满江红·忆西樵湖上兼寄阮亭,同展成、既庭赋》《满江红·展成、既庭雨中见示新词,用原韵奉答》《满江红·既庭见示小影,用悔庵回韵赠之》等,均为此次聚会所作。

沈荃(1624—1684),字贞蕤,号绎堂,别号充斋,谥文恪,江南华亭(今上海松江)人。顺治九年(1652)进士,官至詹事府詹事、礼部右侍郎。著《一研斋诗集》。生平事迹见《江苏诗征》卷一一八、《清诗别裁集》卷三、《全清词钞》卷二、王熙《通奉大夫日讲起居注詹事兼翰林院侍读学士加礼部侍郎谥文恪沈荃墓志铭》、《(光绪)重修华亭县志》卷十六《人物》等。

曹尔堪为《百末词》作序。

《百末词》卷首有曹尔堪《百末词序》题款,云:"康熙乙巳夏日,嘉善年家同学弟曹尔堪拜题。"

五月十九日,曹尔堪为《西堂乐府》题词。

《西堂乐府》卷首有曹尔堪题词,其末题款:"乙巳五月十九日,武塘曹尔堪题。"

二十九日,顾嗣立生。

顾嗣立《闾邱先生自订年谱》"康熙四年"条:"余于是年夏五月二十九日巳时生于苏州郡城史家巷之雅园。"

八月,门人周霖伯父周轼(舆则)以疾卒,为作墓志铭。

《西堂杂组二集》卷八《周舆则墓志铭》。

周霖,字雨三,武林(今浙江杭州)人,周疆之子侄,生平不详。

冬至常州,饮邹祗谟斋,序其《倚声词话》。

《悔庵年谱》卷上。《西堂杂组二集》卷二《倚声词话》序:"乙巳春日,偶与程村同客骧沙,闲话及此。程村曰善,遂书以为序。"《西堂杂组三集》卷四《香草亭词》序:"往邹子程村选《倚声》词,恨未见予全稿。乙巳春,同客骥沙,从箧衍搜得之,激赏不置。因与泛论词体,偶摘《倚声集》中某人某调某句不叶,某人某调某韵不叶,程村益爽然自失,命予序其词话,推辨及之。将欲校正重锓,未果,而程村已作古人。"

康熙五年　丙午(1666)　四十九岁

二月二十五日亥时,先妣郑太孺人病丧,享年七十四岁。侗哀毁成疾,气息惙然。四月,勉治丧事,读《礼》不出。

《西堂杂组三集》卷七《先考远公府君暨先妣郑氏行述》:"先妣生于故明万历癸巳九月十一日亥时,卒于皇清康熙丙午二月二十五日亥时,享年七十有四。"尤珍《沧湄年谱》康熙五年载:"二月二十五日,先王母以疾终于内寝。"

作《悔庵铭》,以志前非。

《西堂杂组二集》卷八《悔庵铭》序云:"古之君子五十而知四十九年之非,仆今年四十九矣。日月云迈,发齿就衰,人寿几何,其堪数悔乎?予既号悔庵以自警,而悔犹未已,乃著铭以讼焉。"

有嘉定女子王秀文吞金镮殉婚,四月十一日始得遂心愿,与项氏公子结为连理。感其贞烈,作文赞之。

《西堂杂组二集》卷六有《王贞女传略》,载王秀文不嫌未婚夫项准之贫,愤吞金镮以抗家长之逼改婚,终二人得以结成连理,该传文有云"……以归项氏,此丙午四月十一日事也"。此事在当时一度为人传诵,洪昇亦曾为之赋诗颂扬,如《稗畦集·金镮曲为项家妇作》:"王家有女字秀文,少小绰约兰蕙芬。项郎名族学诗礼,金镮为聘结婚姻。十馀年来人事变,富儿那必归贫贱。一朝别字豪贵家,三日悲啼泪如霰。手摘金镮自吞食,将死未死救不得。柔肠九曲断还续,卧地只存微气息。讵料国工赐灵药,吐出金镮定魂魄。至性由来动彼苍,一夜银河驾乌鹊。嗟哉此女贞且贤,项郎对之悲复怜。朝来笑倚镜台立,代系金镮云鬓边。"另尤珍《沧湄诗稿补遗》卷一亦有《练川行(原注:为王贞女作)》记王秀文事。

六月十六日,为宋琬《安雅堂文集》作序。

宋琬《安雅堂文集》卷首有尤侗序,落款为:"康熙丙午六月既望,吴下棘人尤侗拜撰。"

金铉明府来司江南左藩,往金陵访之。

《悔庵年谱》卷上。

十月初,淮南李滢为《西堂乐府》题词。

《西堂乐府》卷首有李滢题词,末注:"丙午杪秋,淮南李滢题。"按,康熙丙午年十月十一日立冬,故秋末应为十月初。

李滢,字镜月,兴化(今属江苏)人。年十四补诸生,《(咸丰)重修兴化县志》卷八载其:"经史百家之书无不淹贯,顺治二年举于乡。尝以父仇未报愤不欲生,久之得巨憝毙之,天下称其孝。后绝意仕进,肆力诗古文辞,遍游名山大川,足迹所至,诗文盈箧,晚邃于经参互考订多所发明,又博采古圣君臣贤臣懿士淑媛之事,附以论断,用垂明鉴。……好扬人善,汲引后进津津不倦,著《春秋纂义》诸书。"

冬,珍儿娶丘之蕃女。

尤珍《沧湄年谱》康熙五年:"冬,前丙子举人寿宁县知县丘公讳之蕃女归于我。"

除夕,赋诗感怀。

《看云草堂集》卷四《丙午除夕》。

是年,珍儿受业于同里潘恬如。

尤珍《沧湄年谱》"康熙五年"条载:"予二十岁,受业于潘克轩(先)先生,讳恬如,始读理学诸书。"

潘恬如(1617—1696),字克先,江南长洲(今江苏苏州)人。诸生。生平事迹见《苏州府志》卷八八、《国朝耆献类征初编》卷四〇五、《国朝先正事略》卷三一、《(民国)吴县志》卷六十八《列传六》。

康熙六年　丁未(1667)　五十岁

春,自天禅师(庆祐)圆寂,享年六十六岁。

《西堂杂组二集》卷八《自天禅师塔志铭》:"予与自天禅师为方外之交,始顺治庚寅访师于南园,予率意进叩,师振威一喝,通身汗下,自是相对忘言矣。迨己亥遇师于都门,各以行役倦游,订故山之约,握手劳苦珍重而去。及康熙甲辰接师于瑞光,再为分卫晨夕颇多,终以世故胶葛不获究竟大事,而师已于丁未春示寂矣。"

及江阴,送珍儿应童子试,珍儿得补长邑弟子员。时见粮船剥浅,小舟被捉,感作《毗陵口号》。

尤珍《沧湄年谱》"康熙六年"条:"予二十一岁,应童子试于江阴,补长洲县学弟子员。"《看云草堂集》卷五《毗陵口号(原注:粮船剥浅,小舟被捉)》:"毗陵一尺路,来往划船难。挟货增粮重,排帮挤水乾。行人疑有虎,守地似无官。书剑成飘泊,连天风雪寒。"

杨长公赠诗见怀,答之。

《看云草堂集》卷五《长沙杨长公赠诗见怀,依韵答之,并以为别》:"杨雄才大似相如,天末贻来尺素书。司马世家青史在,雕龙文字锦囊馀。偶过吴苑思招隐,又转湘帆赋卜居。尔到长沙讯贾谊,悲风千载尚愁予。"

读木陈道忞之《北游集》有感,赋诗以回寄。

《看云草堂集》卷五《读弘觉国师〈北游集〉有感却寄》:"吾师道德比南阳,先帝亲颁诏十行。竖佛每闻前席语,着衣犹忆内檀香。圣朝自不遗菅蒯,上座何缘扬秕糠。匏落不材长废弃,馀生只合侍禅床。"

孙默先刻邹祗谟《丽农词》、彭孙遹《延露词》、王士禛《衍波词》三家;又征佴《百末词》、曹尔堪《南溪词》及王西樵《炊闻词》,刻《后三家词》。四月,刻成《六家诗馀》,王士禛评之,孙金砺为之序。

《四库全书总目提要》卷一百九十九《十五家词》条下载:"国朝孙默编。默字无言,休宁人。是编所辑国朝词共十五家。吴伟业《梅村词》二卷,梁清标《棠村词》三卷,宋琬《乡亭词》二卷,曹尔堪《南溪词》二卷,王士禄《炊闻词》三卷,尤侗《百末词》二卷,陈世祥《含影词》二卷,黄永《溪南词》二卷,陆求可《月湄词》四卷,邹祗谟《丽农词》二卷,彭孙遹《延露词》三卷,王士禛《衍波词》二卷,董以宁《蓉渡词》三卷,陈维崧《乌丝词》四卷,董俞《玉凫词》二卷。各家以小令、中调、长调为次。载其本集原序于前,并录其同时人评点。……盖其初刻在康熙甲辰,为邹祗谟、彭孙遹、王士禛三家,即《居易录》所云。杜濬为之序。至丁未,续以曹尔堪、王士禄、尤侗三家,是为六家,孙金砺为之序。戊申又续以陈世祥、陈维崧、董以宁、董俞四家,汪懋麟为之序。十五家之本,定于丁巳,邓汉仪为之序。凡阅十四年,始汇成之。虽标榜声气,尚沿明末积习。而一时倚声佳制,实略备于此,存之可以见国初诸人文采风流之盛。"孙默《国朝名家诗馀》乃分批刊刻而成,终成名为《十六家词》,实收十七家,共四十卷。卷首有孙金砺序,末题曰:"康熙丁未四月。"

孙默(1617—1678),字无言,一字桴庵,号黄岳山人,江南休宁(今安徽)人,长期客寓扬州,终身布衣。性好结友,尚名义。久欲归黄山,终卒扬州。著《留松阁集》,所辑留松阁版《国朝名家诗馀》为现存清代最早的词总集。

自删定《看云草堂集》。

《看云草堂集》卷一《张家湾》后注云:"丁未四月,删诗至此。自注。"可知侗四月删诗。

闰四月,五十周岁,赋诗志感。

《悔庵年谱》卷上。《看云草堂集》卷五《生日志感,再用前韵四首》,一云:"历经五闰几磨跎(原注:予生戊午闰四月,迄今丁未凡阅五闰),世事安能问孰何。贫去鲍生知我少,老来邓禹笑人多。偶登广武兴长叹,曾入咸阳噫短歌。惭愧年年采藜藿,不知天上有酥陀。"

五月端午,于江上度过。

《看云草堂集》卷五《江上午日》:"梅雨萧萧五月寒,寂寥佳节滞江干。齐眉菖叶绿堪结,照眼榴花红欲残。旧俗纷拿传解粽,古人哀怨想纫兰。年年此际成漂泊,酒入愁心醉亦难。"

法华寺为兵燹丧乱所毁,是年应住持剡舟之邀,为重修法华寺撰募疏。

《西堂杂组二集》卷八《重修法华寺募疏》:"康熙丁未,住持剡舟从瓦棘中检得断石,补缀成文,虽有阙疑,因缘昭然矣。剡师慨念先畴……持一册乞疏于予。"

是年,长孙女尤淑勤生。

尤珍《沧湄年谱》"康熙六年"条:"是岁,生女名淑勤。"

康熙七年　戊申(1668)　五十一岁

正月十六日,应汤卿谋之父云洲太公之请,为亡友汤卿谋遗像作题。

《西堂杂组二集》卷六《重题汤卿谋遗像赞》:"卿谋遗像予于甲申题赞,忽忽二十五年,展卷泫然,感念故人,如在初没。窃谓发无益之悲,不若坐进此道,遂废旧辞,别缀数语,既慰逝者,亦以自广,并塞云洲太公之请云,时戊申正月望日。"按,云洲太公即汤传楹之父,《西堂杂组二集》卷四《汤太公八十寿序》即为之贺寿所作,中有"公有少子卿谋,早赴玉楼"云云。

至无锡,晤知县吴兴祚,登惠山,饮第二泉。

《看云草堂集》卷五《慧泉行赠吴伯成明府》:"谁知延陵老孙子,揭来梁溪宰百里。牛刀一割烹小鲜,桴鼓不鸣讴歌起。玺书屡下追锋车,万人卧辙行踟蹰。东东衙鼓公事毕,笑指青山停干旟。……醉挥白堕呼卢仝,松风七碗清诗骨。古泉名陆子,今泉号吴公。吴公第一泉第二,天下健者惟公雄。"

吴兴祚(1632—1697),字伯成,号留村,山阴(今浙江绍兴)人,入正红旗籍。《钦定盛京通志》卷七十八载:"康熙二年,(兴祚)任无锡令。"后官至兵部尚书,迁两广总督。著《留村诗钞》《宋元声律选》《史迁句解》《粤东舆图》,生平事迹见《碑传集》卷六四、《清史列传·大臣》本传、《清诗别裁集》卷十三、《全清词钞》卷三、《(嘉庆)山阴县志》卷十五《乡贤三》。

吴兴祚举宴于秦松龄(留仙)寄畅园,吴公偶拈《清平调》首绝,令集五言。侗应声云:"群向春山会,云衣拂槛花。玉台风露下,见月想瑶华。"一时传为擅场。

《悔庵年谱》卷上。该诗尤侗诗集未见收录。按,《江南通志》卷三十二:"寄畅园在无锡县惠山寺左,旧名凤谷行窝,屡加增葺,易今名。圣祖南巡,临幸是园,赐额二:一曰'松风水月',一曰'山色溪光',谕德秦松龄恭摹勒石。"

秦松龄(1637—1714),字留仙、汉石,号次淑,又号对岩,江南无锡(今属江苏)人。康熙十八年举博学鸿儒,授检讨,康熙二十年充日讲起居注官,历太赞善。著《苍岘山人文集》《诗集》《微云词》《毛诗日笺》。生平事迹见《清史稿》卷四八四、《清史列传》卷七〇、《国朝诗人征略》卷四、《国朝耆献类征》卷一一八、《清诗别裁集》卷四、《全清词钞》卷二。

值春日颇好,又集于秦松龄寄畅园,饮酒谈文。

《看云草堂集》卷五《饮秦留仙山园二首》,一云:"无边春色至,结束在名园。杨柳方垂户,桃花亦近源。"可知时春光正好。又一云:"主人虽避俗,客至喜开樽。餔啜皆精妙,文章共讨论。"可见时乃雅集论文。

三月间,在维扬遇计东,读其《游草》。

《看云草堂集》卷五《维扬遇计甫草,读其〈游草〉感赠》:"问君三月住扬州,骑鹤吹箫何处楼?名纸应逢官长怒,药囊却为故人留。荆卿市上歌声苦,豫让桥边衫色愁。叹息英雄多失路,明朝匹马又西游。"

蒋超视学京畿,侗与缪慧远往访之,至河间留饮,送之真定。

《悔庵年谱》卷上。

五月,于真定恰遇方亨咸(邵村)侍御谒见梁清标(玉立),即约为河朔饮,有女伶助兴。

《悔庵年谱》卷上。《看云草堂集》卷五《真定遇方邵村,却赠二首》,一云:"滹沱河北遇方干,憔悴风尘青鬓残。万里沙场久戍苦,三年版筑大工难。天涯飘泊愁疲马,柱后凄凉吊素冠。回首并州旧游地,莫劳客梦入长安。"又此诗后《题梁宗伯蕉林书屋》云:"暂解尚书履,栖迟绿野堂。……风入千山近,云深五月凉。"可推知时值五月间。《百末词》卷五《题五苗图》序云:"梁玉立大司农梦仙人送《五苗图》,既得一子,遂以'五苗'名之,令方邵村补画焉,而征予词。"同卷四《饮梁宗伯蕉林书屋赋赠》、卷五《沁园春·司农招饮,携五苗出揖客,复次前调奉赠》等均为是时作。

方亨咸(1620—1679),字吉士,号邵村,桐城(今属安徽)人,方拱乾子。顺治丁亥(1647)进士,官御史。工诗文,能书画,精小楷。以顺治十四年江南科场案事坐流宁古塔,后释归。生平事迹见《国朝耆献类征初编》卷一三三、《清画家诗史》甲下。方亨咸《五苗图》现藏于上海博物馆。

梁清标(1629—1691),字玉立、苍岩,号蕉林、棠村,直隶真定(今河北)人。崇祯十六年(1643)进士,入清后历任编修、户部尚书,官至保和殿大学士。著《蕉林文集》《蕉林诗集》及《棠村词》等。

登阳和楼,游大寺礼佛,又饮游于真定梁氏泠然堂、白莲亭等。

《看云草堂集》卷五《登阳和楼》《大寺礼佛,访笨上人不遇》《饮梁光禄泠然堂》《游梁金吾园林》《诸梁招游少宰白莲亭》等均为此游所作。

《(乾隆)正定县志》卷二《古迹》:"阳和楼在正定府治南,元至正十七年建,横跨子午,高出云霄。"

六月间,沈荃过真定,与侗饮于通判黄瑟躬署中。

《看云草堂集》卷五《沈绎堂副使过真定,小饮黄瑟躬别驾署中》:"斑马萧萧露草痕,征衫未脱问寒温。三年不见人吴苑,六月相逢官蓟门。手版驱驰仍道路,牙床偃仰暂琴樽。故交双鬓今摇落,对尔还持宝剑论。"

黄瑟躬,生平不详。

集娄维嵩宅,六月十七日地震忽发。

《悔庵年谱》卷上。董含《三冈识略》卷五:"六月十七日戌时,江南地震。自西北起,至东南,屋宇摇撼,河水尽沸,约一刻止。翌日,遍地生白毛。两越亦于是日地震。既而北直、山东、河南,皆以地震告。五省同日同刻,真古今异变。"又丁耀亢《听山亭草·戊申六月十七日,火云起于西北,如赤血,中有雷声。须臾大雨如注,霹雳交作。至夜,戌时地震,自西而东,隐有雷声起自地底,房屋倾拆,墙壁倒竖,屋瓦皆飞,人不能立。余幸楼倾不死,如有人扶掖而出。百里之内,民皆露处。三日,地动未已。作《地震诗纪异四首》、姜埰《敬亭集》卷第一《地震》、周茂源《鹤静堂集》卷一《地震》等,其中周茂源诗有句"戊申六月中,既望越翼日。大地忽震惊,漏下甫三商",确认时地震为六月十七日事。

娄维嵩,字书城,号中立,直隶真定(今河北正定)人,顺治丁亥(1647)进士,官青浦县知县,生平介绍见《(乾隆)正定府志》卷二十一、《(光绪)青浦县志》卷十三。

缪慧远、方亨咸先归,赋诗赠之。七月,遇连旬潦沱风雨。

《看云草堂集》卷五《送邵村归维扬,子长归吴门》《愁霖(原注:七月八日)》《又雨》等均作于时。其中《送邵村归维扬,子长归吴门》:"骊驹满路送君归,我独临岐赋式微。斜日一鞭随猎骑,大江双桨渡渔矶。月明隋苑闻箫吹,枫落吴宫看雁飞。踯躅京华成底事,故乡东望欲沾衣。"

应梁清标之邀填作新词,漫走笔成《清平调》一剧,授诸姬习而歌之,时居于亢氏园林。

徐釚《词苑丛谈》卷九:"尤悔庵云:'仆尝客恒山,梁司徒公出家伎佐酒,仆于座上演《清平调》杂剧,即令小鬟歌之。'"《西堂乐府·清平调》卷首云:"客恒山者三月,梁宗伯家居,相邀为河朔之饮,辄呼女伶侑觞。伶故晋阳佳丽,能发南音,侧鬟垂袖,宛转欲绝矣。宗伯语予:'子为周郎,试度新曲。'唯唯未遑也。秋水大至,屋漏床床,顾视灯影,独坐太息。漫走笔成《李白登科》一剧,聊尔妄言,敢云绝调?持献宗伯,宗伯曰:'善。'遂授诸姬,习而歌之。"其末题为:"戊申七夕,悔庵自记。"卷中还录有梁清标对该剧的评语,云:"此剧为青莲吐气,极其描画,须眉毕见,使千载下凛凛如生,可谓笔端具有化工。至其葱蒨幽艳,一一令拍,又馀伎矣。"王友亮《双佩斋文集》卷三《记季亢二家事》:"余幼随先大夫之山西平阳任,屡游城外亢家,园中设宝座,仁皇帝尝临幸焉,尤西堂编修亦客此,撰《李白登科》杂剧。"

时珍儿在家,有三月余未得侗书信,甚忧。

尤珍《沧湄诗稿补遗》卷三《家大人北游,久不得音信》:"屈指出门后,已经三月馀。如何千里路,未得八行书。北地梅花少,南天雁阵疏。平安谁寄慰,夜梦问兴居。"

七月,功令仍复八股文取士。

《圣祖实录》卷二十六:"康熙七年七月壬寅,命乡、会试复以八股文取士。"《(民国)卢龙县志》卷十《风俗》:"清初沿明旧制,曾经停止八股,考试策论,未久,旋复旧制。"陈维安《海滨外史》卷一:"(康熙)八年己酉,乡试复用八股。"

八月,途经涿州,至通州,访沈荃。于潞河遇孙旸自关外来,相见悲喜。从孙旸处得知韩国公垂询赏叹,又得知刘逸民夫妇卒于尚阳堡,赋诗志感。

《悔庵年谱》卷上。《看云草堂集》卷五有《涿州题壁》《赠孙赤崖二首》《伤刘逸民夫妇(原注:逸民死尚阳堡,其妇为盗所害)》。其中《赠孙赤崖二首》序云:"孙子赤崖,出关十载。戊申八月,予在潞河,忽然相遇。把酒道故,悲喜填膺。自言向依辅国幕中,得其周振,坐间曾询鄙人。"沈德潜《清诗别裁集》卷五选录孙旸《潞河遇尤展成》一首:"远道谁传尺素书,十年魂梦隔医闾。看来华发君相似,得隐青山我不如。异日才名齐屈宋,近时踪迹混樵渔。鼎湖一去无消息,狗监何因荐《子虚》。"此处所云韩国公,身份待考。

九月入都,于宋德宜处寓三日。行前一日与陆庆曾、孙旸、周肇、陈维崧、徐秉义、钱中谐等聚饮。出都,感念顺治帝,赋诗记之。返乡途中,仍宿黄瑟躬处。

《看云草堂集》卷五有《谢别龚大司马》《谢别宗伯王夫子》《赠别宋右之侍读》《右之斋中遇子玄、赤崖、子俶、其年、彦和、宫声、菽旃、同饮有作》《出都有感》《宿瑟躬署中重赠》《渡滹沱》《途中有叹二首》《雁字诗二十首》等均为此游所作。其中《出都有感》云:"三宿长安便出门,去来闻见不须论。无官自觉轻车速,作客空羞敝橐存。紫塞频年犹入梦,青山是处可招魂。茂陵玉椀今安在,惟有相如感旧恩。"可知在京师宿三日便行。又《右之斋中遇子玄、赤崖、子俶、其年、彦和、宫声、菽旃、同饮有作》有句:"九月宾鸿集上都,喜从台阁话江湖。……明朝马首成追忆,落日寒沙又满途。"可知在尤侗行前一日,诸子聚饮于宋德宜处。

徐秉义,初名与仪,字彦和、号果亭,江南昆山(今属江苏)人。康熙十二年(1673)会试第二,殿试第三,授编修,官至吏部侍郎。著《培林堂集》。生平事迹见《江南通志》卷一六五、《江苏诗征》卷六、《(同治)苏州府志》卷九五。

钱中谐(1635—?),字宫声,号庸亭,顺天昌平(今属北京)籍,江南吴县(今属江苏)人。顺治十五年(1658)进士,官泸溪知县,康熙十八年召举博学鸿儒,授编修,纂修《明史》,乞假归。生平事迹见《江南通志》卷一六五、《国朝耆献类征》卷一一八、《江苏诗征》卷三五、《清诗别裁集》卷五、《苏州府志》卷八二、《(民国)吴县志》卷六十六《列传四》。

归家,嫁女琼英于庠生金秉宽。

《悔庵年谱》卷上。

十一月,长孙尤世求生,珍出。

《悔庵年谱》卷上。尤珍《沧湄年谱》康熙七年:"冬,长男世求生。"

康熙八年　己酉(1669)　五十二岁

春,父以亦园就荒授侗葺理,构水哉轩,前架板棚,周设栏槛,可坐十客。赋文记之。

《西堂杂组二集》卷六《水哉轩记》:"家有小园,十亩之间,中有池,占其半焉。予闲居多暇,构轩其上,颜曰'水哉'。每客至,则与立而望,坐而嘻,饮食盘桓,高卧而不能去也。"《看云草堂集》卷六《水哉轩即事四首》、尤珍《沧湄诗钞》卷三《水哉轩即事,敬次家大人韵四首》亦为此而作,其中尤珍诗一云:"暇日趋庭后,从游赋水哉。春风随杖履,佳气满亭台。每伴东山弈,还分北海桮。良辰兼美景,喜见客频来。"知水哉轩筑好乃春日间事。另,尤珍《沧湄年谱》"康熙八年"条亦载:"先王父分授亦园,命先大人葺理,因构水哉轩,修揖青亭及鱼计亭。"

园之东南有亭,吴梅村题曰"揖青",侗亦有记。

《西堂杂组二集》卷六《揖青亭记》:"或曰:'亭名揖青者何?'亭之西南郁然相望者,有山焉,亭为主人,则山其客也。吾闻山有木,工则度之;宾有礼,主则择之。恶有终日相对,而不以礼相接者乎?米南宫云:'吾何尝拜,乃揖之耳。'"

秋,昆山归庄游苏州,来访,醉后泼墨题于水哉轩两壁,客过者皆和之。遂令叶璠画山水其上,以代卧游。

《悔庵年谱》卷上:"昆山归元公庄善书,醉后泼墨题于两壁,客过者皆和韵而去。予又令叶汉章璠画山水其上,以代卧游焉。"归曾祁编《归玄恭先生年谱》"康熙九年"条云:"为同郡尤西堂侗书水哉轩诗于两壁。"按,归庄《山游诗》卷首自序云:"归子乙酉秋冬游苏州。"且归曾祁所编归庄年谱此处以《悔庵年谱》相关记载为据,故推知归曾祁编载很可能有误,当以尤侗自撰年谱为准,归庄题字应在康熙八年乙酉。

叶璠(1623—?),字汉章,山阴(今浙江绍兴)人,善画山水人物,与侗交游颇密。

送珍儿参加乡试,自句容至江宁,典试者为苏铨,惜不第。

《悔庵年谱》卷上、尤珍《沧湄年谱》。

八月二十八日,王士禛三十五岁初度,赠诗寄贺。

《看云草堂集》卷六《寄王阮亭权部》:"隋堤芳草旧平亭,桂发淮南又使星。紫界宫墙违櫜笔,黄河风雨看扬舲。咏怀古迹娑罗寺,传写新词芍药厅。吴下故人凝望绝,举杯遥酹小山青(原注:时阮亭初度)。"

宣城钟允谐作《亦园图》,海盐周行(子行)复图之,名为《水亭垂钓图》。

《悔庵年谱·小影图赞·杂赞》有《水亭垂钓图》,其后有吴梅村、叶方蔼、施闰章、吴绮、余怀、余恂、黄周星、张芳、归庄、许之渐、丁澎、曾灿、宋实颖、陈菁、魏禧等题诗。按,《悔庵年谱》自述作此图为己酉间事,《看云草堂集》卷六亦有《赠钟予夔兼示陈幼木》,诗云:"钟子能诗复能画,诗甚惊人画幽怪。众论皆称为米颠,米颠见之还下拜。昨来写我水哉图,一丘一壑着狂夫。上题一百六十字,书法隐秀今亦无。下钤石章书泉篆,籀文朱砂手所撰。其他著作靡不工,淮阴将兵多益善。把臂笑谓陈先生,此事当让钟宣城。南园秋风稻花熟,会须醉汝骨董羹。"考《看云草堂集》主要以时序编次成,而此诗于《水哉轩即事四首》《寄王阮亭权部》之后、《己酉除夕》之前,故可推知此确应为己酉间事。然《杂赞》之下题注有"庚戌"二字,则很可能画作于己酉,题诗为庚戌间集众人所作而成。

钟允谐,字予夔,清初宣城(今属安徽)人,工画。

周行,字子行,海盐(今属浙江)人。《(光绪)海盐县志》卷十八载其:"立品孤介,能诗善书,工山水花鸟,得宋元人笔意。酒酣,顷刻成数纸,随手散去。苟有不可,权贵人挟重赀以求,瞠目视之。家虽贫,耻向人干泽……晚年侨居吴门,家人屡请归,勿许。"

陈菁,字幼木,金陵(今江苏南京)人。康熙二年(1663)举人,七年任苏州府儒学教授,文章品行堪为多士楷模,后于康熙二十九年召拜御史。生平事迹见《江苏诗征》卷二十五、《苏州府志》卷五七、《(民国)吴县志》卷六十四《名宦三》等。

九月八日,陆寿名五十寿辰,赋文祝之。

《西堂杂组二集》卷七《陆芝庭五十征诗引》。《艮斋倦稿文集》卷八《陆芝庭墓志铭》:"公讳寿名,生于万历庚申年(1620)九月初八日。"

苏铨过吴门,谈宴浃旬而别。

《悔庵年谱》卷上。

九月间,王翚往周亮工处,赋诗赠之。

《看云草堂集》卷六《送王石谷赴周栎园之召》:"青溪红叶晚秋时,幕府张灯客赋诗。松墨千螺藤百幅,满天烟雨待王维。"由"青溪红叶晚秋时"句,可推知时应为九月间。

周亮工(1612—1672),字元亮,一字缄斋,号栎园,河南祥符(今河南开封)人。明崇祯十三年(1640)进士,官潍县知县,迁浙江道监察御史。入清,历任至户部右侍郎等职,屡遭弹劾遇赦。康熙元年(1662),起用为青州海道、江安储粮道。著《赖古堂全集》《闽小记》《字触》等。生平事迹见《清史列传·贰臣》、《赖古堂集》后附《年谱》、《江苏诗征》卷八一、《清诗别裁集》卷二、《清画家诗史》甲上等。

王翚,字石谷,号臞樵、耕烟、乌目山人,常熟(今属江苏)人。曾为康熙作《南巡图》,获赐"山水清晖"匾额,遂以"清晖老人"自号。与朝野名人来往甚富,辑有《尺牍汇存》《清晖赠言》。生平事迹见《苏州府志》卷一百十、《清画家诗史》乙上等。

蒋埩姬女戴陵涛卒,赋诗为之悼亡。

《看云草堂集》卷六《为蒋旷生悼亡姬戴陵涛八首》。

蒋埩,字旷生,长洲(今江苏苏州)人。顺治辛丑(1661)进士,官乐清知县,以文学称于时,著有《经书精义》《金台问答》《乐清记略》《肃斋诗文集》《诗馀日课》等。生平事迹见《(民国)吴县志》卷六十八《列传六》。

十月,周亮工以被劾去职。

周亮工《赖古堂集》附录《年谱》。

冬,致书王士禛,督其为《西堂乐府》作序,王士禛作诗赠以代序。

《西堂乐府》卷首有王士禛《寄怀悔庵先生,并题新乐府四绝句》,诗末云:"余诺先生序新乐府,忽忽五年矣。己酉冬,书来督迺,寒夜风雨,卧不成寐,听黄河激荡声,偶为四绝句,寄先生教之,或即附录卷末代序,可乎?"知是诗当作于康熙己酉冬。《西堂杂组二集》卷五有《答王阮亭》,言读阮亭此诗:"欷歔泣下,掩卷不复读也。"

十二月,汤太公八十寿辰,赋诗贺之。

《西堂杂组二集》卷七《汤太公八十征诗引》:"吾闻夫子之言,仁人多寿。维兹蜡月,爰及弧辰;子牙出将之年,喜耽翰墨;梁灏登科之岁,戏看盘铃。鸠杖牺尊,宜颐更老,熊经鹢息,似舞胎仙。……红薇碧杜,再逢楚客之庚寅(原注:公生庚寅),玉体金浆,常祝绛人之甲子。缥湘润色,屏障生辉。"由"公生庚寅"即1590年及"维兹蜡月,爰及弧辰"可推知汤太公八十寿辰应为己酉腊月。

除夕前二日,弘璧上人卒,年七十二。

《五灯全书》卷六十九:"己酉除夕前二日,师(弘璧)将入灭,辞别道旧,裒散衣钵,巡视众寮,苦切示诲,至深夜始归寝室。敛僧伽黎,行数步而逝,寿七十二。"

是年,为《性命圭旨》作序。

清刻本《性命圭旨》卷首有尤侗序,落款年月为"康熙己酉"。《西堂杂组二集》卷三有《性命圭旨序》。

顾予咸卒。

康熙九年　庚戌(1670)　五十三岁

春,陪父尤瀹至万峰山探梅,送弘璧师之丧。

《看云草堂集》卷六《挽剖公二首》,一云:"万峰挂杖三峰拂,五位亲传到圣恩。震泽早潮天梵出,渔洋高揭佛幢尊。罗华偶现法云地,鈯斧长开甘露门。了尽语言无是处,不留半偈误儿孙。"又一云:"万岭梅花出定日,一床贝叶说经年。"可知,为弘璧送葬乃于早春时节。另宋琬《安雅堂未刻稿》卷四《剖石禅师示寂邓尉之圣恩寺,诗以吊之二首》亦为悼亡所作。

二月,周亮工因旧年被劾事慷慨太息,取生平著作与板行者尽毁之。

周亮工《赖古堂集》附录《年谱》。

会试榜发,徐乾学、王士祜等中进士。

《明清进士题名碑录》。徐元文《含经堂集》卷三《庚戌三月四日,恭听传胪喜家大兄及第》。

黄周星来访,赠诗十首,并示拟作《秋波六义》。侗为之作序,且答诗八首。

黄周星《九烟先生遗集》卷六载有《秋波六义》云:"尤君展成集中则取其语为时义一首,业已名噪上林,而友人辈尚欲余别创新裁……"《西堂杂组二集》卷三《黄九烟〈秋波六义〉序》云:"白门黄九烟先生,于予为前辈,而好予特甚。一旦出所拟《秋波六义》示予,奇思妙解,侧生挺出,其视拙作,不啻十倍。"《看云草堂集》卷六《白门黄九烟先辈贻诗十首,口号答之八首》乃是时所作。

黄周星(1611—1680),字景虞,号九烟,湖南湘潭人。崇祯十三年(1640)进士,授户部主事。入清不仕,寓寄南浔,自称黄人,字略似,号半非、圃庵、笑苍道人等。年七十忽有感怆,自撰《墓志铭》《解脱吟》十二章,与妻孥诀,投水而殁。著《九烟先生遗集》、传奇《人天乐》、戏曲论著《制曲枝语》等。

三月十六日立夏,春即尽,赋诗志感。

《看云草堂集》卷六《小园送春二首》,一云:"一春总在梦中过,梦里伤春可奈何。暮景垂杨常似恨,贫家飞燕不能歌。浮生白发空书剑,狭路青山半网罗。闲倚城南望城北,姑苏台下夕阳多。"

靖江知县郑重开凿五河以作灌溉之用,有德于民,作《五河颂》赞之。

《看云草堂集》卷六《五河颂赠郑山公明府》:"吾闻郑国渠,民歌泥一斗。水利即田功,谁嗣千载后。……卓卓荥阳公,治最三吴首。下车爱周谘,疏凿得枢纽。奋然开五河,尺寸度不苟。黾勉有同心,拮据如一手。咨嗟告靖人,割我东南亩。泰人与皋人,击磬同击缶。栉沐先冠裳,爬梳遍童叟。池引活活泉,堤植青青柳。土返而水归,波及十千耦。荷锸满车篝,自今岁大有。五河既告成,无异井田九。名之曰山公,符与寒山剖。使者倘采风,是役功不朽。美哉郑大夫,洵为众人母。"

宋曹自淮南至吴,雨天与侗、丘园聚袁骏斋中,赋诗饮宴。

《看云草堂集》卷六《同宋射陵、丘屿雪饮重其斋中次韵》:"淮南有客到东吴,风雨连天泥满途。处士漫寻河朔饮,流民谁绘水田图。沉云惨憺书堂冷,灌木萧条旅梦孤。试上垂虹亭畔望,江潮还接海门无。"因此诗于《送春》诗后,可知时乃夏初雨日。

宋曹(1620—1701),字彬臣,号射陵,盐城(今属江苏)人。明崇祯时尝官中书舍人,后辞官归,隐居盐城南门外汤村,筑蔬枰园养母。宋曹久居林下,博学鸿词屡招不就。生平好游,工诗文,善书法,著有《书法约文》《草书千字文》《会秋堂诗文集》《杜诗解》等。

丘园(1617—1690),字屿雪,号坞丘山人,常熟(今属江苏)人。著有传奇《党人碑》《百福带》《虎囊弹》《蜀鹃啼》《双凫影》等。生平事迹见《江苏诗征》卷八六、《(康熙)常熟县志》、《海虞诗苑》等。

袁骏(1620—1701),字重其,吴门(今江苏苏州)人。父早逝,以贫甚母节不能旌,乃征海内诗文曰《霜哺篇》,又有《负母看花图》,邀众人题之。生平事迹见《(民国)吴县志》卷七十《列传·孝义二》。

宋曹雨中过水哉轩,侗题其《蔬枰咏》,其时宋得隐逸之诏。

《看云草堂集》卷六《题射陵蔬枰四首》,一云:"雨中过我水哉轩,瓜豆盈畦小草繁。堪作蔬枰附庸地,东篱端不羡西园。"以知宋曹过水哉轩。其末又一首:"老母年高正倚闾,蔬枰偕隐赋闲居。汉廷莫下蒲轮诏,不换淮阴种树书(原注:射陵方应隐逸之召)。"按,宋曹并未应征。

尤珍与里中同学彭定求、宋广业、吴谌等共十子课艺,侗题曰"庚戌举,与陆寿名互丹黄甲乙之,有文字之乐焉"。

《西堂杂组三集》卷四《陆益孙稿序》:"庚戌之举,同里十子课文,予与处实实司月旦,每一艺成,相与丹黄甲乙,欣赏不休。壬子,彭子凝祉拔蓥先登,吴子律公中副车,宋子性存、吴子慎旃贡入太学。乙卯,益孙及珍举于南,慎旃举于北,尔远亦试于廷。此固葑溪盛事也,独恨处实已不及见之。"尤珍《沧湄年谱》"康熙九年"条载:"予二十四岁,改习《春秋》,与里中同学会文,先大人题曰'庚戌举'。"彭定求《南畇老人自订年谱》"康熙九年"条:"举葑溪文会,陆芝庭、蒋公逊两先生阅社文,并加叹赏。"尤侗提及其为文社诸子阅文评定之事,而彭定求自撰年谱却载为陆寿名与蒋德埈,此处误差可能在于彭定求订谱之误,由于尤侗亲与该事,其记载想必应更为可信;或者另一种可能,三人都曾经参与,待考。

宋广业,字性存,号澄溪,江南长洲(今江苏苏州)人。崇明籍拔贡,官至济东道。著有《罗浮山志会编》《粤游纪程》《兰皋诗钞》。生平事迹见《江南通志》卷一三七、《四库全书总目》卷七六、《苏州府志》卷八八、《(民国)吴县志》卷六十八《列传六》。

吴谌(1647—1704),字慎旃,晚号后觉居士,长洲(今江苏苏州)人。曾司教高邮,生平事迹见彭定求《南畇文稿》卷八《高邮州学正吴慎旃墓志铭》、《(道光)高邮州志》卷八《宦绩》。

时蒋超致书来,责侗不应作《宋玉传奇》,侗作答辩之。

《西堂杂组二集》卷五《答蒋虎臣太史书》:"来书云:'数年来学道何如? 弟有妄想,不可不实情告知己者,向来屡欲具一小疏,荐举海内之人。其一则作小说,教道人家儿女作桑濮间事;其一则选宋文,周、程、张、朱之后乃附一龚开宋江三十六贼赞之中,比作出类拔萃之圣人;其三则从友人处得先生所作《宋玉传奇》,大意见神女淫奔,君臣聚麀,此事宋大夫原未有实事,所云行云雨,亦是风伯雨师之类,在楚王梦中尚未有非礼之及。公今以此污蔑神人,亵渎造化,以较两人犹为胜之。因是挚厚,不敢声说,使两公亦在网罗之外,至今抱疚,仰乞垂听狂瞽,速为毁板所造,于公家子孙功德无量也。'比见邸钞得公疏,知已谢病归里。辇上贵人,恋栈不休,而公弃热官如敝屣,非道力勇决,安能若此? ……惠师北归,接读手札,至末简为之一吓,直得通身汗下。既而思之,匿笑不止,聊为公剖之。"按,因《读离骚》第四折剧情即为宋玉梦与神女相会,作《高唐赋》,得祭祀屈原之神旨,末祭奠之,故此处蒋超所云《宋玉传奇》当指尤侗杂剧《读离骚》。

秋,以珍儿试事至江阴。

《悔庵年谱》卷上。

巡抚韩世琦还朝,诗文赠之。

《看云草堂集》卷六《送韩心康中丞还朝》、《西堂杂组二集》卷二《送韩中丞还朝序》,因《送韩心康中丞还朝》于《家人生日,再叠前韵四首》之前,故置于此。

韩世琦,字心康,本蒲州人明大学士爌之曾孙,隶属旗籍为辽人。由史部主事迁宗人府启心郎,康熙元年授顺天巡抚,调江宁巡抚,后官四川巡抚。《(民国)吴县志》卷六十四《名宦三》:"(心康)康熙元年由顺天巡抚移抚江南,征前政之弊,加意拊循……民甚德之。居八年,以各属逋赋被议去。"生平事迹还可见《(嘉庆)松江府志》卷四十三《名宦传四》。

八月十一日,妻令病初起,值其五十初度。

《看云草堂集》卷六《家人生日,再叠前韵四首》:"弹指西风又十年,琐窗无恙兴萧然。月宫思乞千丸药(原注:妇病初起),水国愁淹百亩田。"

十六日,自题《述祖诗》。

《西堂诗集·述祖诗》末题:"康熙九年岁次庚戌秋八月既望,二十二世孙侗拜撰。"

十月,宋既庭五十寿辰,作文祝寿。

《西堂杂组二集》卷四《宋既庭五十寿序》、计东《改亭文集》卷七《宋既庭五十寿序》、汪琬《钝翁类稿》卷三十一《宋既庭五十寿序》皆为是时所作。

本年六月,江南大涝,禾麦大无。

《看云草堂集》卷六《家人生日,再叠前韵四首》有句"水国愁淹百亩田",其后注云:"今夏大水。"张履祥《杨园先生全集》卷三四《言行见闻录》:"庚戌六月,江南大水,被灾之邑,禾大无。"

康熙十年　辛亥(1671)　五十四岁

初夏,李笠翁由江宁至苏州,携女乐一部,声色双丽,端午前后两次招侗、余怀等至其住处顾曲相乐。侗与余怀赋诗赠之,以当缠头。

李渔《笠翁诗集》卷三《端阳前五日,尤展成、余澹心、宋澹仙诸子集姑苏寓中,观小鬟演剧。澹心首倡八绝,依韵和之》《端阳后七日,诸君子重集寓斋,备观新剧。澹心又叠前韵,即席和之》《耐歌词·二郎神慢·和尤悔庵观家姬演剧,次原韵》,《看云草堂集》卷六《笠翁席上顾曲,和澹心韵七首》《再集笠翁寓斋,顾曲叠韵》等均为此次聚会所作。《西堂杂组三集》卷三《名词选胜序》载:"辛亥夏,(笠翁)来客吴门,予与把臂剧谈。"余怀《续本事诗》亦对这次会面有记载。

余怀(1616—1695),字澹心,一字无怀,号曼翁、鬘持老人,福建莆田人。寓居南京,晚年隐居吴门,与杜濬、白梦鼐齐名,时号"余杜白"。著《研山堂集》《味外轩文稿》《板桥杂记》《秋雪词》等。

五月四日，丁允元卒，享年七十。

《西堂杂组三集》卷八《丁夫子诔》："康熙十年岁次辛亥五月四日，皇清中宪大夫陕西榆林兵备道按察司副使日照丁右海夫子捐馆舍，春秋七十。"

江念鞠往守九江，诗以送行。

《看云草堂集》卷六《送江念鞠守九江》："江州刺史今江总，仿佛当年柳柳州。白酒黄花陶令宅，清风朗月庾公楼。双旌早指双姑发，五马常携五老游。比似使君第一水，珠帘百丈卷高秋。"

简上还朝，赋诗赠之。

《看云草堂集》卷六《简谦居学使觐还有赠》："渊云墨妙起西川，江北江南遍管弦。独有文章能报国，只将风雅去朝天。主恩应许衣裳锡，师教还同钟鼓传。此日诸生来问字，笥中赋得帝京篇。"按，赠江念鞠、简上二诗于同卷《逃暑四首》之前，而尤侗诗文集以时编次，故置于此。

简上，字谦居，号石湖，四川巴县人。顺治八年(1651)举人，由户部员外郎荐迁广西左江道，曾提督江南学政。著《四书汇解》。生平事迹见《国朝耆献类征初编》卷二〇七、《(民国)吴县志》卷六十四《名宦三》。

七月，彭定求长子彭始乾生。

彭定求《南畇老人自订年谱》康熙十年："七月，长子始乾生于家。"

珍儿作《迁书室记》。

尤珍《沧湄文稿》卷四《迁书室记》末署云："时辛亥秋七月也。"

秋日，亦园池中荷花盛开，有鸳鸯飞集水渚，叶璠绘此景为图，侗作《鸳鸯赋》，珍儿作诗以记之。

《西堂杂组二集》卷一《鸳鸯赋》："辛亥秋日，池荷盛开，忽有鸳鸯飞来，集于水渚，若畜扰者。然其始至也，色如野凫，久而雄者文彩涣然矣。……既取其相匹之义，复美其不妒之德，戏为赋焉。"尤珍《沧湄年谱》康熙十年："秋，池荷盛开，忽有鸳鸯飞集水渚，若畜扰者。然无何，复引一雌至差小，每二鸟同游，小者随后，见者异之，以其相匹而能不妒也。先王父命绘图为文，先大人作赋，予亦作诗。"尤珍《沧湄诗稿》卷一《池中有鸳鸯来集，叶汉章绘图见赠。家大父暨大人并作为文，谨赋诗于后》为时所作。

九月九日，为周铭《林下词选》作序。

康熙刻周铭《林下词选》卷首有尤侗叙，落款时间为"康熙辛亥九日，题于水哉轩"。《西堂杂组二集》卷三有《〈林下词选〉序》。

周铭(1641—?)原名曾腾,字勒山,又字苍承,江南吴江(今属江苏)人,诸生。著有《华胥语业》《林下词选》《松陵绝妙词选》,生平事迹见《钦定四库全书总目》卷二○○、《全清词钞》卷八等。

十六日,父八十大寿。

《西堂杂组三集》卷七《先考远公府君暨先妣郑氏行述》:"先考生于故明万历壬辰九月十六日午时。"自万历壬辰(1592)至康熙辛亥(1671),时年尤瀹正年高八十。尤珍《沧湄年谱》有记。

九月二十一日,陆寿名卒,享年五十二岁。

《艮斋倦稿文集》卷八《陆芝庭墓志铭》:"公讳寿名,生于万历庚申年九月初八日,卒于康熙辛亥年九月廿一日,春秋五十有二。"彭定求《南畇文稿》卷十《诰赠奉政大夫陕西提学道按察司佥事前进士改宁国府儒学教授芝庭陆先生行状》:"先生卒于康熙辛亥九月二十一日,年五十有二。"尤珍《沧湄诗稿》卷一《梦益孙(原注:时方丁外艰)》,中有"君乃停杯为予言,自遭家难惟闭门"句;《沧湄诗稿补遗》卷一《寄怀益孙(原注:时丁尊人芝庭先生忧)》中有"那知转眼生悲欢,君家无故遭多难"句,均载德元父寿名卒事。

俍亭禅师来游,诗以唱和。

《看云草堂集》卷六《答俍亭禅师,次来韵》:"相见惊头白,相违二十年。我方三径隐,君已五宗禅。世事穷途辙,生涯急水船。蒲团萧寺话,此意自天然。"

十月间,余恂于吴门纳姬,赠诗戏之。

《看云草堂集》卷六《余岫云纳姬吴阊,戏占四绝》,一云:"梅额桃腮闹小春(原注:时十月也),玉环约腕认前身。萧郎本是龙游客,婉若游龙娶洛神。"

余恂,字孺子,号天机子、岫云、还庵等,龙游(今属浙江衢州)人。顺治八年(1651)举人,九年(1652)进士,授翰林院庶吉士,散馆,授翰林院检讨,升左春坊左谕德,任福建学政,后旋归里。著有《敦宿堂文集》《止庵手抄》等。生平事迹见《(民国)龙游县志》卷十九、《(光绪)衢州府志》卷三十二。

是年,珍儿受业于徐玉发,课《春秋》文。珍儿次女淑慎生。

尤珍《沧湄年谱》"康熙十年"条。

吴伟业卒。

康熙十一年　壬子(1672)　五十五岁

二月,迁母坟于官山祖坟旁。

　　《西堂杂组三集》卷七《先考远公府君暨先妣郑氏行述》:"先妣之葬在康熙壬子二月。"尤珍《沧湄年谱》"康熙十一年"条:"二月,先王母安葬于官山祖茔之次。"

坊人刻《西堂杂组二集》,三月,周亮工侍郎为之序,并嘱为其《牧靡集》作序。

　　《西堂杂组二集》卷首周亮工《〈西堂杂组二集〉序》末题:"康熙十一年壬子暮春,栎下年家同学弟周亮工顿首撰。"《看云草堂集》卷七《挽周栎园观察四首》有云:"牧靡今几卷,遽叹获麟终(原注:今春,公为予序《西堂杂组》,并属予序公《牧靡集》。序成,未及寄而公逝矣)。"可知二人互为文集作序。

四月,计东进京,将侗、汪琬、宋实颖书递交王士禛。

　　王渔洋《渔洋续集》卷二《计甫草至得苕文展成既庭书》,有云:"绿阴散林樾,首夏气清和。"可断为四月间事。

七月,送尤珍乡试至江宁,惜未第。其间过桃叶渡,访居停主人,遇其族辈程兼。

　　《悔庵年谱》、尤珍《沧湄年谱》。另《沧湄诗稿》卷一《登燕子矶》《金陵寓中寄家信二首》均为是时所作。《西堂杂组三集》卷三《〈峨溪外谱〉序》:"壬子初秋,过桃叶渡,问居停主人,忽遇樵髯翁。……翁程氏名兼,字抑若,樵髯其别号云。"

　　程兼,生平不详。

榜发,六弟尤何(定中)乡试得隽,父为之色喜。

　　《西堂杂组三集》卷七《先考远公府君暨先妣郑氏行述》:"壬子榜发,六弟何获隽,先君为举一觞,曰:'吾得见少子登贤书,可以下报先人矣。'"《艮斋倦稿文集》卷八《亡弟定中行状》:"丙申,督学张玉甲先生首拔(定中)补吴庠弟子员,壬子乡试(定中)中式,出巢令于子先生之门,座主詹乃庸、沈康臣两先生深激赏之,不意榜后九月遽遭先君子之丧。"

九月,宋既庭为汤卿谋《湘中草》作序。

　　《西堂全集》附《湘中草》卷首录宋实颖序,落款云:"康熙壬子秋九月,同学弟宋实颖题于老易轩。"

九月二十八日,父病疟,二十八日戌时卧逝,享年八十一岁。十一月,为父治丧,即启母穴合葬。

《悔庵年谱》卷上。《西堂杂组三集》卷七《先考远公府君暨先妣郑氏行述》:"先妣之葬在康熙壬子二月,至十二月,先君合葬焉。……先考生于故明万历壬辰九月十六日午时,卒于皇康熙壬子九月二十八日戌时,享年八十有一。"尤珍《沧湄年谱》"康熙十一年"条:"九月二十八日,先王父以微疾终于正寝。十一月,启先王母之穴合葬。"《悔庵年谱》及尤珍《沧湄年谱》均曰侗合葬双亲之日乃于十一月,与侗《先考远公府君暨先妣郑氏行述》中所云"十二月"有左,暂依"十一月"之说。

十二月,于官山墓庐为亡友汤卿谋《湘中草》题跋。

《西堂全集》附《湘中草》卷首录尤侗跋,题款为:"康熙壬子腊月,棘人尤侗书于官山墓庐。"

按,古人居父母丧时自称"棘人",尤侗作此跋时值父母合葬期间,正合。

是冬,须发俱白。

《悔庵年谱》卷上。

周亮工卒。

康熙十二年　癸丑(1673)　五十六岁

正月,蒋超殁于四川峨嵋山伏虎寺,享年四十九。

《看云草堂集》卷七《哭蒋虎臣二十首》,一云:"误谪尘寰五十年,今朝依旧再生天。峨嵋山上千层雪,雪里层层产白莲。"又一云:"凤雏落凤可怜人,伏虎庵还休虎臣。四十九年留谶语,披云啸月鹤猿身(原注:公有《悼亡诗》,自注星家言予寿止四十九,戏以自谶,末句公原诗也)。"王士禛《池北偶谈》卷八《蒋虎臣墓志铭》:"晚自史馆以病请告,不归江南,附楚舟上峡,入峨眉山。以癸丑正月,卒于峨嵋之伏虎寺,临化有诗云:'偶向镤汤求避热,那从大海去翻身。功名傀儡场中物,妻子枯髅队里人。'"另有施闰章《学馀堂文集》卷一九《故翰林修撰蒋君墓志铭》、王崇简《青箱堂诗集》卷二十八《哭蒋虎臣太史》、汪景祺《读书堂西征随笔》之《再来人》等均有载蒋虎臣卒事。

二月,徐元文为汤卿谋《湘中草》题序。

《西堂全集》附《湘中草》卷首有徐元文序,末署云:"康熙癸丑春二月,子婿昆山徐元文敬题。"

春,为子尤瑞娶妇郑氏。

《悔庵年谱》卷上、尤珍《沧湄年谱》"康熙十二年"条。

先人云耕公之墓为朱氏盗葬,族人邀之同往无锡知县吴兴祚诉讼,费时一月余,得直而回。

《悔庵年谱》卷上。《艮斋倦稿文集》卷八《先兄尔钦墓志铭》:"往年先少师云耕公墓在湖塘,为势家所夺,莫敢谁何。兄毅然纠阖族起而攻之,予闻亦力疾请于当事,得复封树如故。"

旨修《苏州志》,当事聘之,力辞,后勉为修《山水》《人物》二志。

五月,杜濬客梁溪,侗赠示杂剧《清平调》,杜濬为之题词。

杜濬《清平调·题词》:"癸丑中夏,余客梁溪,自北禅僧舍移寓碧山庄因寺。……吾友悔庵贻余新制《李白登科记》,余睹其名而异之,跃起把玩。"

杜濬(1611—1687),原名诏先,字于皇,号茶村,黄冈(今属湖北)人。明崇祯间太学生。入清不仕,流寓金陵三十余年,性傲,不与权贵逢迎,专寄情于诗文山水。家贫,著述无力付梓,故多散佚,现存有光绪甲午黄冈沈卓如刻《变雅堂诗集》《文集》,仅存杜濬生时所作十之二三。

六月,于小园避暑,得信州郡丞侯七乘书,读其《孝思堂集》,并为作序。

《西堂杂组三集》卷三《孝思堂集序》:"癸丑六月,仆避暑小园,端忧多暇,玉山唐魏子使君走急足,邮其郡丞侯仲辂先生书至,发而读之。……既读其《孝思堂》二集,高谈雄辩,下笔妙天下。"

侯七乘,字仲辂,山西汾西人。顺治十五年(1658)进士,授福建闽县知县,历江西广信府同知。著《孝思堂集》,生平事迹见《鹤征前录》。

八日,姜垓卒,作诗挽之。

《看云草堂集》卷七《挽姜如农先辈》:"绝命还流涕,先朝放逐臣。乱离非故土,漂泊尚遗民。江水灵均泪,青山谢朓身。敬亭风雨夜,魂绕二劳云(原注:公流寓真定,寄埋宛陵)。"

姜垓(1607—1673),字如农,自号敬亭山人、宣州老兵,山东莱阳人。

崇祯四年(1631)进士,由仪征知县行取礼科给事中,后以谏言廷杖下狱,谪戍宣城卫,然未至而北都破,留于吴门。鼎革后不仕,卜居吴门而终。著有《敬亭集》《正气集》。生平事迹见《明史》卷二百五十八、《姜贞毅先生自著年谱》、《(同治)苏州府志》卷一一二、《明遗民诗》卷一。姜安节《府君贞毅先生年谱续编》、《敬亭集附录》应㧑谦撰《墓表》、徐枋《谥议》、曹溶《静惕堂诗集》卷二十二《挽姜如农给谏二首》均记姜埰卒事。

七月七日,汪琬为汤卿谋《湘中草》作序。

《西堂全集》附《湘中草》卷首有汪琬序,末署:"康熙十二年七月七日,长洲汪琬苕文甫序。"

秋,和金俊明《落叶诗》。

《看云草堂集》卷七《和金孝章落叶诗》:"洞庭木叶下还飞,又逐西风叩板扉。宫女题留一片在,山童拾得半肩归。"

金俊明(1602—1675),字孝章,原名衮,字九章,号耿庵、不寐道人,江南吴县(今属江苏)人。明诸生。鼎革后,杜门不出。曾入复社,学识广博,名擅一时。著《春草闲房诗文集》《退量稿》《阐幽录》等。生平事迹见《清史列传》卷七〇《文苑传》一、《小腆纪传》卷五八、《国朝书人辑略》卷一、孙静庵《明遗民录》卷二三、《江苏诗征》卷八八、《(同治)苏州府志》卷八二、《(民国)吴县志》卷七十五《列传·艺术一》。《西堂杂组三集》卷四有《金孝章诗序》、《艮斋倦稿诗集》卷五有《题故友金孝章所画岁寒三友图》,以见二人颇有交往。

八月,送瑞儿至昆山应乡试,瑞补长邑弟子员。

《悔庵年谱》卷上。尤珍《沧湄年谱》"康熙十二年"条。

九月十日有雨,宋曹、丘园、袁骏重集侗斋,时侗与宋曹、袁骏皆着丧服。

《看云草堂集》卷七《小重阳,射陵、屿雪、重其重集寒斋话旧,和射陵韵》云:"故人无恙射湖来,袁虎丘迟共酒杯。旧梦喜随今雨续,新愁苦被早霜催。诗经四载还赓唱,菊为重阳复小开。握手相看衣半白,西风烛影黯徘徊(原注:予与宋、袁皆持丧服)。"按,小重阳乃重阳后一日,即九月十日。又自诗中"旧梦喜随今雨续"可知当日有雨。侗持丧服,乃因父亲卒故。宋曹与袁骏着丧服,皆因母亡故。宋曹相关事迹,可参见刘东芹《宋曹书法研究》(南京艺术学院 2008 年硕士学位论文)。袁骏事迹,可参见杜桂萍《袁重其和〈霜哺篇〉略考》(《文献》2008 年第 3 期)。

二十八日,徐元文四十初度,寄诗贺之。

《看云草堂集》卷七《徐公肃祭酒四十寄贺四首》。徐元文《含经堂集》附录二熊赐履撰《资政大夫文华殿大学士户部尚书兼掌翰林院事昆山徐公墓志铭》。

十月十六日,为龚鼎孳《定山堂诗集》作小序。

龚鼎孳《定山堂诗集》(康熙十五年刻本)卷首有尤侗小序,末署:"康熙癸丑十月既望,吴门后学尤侗拜撰。"

十一月,吴三桂起兵反清。

蒋良骐《东华录》卷十:"(康熙十二年)十二月,差往贵州备办夫船刍粮事务郎中党务礼、员外郎萨穆哈驰驿回京,奏称:'云贵总督甘文焜言吴三桂于十一月二十一日杀云抚朱国治,以所部兵反,前差往侍郎折尔肯等被留。'"

是年,章在兹卒,卒前三日贻札于侗。

《看云草堂集》卷七《哭章素文》一云:"比来笑语犹如昨,手把遗书泪满巾(原注:三日前,贻予札,以先集见属)。"

归庄卒。龚鼎孳卒。王士禄卒。

康熙十三年　甲寅(1674)　五十七岁

三月,耿精忠据福建起兵反清,江南震动。苏州民众纷纷逃城。时江南大潦,田禾俱没。

苏城屯驻清兵,犯民居,侗之亦园因与军营近,恐为之扰,故废毁挹青亭。

《艮斋倦稿文集》卷一《重建挹青亭记》云:"甲寅,闽难作,城南屯驻防之兵。予恐其窥我园也,遂毁是亭。"尤珍《沧湄文稿》卷四《重建挹青亭记》:"甲寅春,吴、耿二逆煽乱,四方骚然,吾郡屯驻防之兵,连营相近,尝窥而阑入焉,亭以是废。"

四月二十四日生日,愁叹有感,仿白居易作《吾年五十七》诗。

《看云草堂集》卷七《吾年五十七》序云:"白乐天有此题生日,拟之。"诗云:"天地忽风尘,关山惊鼙鼓。六诏举狼烽,七闽驰鸡羽。官军又北来,突骑阚鸱虎。倾城走苍黄,争舟济子女。老夫立踟蹰,骚首无归处。

庭花烂熳红,荷钱绿水渚。黄莺自在啼,小园足消暑。方寸乱如斯,好景奈何许。"

八月十五中秋,文昌右局大夫杜真人(乔林)降彭定求家,多垂格言训世,侗方病往访之,真人命侗礼斗以延寿。归,就书室结斗母坛,阖门持斋。

《艮斋倦稿文集》卷九《文星阁杜真君祠碑记》:"先是康熙甲寅八月望日,有神降于今翰林侍讲彭定求家,时彭子方为孝廉下第,家居,抱羸疾。"《西堂杂组三集》卷二《九讼》末云:"大夫兮,招予。哀沉沦兮,混浊。授金书兮,还玉局。……(原注:此述文昌降乩事)。"

杜乔林,字君迁,江南华亭(今上海)人,明万历丙辰进士,官至浙江布政使。此为尤侗、彭访濂等扶乩作法之事,有道教玄密色彩,姑录于此,以对清代士子的复杂心态、思想有所了解。

八月,宋宓五十寿辰,诗以赠之。

《看云草堂集》卷七《宋御之五十,遥和梅村癸巳禊集韵四首》,一云:"八月凉秋素袷轻,谁人过访阖庐城。江山无恙愁风雨,故旧相逢话甲兵。"知宋宓初度乃于八月。

宋宓(1625—1687),原名宋德宸,字御之,后改名宓,江南长洲(今江苏苏州)人。康熙十六年(1677)举人,著《存筒稿》《玉壶堂诗集》。生平事迹见《(同治)苏州府志》卷八八、《国朝耆献类征初编》卷四四八。

至锡山,遇苏昆生,赋诗"莫向樽前歌水调,山川满目泪沾衣"。

《看云草堂集》卷七《锡山遇苏昆生,口号赠之二首》,一云:"九江漂泊九华归,楚尾吴头旧梦非。莫向樽前歌水调,山川满目泪沾衣。"又有"相逢萧寺惊憔悴,红豆江南正落花"句,红豆落花通常在八九月份,故可推断二人会面于八九月间。

苏昆生,本名周如松,河南固始人。著名乐师。汪鹤孙《春星堂诗集》卷六《哀苏昆生》诗前小序云:"昆生以清曲擅名,久游先大父(按,汪汝谦)之门,后为梅村先生赏识,年七十馀寄寓惠山僧舍,己未(即康熙十八年)夏竟卧疾死,诗以悼之。"吴伟业《吴梅村全集》卷十《诗后集二》有《楚两生行》、王梅坡《延芬堂集》有诗《哀苏昆生》。

九月,尤瑞妻郑氏卒。尤珍女尤淑能出生。

《悔庵年谱》卷上。《看云草堂集》卷七《甲寅除夕》:"欲笑不能哭不敢,一樽聊醉烛光微(原注:时有介妇之丧)。"按,古代宗法称嫡长子之妻为冢妇,非嫡长子之妻为介妇,可证时为瑞妻郑氏丧。另尤珍《沧湄年谱》"康熙十三年"条:"二十八岁,生女名淑能。是岁,弟妇郑氏病亡。"与之合。

十二月十五日,文星阁下举公会,时又玉局降乩。

尤珍《沧湄诗稿补遗》卷一《甲寅腊月望日,文星阁下公会。时玉局降乩,限字刻烛,立成十二韵》:"坐上荀陈聚,城南韦杜连。彩分奎井地,光射斗牛天。灰起黄钟管,蓺燃绮阁烟。鸾章飞宝笈,风字报琼篇。帝座通嘑吸,文星照转旋。春风方骀荡,秋月正婵娟。泽自层霄降,音从别馆传。西园同作赋,北极共延年。采药仙丹授,焚香圣诰宣。翼培容贱子,磨砺及群贤。把臂须求道,斋心急省愆。还期占《大易》,君子日乾乾。"

除夕前一日,始除丧服。

《看云草堂集》卷七《甲寅除夕》有句"三年孤苦白云违",后注云:"小除日除服。"按,小除日即除夕前一日,此时除父丧服。

是冬,清兵驻防,有间架之役。

康熙十四年　乙卯(1675)　五十八岁

春,武林王复礼(草堂)来访,携康亲王杰书之《读书十二则》示侗。并告知:康亲王杰书视师两浙,军中无事,惟以读书讲道为乐,其案头常置《西堂杂组》。

《悔庵年谱》卷上。

王复礼(1645—?),原名甫白,字需人、四笏,号草堂居士,武林(今浙江杭州)人。隆道堂本《古文未曾有集》封面有"武林王草堂先生评选",在《未曾有集自序》后,有题曰"草堂居士王甫白",知为一人。《古文未曾有集》中收有尤侗文章12篇。可参见何良五《王复礼及其〈古文未曾有集〉考》,《嘉兴学院学报》2018年第2期。

杰书生平事迹见《清史稿·列传三·诸王二》。

春,庭前牡丹花开,诗酒赏之。

《看云草堂集》卷七《嘲庭前牡丹》《花瘦甚,或云"以肉汁浇之即发",再嘲之》《代花解嘲》《同友人小饮花下》《春尽日风雨摧花有叹》等均为此时所作。

四月二十四初度,作诗《吾年五十八》。

《看云草堂集》卷七《吾年五十八》末句"相期十日饮,烂醉连端五"有注云:"予生四月二十四日。"可知为初度所作。

六月,施闰章携一僧一童自宛陵至吴门,往西山,又过水哉轩饮谈赋诗。为之序《薄游草》。

《愚山先生年谱》卷三记游吴门事:"白乐天有《吾年五十七》诗,尤展成又广为五十八,余适当是岁,因和之诸诗。"按,《愚山先生年谱》卷一载施闰章生于万历四十六年(1618)戊午十一月二十一日,至康熙十四年(1675)恰值五十八,与尤侗同岁。《西堂杂组三集》卷四《施愚山薄游草序》:"乙卯六月,施愚山先生自宛陵至吴门,予讶其作热客,疑有干于东诸侯者。乃先生携一僧、一童子径往西山,遍探支硎、天池、灵岩、邓尉诸胜,十宿始返。坐予水哉亭,剖瓜看荷,纵谈丘壑,泠然如对冰壶先生也。……先生寓《薄游草》,命予为序。反覆循览,感叹交集,骊驹在门,草草数言报之。"《看云草堂集》卷七《送施愚山归宣城二首》,一云:"先生非热客,六月到吴关。访友轻千里,携僧入万山。暂留思解带,将别话连环。此后相思梦,双桥明月间。"

与施闰章、丁澎、毛奇龄、徐釚、张杉、郭襄图、袁骏集宋实颖读书堂,分韵赋诗。

徐釚《南州草堂集》卷五乙卯《暂归吴门,宋先生招同施愚山大参、丁飞涛仪部、尤展成司李暨萧山毛大可、会稽张南士、平湖郭皋旭同郡袁重其雅集读书堂分赋》。

毛奇龄过先生园林,有诗和韵。

《五言律诗四·尤司理园林饮次和韵四首》。

方象瑛游吴,过访之。

方象瑛《健松斋集》卷二十三《尤悔庵过访,并读新制〈清平调〉杂剧》。

六月间,至嘉定,过秬园。

《悔庵年谱》卷上"康熙十四年"条:"春至昆山,夏至嘉定。"《于京集》卷一《挽侯记原二首》,一云:"招隐空埋骨,游仙不返魂。燕台遥洒泪,只共阿戎论。"末原注:"乙卯六月,予过秬园,记原少曾遇仙,阿戎谓大年也。"按,秬园在嘉定东北,可知本年六月间曾至嘉定。

七月,婿汤万焞病殁,哭之。

《悔庵年谱》卷上。

秋,送珍儿、瑞儿与婿陆德元应乡试,自句容至江宁。榜发,珍儿与陆婿俱隽。

尤珍《沧湄年谱》"康熙十四年"条:"秋,江宁乡试中式第五十名,主考为户部郎中孙公,讳期昌,河南人;礼部郎中劳公,讳之辨,浙江人;房考为靖江知县朱公,讳敦厚,北直人;盱眙知县田公,讳弘祖,山西人。坊人为予梓《四书文稿》行世。同榜姐婿陆德元偕公车。"

冬,周体观随楚军暂驻吴下。

《看云草堂集》卷七《酬别周伯衡(原注:时从楚军暂游吴下)》:"一别烽烟满海内,忽来疲马出军前。天寒雨雪愁羁旅,人老江湖感旧缘。白首乱离相见少,临岐执手各凄然。"

时室如悬磬,操办陆婿、珍儿上京应试资斧,腊月,始克成行。

《看云草堂集》卷七《乙卯除夕》:"不逢送炭人临户,但见催租吏到门。……儿曹更复驱车去,茅店挑灯何处村(原注:珍儿、陆婿并上公车)。"尤珍《沧湄诗稿补遗》卷一《乙卯冬杪北上言怀》亦为是时作,有"客游冷淡逢残腊,家累蹉跎赴晚程"句。可见珍儿、陆婿于腊月上京,时家中经济颇为窘迫。

为瑞儿继娶金氏。

《悔庵年谱》卷上、尤珍《沧湄年谱》"康熙十四年"条。

冬,兄尤侗逝,哭之。

《悔庵年谱》卷上。

康熙十五年　丙辰(1676)　五十九岁

二月,德元、珍儿等应会试。榜发,彭定求中状元,德元中进士,珍儿落第。

《明清进士题名碑录》、彭定求《南畇老人自订年谱》、尤珍《沧湄年谱》"康熙十五年"条。《(民国)吴县志》卷十三之长洲"进士"表康熙十五年中列有陆德元名。关于尤珍落第事,《看云草堂集》卷七《春感》:"游子未归千里外(原注:时珍儿下第未归),白头常对落花前。"尤珍《沧湄诗稿补遗》卷一《出都》(丙辰)亦有云:"梦回每忆归家好,醉去常悲行路难。谁向穷途思贡禹,临风北望漫弹冠。"

时弟尤何亦会试落第,授为安徽黟县教谕。

《艮斋倦稿文集》卷八《亡弟定中行状》:"丙辰会试下第,即乞恩为黟县教谕。弟家居食贫,藉馆谷糊口,教育有方,至是寒毡如故,师道加严。黟在万山中,与诸弟子横经说剑,朝虀暮盐,晏如也。"《(嘉庆)黟县志》卷四《职官》注明教谕一职:"康熙十六年,尤何(任),吴县人,举人。"

四月初度,作诗《吾年五十九》,其时与一乘上人弈。

《看云草堂集》卷七《吾年五十九》末云:"且与上人奕,博六兼格五(原注:是日与一乘奕)。"同卷七亦有《与一乘上人奕偶成四首》,乃为其时所作。

一乘上人,生平不详。

方士龚上礼卜算侗秋有大灾,授梵天秘旨习之。夏,忽发痛风,匝月乃愈。秋无恙。

《悔庵年谱》卷上。

七月,曹尔堪六十寿辰,其子曹鉴平、曹鉴章函币致书来求寿序。

《西堂杂组三集》卷五《曹顾庵六十寿序》:"于今丙辰(1676)七月,举六十之觞。计长安卿大夫,以至四方贵游门下士,冠盖辐凑,无不献祝嘏之词,为公寿者。乃令子掌公、达夫特函币致书,索予一言。予江湖放人,何足为公重?岂以予少公一岁,车笠之交,垂四十年,生平老友,相知最深。壬子秋闱,掌公与舍弟何南北同举。乙卯,儿子珍又附小阮彝士之后,两家世谱,祝公莫予若也。"

曹鉴章,字达夫号适园,曹尔堪次子。康熙己酉拔贡,官万载知县。曹鉴平,字掌公,号桐旸,嘉善(今属浙江)人,尔堪长子。康熙十一年(1672)举人,官内阁中书,生平事迹见《全清词钞》卷四、《江苏诗征》卷四十、《(康熙)嘉兴府志》卷十四《文苑》等。

九月重阳,泛舟阳澄湖。

《看云草堂集》卷七《九日》:"九月九日天气美,不去登山却邻水。扁舟偶放阳城湖,秋风吹波渺千里。"

是岁发大水,朝廷以军兴匮乏,加官户钱粮若干,税门摊钱若干,又被迫服长邑销圩丈田之役,赋诗纪感。

《看云草堂集》卷七《有虎四章》。又同卷《岁暮口号十四首》,一云:"三年无奈两头荒,最苦吴田半水乡。任是水多留下在,县官白水要征粮。"又一云:"千门万户派摊钱,皂隶催符满市廛。闻说乡村无间架,西山十里泊官船。"又一云:"老子休官二十年,也随官户纳官钱。昨宵河下官兵过,一样当差去挽船。"

十一月七日,徐乾学母顾氏逝,年六十一,赋诔文吊之。

徐乾学《憺园文集》卷三三《先妣顾太夫人行述》、《西堂杂组三集》卷八《徐太夫人诔》、陈维崧《迦陵文集》卷十《祭徐母顾太夫人文》。

冬,知府高皞署中有女仙降乩,云为前太守亡妾姚娟娟。应邀作《木渎仙姬传》,并赠十绝句。

《西堂杂组三集》卷六《木渎仙姬小传》:"木渎仙姬自称慈云侍者,丙辰冬,降乩郡侯高苍岩使君署中,尝叙生平,乞予立传。"《看云草堂集》卷八《赠木渎仙姬十绝句》亦为此作。

高皞,字苍岩,襄陵(今属山西襄汾)人,进士。《(民国)襄陵县志》卷十一《人物》载其:"初任云南曲靖府推官,转江南徽州同知,升苏州府知府……以精勤成疾,卒于任。少与兄曦读书村墅,专一至忘寝食,才名远著。"

孙女尤添生,瑞出。

《悔庵年谱》卷上。

宗元鼎作《解连环》,分题先生《桃花源》、《黑白卫》、《李白登科记》(又名《清平调》)、《读离骚》四剧。

宗元鼎《宗定九新柳堂集》卷七。尤侗与宗元鼎颇有交往,如侗曾为宗元鼎诗集作序,《西堂杂组三集》卷三《〈新柳堂诗〉序》:"庐陵宗子梅岑过吴门,携其所著《芙蓉集》《新柳集》二编示予,而命之序。"宗梅岑《宗定九新柳堂集》卷七亦有诗《鹤问家弟于市中得一古竹具,或以为瓦,或以为策。尤悔庵作〈减字木兰花〉两解之,余亦为之著句》。宗元鼎性狷介,然能与侗交,以见侗性之随和。

宗元鼎(1620—1698),字定九,号梅岑、香斋、东原居士等,江都(今江苏扬州)人。康熙十八年贡生,铨注州同知,未仕卒。著《新柳堂集》《芙蓉集》《小香词》,生平事迹见《清史稿》卷四八四、《清史列传》卷七〇、《国朝诗人征略》卷五、《晚晴簃诗汇》卷三八、《江苏诗征》卷三、《清诗别裁集》卷八、《全清词钞》卷五、《清画家诗史》乙上。

计东北上,途中以疾卒。

汪琬《钝翁类稿》卷十二下《遥送甫草北上二首》《闻甫草凶问,予既为位以哭,明日作四绝句寓哀》、徐钫《南州草堂集》卷三十《祭业师计甫草先生文》、《西堂杂组三集》卷八《祭计甫草文》均为悼亡所作。

余恂卒。

康熙十六年　丁巳年(1677)　六十岁

春朝,作诗自叙,时方礼斗。

《看云草堂集》卷八《丁巳春朝,六十自叙,五叠前韵四首》,一云:"赋草虚传亡是名,江南哀绝庾兰成。征输正急经三载,婚嫁才完已一生。遍地风烟多带甲,漫天雨雪又呼庚。只应辟谷游仙去,夜半朝元白玉京(原注:予方礼斗)。"按,"礼斗"乃道教活动,通常谓礼拜北斗星君,以祛灾祈福。

一月,钦兰六十初度,赋诗祝之。

《看云草堂集》卷八《钦序三与予齐年,用前韵为寿四首》,一云:"少小追随常比肩,忽成二老兴颓然。羡君多学馀诗料,愧我无官乏俸钱。采药当寻霍去病,征歌欲唤李延年。及时春酒须行乐,门外风尘正满天。"

有事至昆山,即往太仓,寓隆福寺,寺主宣月乃侗宗人。

《看云草堂集》卷八《至太仓隆福寺二首》,一云:"十年重到此招提,头白山僧出杖藜。旧日亭台零落尽,桃花如雨鸟空啼。"又一云:"不识吾家老衲师,年年枯坐放生池。问予何事急归去,架上朱藤正满枝(原注:寺主宣月是予宗人)。"

宣月生平不详。

三月三十日,曹尔堪、吴绮、丁澎、沈珩、顾彩、宋既庭等会饮看云草堂。

《看云草堂集》卷八《顾庵、茝次、飞涛、昭子、天石、既庭枉集草堂,赋得三月正当三十日》,诗云:"三月正当三十日,诸公集我水哉亭。已伤春色逐飞絮,常念人生如聚萍。潦倒杯槃殊率意,婆娑裙屐渐忘形。何须长叹催头白,遮莫高歌放眼青。"《于京集》卷三《三月正当三十日,和贾岛韵十首》,一云:"三月正当三十日,水哉亭子记前身。故园杨柳应无恙,啼尽黄鹂自送春(原注:丁巳是日,与诸公集赋诗亦用此句首倡)。"

沈珩(1619—1695),字昭子,号耿岩、稼村,浙江海宁人。康熙三年(1664)进士,授内阁中书,康熙十八年(1679)举鸿博,授编修。著有《周易精义》《耿岩文选》等等。生平事迹见《碑传集》卷四四、《杭州府志》卷一四五、《海宁州志稿》卷十三《典籍六》。

顾彩(1650—1718),字天石,号补斋、湘槎,别号梦鹤居士,无锡(今属江苏)人。贡生。著《往深斋诗集》《辟疆园文稿》《鹤边词钞》,与孔尚任合作戏曲《小忽雷》《大忽雷》等。生平事迹见《江苏诗征》卷一三一、《全清词钞》卷六、张慧剑《明清江苏文人年表》、《清诗别裁集》卷二六、《全清词钞》卷五等。

吴绮(1619—1694),字薗次、丰南,号绮园、听翁、菰叟,别号红豆词人,江都(今江苏扬州)人。顺治十一年(1654)贡生,荐授弘文院中书舍人,升兵部主事、武选司员外郎,后任湖州知府。著《林蕙堂集》《兰香词钞》,又有《啸秋风》《绣平原》《忠愍记》等传奇。

四月四日立夏,林鼎复招诸子集虎丘平远堂送春。

《看云草堂集》卷八《林天友明府招同诸子集虎丘,雨中送春限韵》和《百末词》卷四《水调歌头·平远堂雨中送春》、陈维崧《迦陵词全集》卷十四《水调歌头·平远堂雨中即事,林天友使君席上,同曹顾庵、丁药园、胡存人、吴香为、园次、六益、余澹心、尤悔庵、宋既庭、钱宫声、顾云美、伊人、天石、赵旦兮、毛行九分赋共用"烟"字》、吴绮《林蕙堂全集》卷十七《林天友别驾招集平远堂》等,知诸子均应林鼎复之邀参加此次虎丘聚会。

林鼎复,长乐人(今属福建),《(民国)长乐县志》卷二十四:"林鼎复,字道极,一字天友。顺治初,大将军范达礼荐授常州通判,在官九载……鼎复笃于友谊,工吟咏,兼擅书法,著有《华鄂堂诗集》。"

四月二十四日,六十初度,诸君子皆登堂为之称觞。

七月,送尤瑞应乡试,再至昆山。

《悔庵年谱》卷上。

八月,感寒疾。九月少间,同年孙一致来访,拉饮至苏家,归而疟作,昏愦几殆,病中作《菩萨蛮》词八阕志感。

《悔庵年谱》卷上。《看云草堂集》卷八《同年孙止澜学士枉集,赠诗依韵奉答》:"玉堂分与草堂分,绣被何缘共鄂君。南国逢秋多暇日,东篱把酒有停云。十年丛桂王孙赋,万里黄河太史文。正是茂陵愁病后,故人尺素慰殷勤。"可知时侍病稍有好转,孙一致前来看望。此诗后有《一日饮歌》述饮后之苦,如:"一日饮,一日病,两日较量谁便宜,不饮何如不病胜。"乃记孙一致拉往饮酒患病事。又《百末词》卷一《菩萨蛮·丁巳九月病中有感八首》,一云:"苦寒又苦热,飞梦惊明灭。何物返魂丹,空囊无一钱。"知时病情严重。

孙一致(1630—1693),字惟一,号择安、止澜,盐城(今属江苏)人。顺治九年(1652)殿试第二人,历官侍读学士。著有《世耕堂集》。生平事迹见《江南通志》卷一六六、《江苏诗征》卷三十、《清诗别裁集》卷五等。

十月病起,薄游淮扬,路遭旗兵劫金。值主人避客,兴尽而返。旅中与吴绮唱和颇多,归舟作《驻云飞·十空曲》。

《看云草堂集》卷八《口号二首》,一云:"世间怪事无不有,旗兵白昼劫江口。我登江船遭毒手,操刀吓人攫金走。"又一云"人生百事不如意,水陆跋涉投空寓。大夫卧病盐铁署,太守走马吴陵去。主人不在客彷徨,二十四桥无行处,天寒悲风日暮雨。"又同卷八《写闷三首》一云:"离家五百里,浪迹已零丁。盗贼公要夺,主人去杳冥。……悔作扬州梦,途穷哭未醒。"又一云:"十年不作客,辛苦白头吟。病后携残药,悲来碎断琴。"可知扬州之行乃于尤侗病起,此游途中遭劫,访人不遇。《百末词》卷六收有尤侗此行所作《驻云飞·十空曲》。

是岁,闽、广皆平,楚中会剿,时江南有造船之役,所见所感,作《民谣三章》记之。

《看云草堂集》卷八《时事》:"六诏忽蠢动,八闽遂草窃。烽烟蔽三楚,鼙鼓震两浙。"同卷八《民谣三首》之《多打吏》《急丈田》《伐木伐木声许许》亦记时事。

冬,至扬州,访旧地,念及王士禛兄弟,为王士禄作诔文。

《西堂杂组三集》卷八《王考功诔并序》:"乙卯,阮亭寓先生《年谱》,命作诔词,予未有以应,督之再三,而终不能忘也。今丁巳冬,予复至扬州,与诸君子游,辄谈起二王事,距先生殁盖已五载,而与先生别官署则十有三年矣。登文选楼,眺平山堂、红桥诸胜,风景依然,而其人已往。然俯仰之间,先生之须眉杖履犹若仿佛在焉。寒冰日落,不胜思旧之感,为唏嘘久之。"按,尤侗曾于康熙四年乙巳(1665)至扬州拜访王士禛、士禄兄弟,与此诔文中所云"十三年"正合。

十一月,值此扬州之游,为孙枝蔚《溉堂词》作序。

孙枝蔚《溉堂词》卷首有尤侗序,末署:"康熙丁巳仲冬,长洲同学弟尤侗题于广陵旅次。"《西堂杂组三集》卷三有《溉堂词序》。

孙枝蔚(1620—1687),字豹人,号溉堂,三原(今属陕西)人。明亡时曾起兵抗清,后南下江都作盐商。不久,又弃商读书,乞食江湖,而诗益工。康熙十八年(1679)诏试博学鸿词,求罢不允,授内阁中书衔。后乃离京,客游四方。著《溉堂集》。生平事迹见《清史列传》、《清史稿·文苑》本传、《江苏诗征》卷三十、《清诗别裁集》卷十二、《全清词钞》卷五。

有吴江女王媛,夫死守节孝老,为之论赞。

《西堂杂组三集》卷六《王媛贞孝论》。

是年,尤珍幼子世文生后四十天卒。

尤珍《沧湄诗稿补遗》卷一《悼文男四首》(丁巳),一云:"堕落红尘亦偶然,四旬父子了前缘。浮云变灭须臾事,此去应归兜率天。"又一云:"荆布萧然十载馀,况经多病食常蔬。怀中索乳应难饱,儿日啼饥父读书。"按,尤珍与丘氏成婚乃于康熙五年,距时康熙十六年为"十馀载",正合,知其幼儿当生卒于是年。尤珍《沧湄年谱》"康熙十八年"条对此亦有载。

钦兰卒。

康熙十七年　戊午(1678)　六十一岁

春,陆婿德元赴池州任职。

《看云草堂集》卷八《送陆益孙婿之池州二首》,一云:"送子上池阳,春风开讲堂。传家惟孝弟,报国在文章。郑草垂书带,江花照笔床。九华青色近,时可泛壶觞。"九华山位于安徽池州,故尤侗诗中有"九华青色近,时可泛壶觞"句。

冒襄有《移家江南图》,与诸公赋诗赠之。

《看云草堂集》卷八《冒辟疆移家诗二首》,一云:"著屐漫寻邓尉里,停车还借郑公乡(原注:居停郑氏)。"冒襄《同人集》卷八载余怀《题高淡游写赠巢民〈移家江南图〉二首》、邓林梓《写赠巢民先生〈移家江南图〉并题二首》等诸公赠和诗。由于此诗介于送陆婿及寄劳之辨诗之间,很可能该诗亦作于时,姑置于此。

春日正好,寄诗劳之辨。

《看云草堂集》卷八《寄劳书升学使二首》有"迟日春光遍四郊,使君燕喜醉葡萄"句,知该诗当作于春日。

劳之辨(1639—1714),字书升,晚号介岩,石门(今属浙江桐乡)人。康熙三年(1664)进士,累官至左右通政、左副都御史等职。康熙四十七年(1708)以事罢归,后复原职。著《静观堂诗集》。生平事迹见《浙江通志》卷二三六、《清诗别裁集》卷九、《康熙嘉兴府志》卷十四《人物》等。劳之辨与尤侗诗文书信过从较多,另还有《静观堂诗集》卷十三《论诗柬尤悔庵十五首》。

三月,汪懋麟过饮水哉轩,赏菜花。

《于京集》卷三《家在江南杨柳村》后有汪懋麟附和诗,云:"家在江南杨柳村,一池清涨未全浑。年时记得开轩坐,粉蝶黄花竟入门(原注:戊午暮春,饮水哉轩,时南园菜花如锦)。"

汪懋麟(1639—1688),字季用,号蛟门,晚号觉堂,江都(今江苏扬州)人。康熙六年(1667)进士,授内阁中书,官刑部主事。入史馆,充纂修官,所撰甚富。工诗词,与汪楫为时人目为"二汪",又与宋荦、田雯、叶封等号称"辇下十子"。著有《百尺梧桐阁诗集》《文集》《锦瑟词》等。生平事迹见《清史稿》卷四八四、《清史列传》卷七一、《国朝耆献类征》卷一四一、《碑传集》卷五九、《全清词钞》卷四、《江苏诗征》卷七一、《清诗别裁集》卷九等。

常熟薛熙过访看云草堂,时其即游陕西。

《看云草堂集》卷八《薛孝穆过访草堂,即送其游秦,次钝翁韵二首》,一云:"薛宣经术士,才气亦飞扬。抱膝吟吾谷,驱车下太行。白云古道满,青草暮春长。倘遇关西子,论文不厌详。"可知时为春暮,薛熙过访后即游秦。

薛熙,字孝穆,号半园主人,常熟(今属江苏)人。布衣。汤斌曾延之幕府,与修《江南通志》。著《依归集》《秦楚之际游记》。生平事迹见《江苏诗征》卷一五六、《(光绪)常昭合志》卷三十《人物九》。

淮阴金远水、黄之翰来访不值而留诗以赠。三月十二日寒食,金远水再至,侗赋诗奉答,黄之翰已归,遂寄诗酬之。

《看云草堂集》卷八《淮阴金远水、黄大宗过访不值,辱各赠诗。远水再至草亭,依韵奉答二首》云:"蓬门高卧对垂杨,有客停车满座香。两地不逢思昔昔,一朝相见赋堂堂。家依丛桂王孙宅,出揽豳风公子裳。寒食春深小住好,桃花正发酒垆旁。"可知,金远水再至之日正值寒食。又同卷八《大宗已归,酬寄二首》乃酬黄之翰所作,诗云:"相望南桑与北杨,无双姓字记黄香。乍冲寒雪寻梅市,却趁春风到草堂。公子不留青雀舫,佳人空忆白霓裳(原注:予尝作《木兰花》词为大宗悼亡)。何时访旧淮阴里,系马高楼大道旁。"按,尤侗此处恐有错讹,为黄之翰所作悼亡词应为《玉楼春·为黄大宗悼亡郭少君二首》,收于《百末词》。

黄之翰(1644—1680),字大宗,山阳人(今江苏淮安)。生平事迹可参看《(光绪)淮安府志》卷二十九。

金远水,生平不详。

三月二十九日谷雨,徐乾学招饮花溪草堂看花。

《看云草堂集》卷八《徐健庵太史招集花溪草堂看花,限韵二首》有"正逢谷雨田家好,莫向风前惜落花"句,可知是日正逢谷雨。

夏,曹寅父暨内工部织造曹玺进京面上,获赐宴并赏翰墨"敬慎"二字及唐人绝句。

《艮斋倦稿文集》卷十三《御书赞》:"维康熙十七年戊午夏,内工部织造臣玺入觐京师,皇上临轩宴劳有加,随以御书'敬慎'二大字及唐人绝句赐焉。"

原正月间诏征博学鸿儒,命内外诸臣各举所知,兵部尚书王熙与工部尚书陈敱永均举荐侗。

《悔庵年谱》卷下。《圣祖实录》卷七一:"康熙十七年(1678)正月乙未,谕吏部:'自古一代之兴,必有博学鸿儒振起文运、阐发经史、润色词章,以备顾问著作之选。朕万几馀暇,游心文翰,思得博学之士用资典学。我朝定鼎以来,崇儒重道,培养人才。四海之广,岂无奇才硕彦、学问渊通、文藻瑰丽、可以追踪前喆者?凡有学行兼优、文词卓越之人,不论已仕、未仕,令在京三品以上及科、道官员,在外督、抚、布、按,各举所知,朕将亲试录用。其馀内、外各官,果有真知灼见,在内开送吏部,在外开报督、抚,代为题荐。务令虚公延访,期得真才,以副朕求贤右文之意。尔部即通行传谕。'于是大学士李霨等荐原任副使道曹溶等七十七人。"黄鸿寿《清史纪事本末》卷二十一《鸿博经学诸特科》载:"圣祖康熙十七年,春正月,召举博学弘儒,备顾问著作之选。时海内新定,明室遗臣,多有存者,居恒著书言论,常慨然有故国之思。帝思以恩礼罗致之,至是谕吏部,凡有学行兼优,文词卓越之士,不论已仕、未仕,令在京三品以上及科道在外督、抚、布、按，各举所知以应，将亲试录用。"福格《听雨丛谈》卷四："康熙八年，既复八比之文，天子念编纂《明史》必需绩学能文之士，乃诏启博学鸿词之科，以罗博洽之彦。无论京外现任及已仕、未仕、布衣、罢退之士，均准荐举。内由三品以上大员科道御史、外由布按两司以上，各举所知，惟翰林不预焉。十七年诏下，次年己未三月初一日，试于体仁阁下。直隶省荐举十五人，江南六十七人，浙江四十九人，山东十三人，山西十二人，河南五人，湖广六人，陕西九人，江西三人，福建三人，贵州一人，其馀用兵省分未荐，共得一百八十三人。"王熙《王文靖公集》卷末附自著《年谱》丁巳年载："奉谕举博学鸿词人员，具疏荐原任推官尤侗、中书汪懋麟。"《鹤栖堂稿文集》卷五《大学士王文靖公祭文》及《西堂杂组三集》卷五《寓陈大司空书》均有感激之辞，如谒恩陈敱永之《寓陈大司空书》："若阁下之于侗虽吴越相去三百馀里，未尝一望见颜色也，以大司空之尊，俯视边庭散吏，不啻上下床之别也。"可知王、陈二人举荐尤侗事。

陈敱永，陈之暹子，字雒期，号学山，浙江海宁人。顺治乙未（1655）进士，由内翰林宏文院庶吉士，历官至工部尚书，谥文和。有《丹墀奏议》二十卷。生平事迹见《海宁州志稿》卷十三《典籍六》《杭州府志》卷一二五。

六月十一日，与宋既庭同行北上，珍儿将赴公车从焉。徐釚亦于其时应试进京。

《哀弦集后·哭瑞儿文》："吾出门在六月十一日，汝母送我于屏，汝送我于关，皆欢然无恙也。"《西堂全集·于京集》（自戊午六月至己未二月止）卷一《赴诏言怀四首》，一云："天子求贤下制书，群臣荐表满公车。自多冠带填金马，何意弓旌贲草庐。对策岂能追贾董，上言曷敢比严徐。入山未远长安近，不许休官赋遂初。"劳之辨《静观堂诗集》卷十一《送尤慧珠宫赞省觐兼怀尊甫悔庵太史》："一朝圣祖开芸局，忽下蒲轮贲草莱。先生襏被来奉诏，吾子登瀛正年少。"亦载尤侗应召之事。由《于京集》卷一《德州同既庭坐月》："今夜德州月，故人欣共看。知心时俗少，行役暮年难。白露愁砧杵，秋风忆钓竿。漫夸西域兽，万里入长安。"可知宋既庭同赴京师应试。《沧湄年谱》"康熙十七年"条："诏举博学鸿儒，先大人应诏被征，六月启行，予随至京。"可知尤珍是时亦因应会试随同一道入京。徐釚《南州草堂集》卷六有《应诏入都，呈司农公二首》，由于卷六诗自戊午时起，而此诗在卷首，故可知时为六月。

徐釚(1636—1709),字电发,号虹亭、拙存,晚号枫江渔父,江苏吴江人。监生,康熙十八年举博学鸿儒,官授检讨。会当外转,遽乞归。后起原官,不就。著《南州草堂集》《菊庄乐府》辑有《词苑丛谈》《本事诗》等。

行五日后,曹令在家箭风症发作。

《哀弦集后·哭瑞儿文》作于康熙十九年,云:"前岁六月,吾应诏北上,大儿同行,留汝在家侍母。岂料行五日而母病。"尤珍《沧湄诗稿·自题》:"于戊午侍家大人应诏赴京,忽遭先慈之变,风木之感,衔恨终天。"

途中,赋诗述闻见。

《于京集》卷一《热》《舟阻京口》《扬州寓寺立秋》《高邮同既庭夜话》《碧霞元君祠》《淮上》《黄河二首》《病》《故城夜泊》《河上老翁叹》《舟行绝句三首》《济上七夕二首》《南旺分水》《寄家信四首》《临清阻风》《德州同既庭坐月》《沧州漫兴二首》《蟋蟀》《雨夜,侯既庭舟不至,邻舟有吹笛而歌者二首》等,以及尤珍《沧湄诗稿》卷二《宿江阴永定禅院》《寄家信》《京口渡江二首》《寓扬州驯象寺楼》《露筋祠》《高邮》《淮安》《蚤行即事》《河口》《骆马湖》《偶述二首》《漫兴》《雨》《七夕》《登太白酒楼》《南旺分水》《自安山牐至张秋》《舟迟写闷》《临清道中》《御河》《沧州迟宋征君舟不至》《舟中遣怀二首》等均乃父子二人行舟沿途所作。

七月抵京,上书王熙,感荐举恩。

《悔庵年谱》"康熙十七年"条云:"七月入都,时同征者未集。"《于京集》卷一有《上大司马宛平王公》,由于此书于进京途中诸诗作之后,故可推知该书乃此时所上,实为合情合理。

七月七日,得瑞儿来书,知妻令病重。

《西堂杂组三集》卷七《先室曹孺人行述》:"六月十七日,(令)忽发蛊胀甚重,此瑞儿七夕之信也。"

孙致弥任高丽使还朝,赋诗贺之。

《于京集》卷一《贺孙恺似高丽使回秋捷》。

孙致弥(1642—1709),字海似、恺似,号松坪,嘉定(今属上海)人。康熙中被荐以太学生,戊辰中进士,改庶吉士,官至翰林院侍读。著《杕左堂诗集》《杕左堂词》《杕左堂续集》,辑《词鹄初编》。生平事迹见《四库全书总目》卷一八三、《江苏诗征》卷三十、《清诗别裁集》卷十七、《全清词钞》卷六。

秋,沈虬往令嘉善,赋诗送之。

《于京集》卷一《送沈次雪令嘉善》有"蓟门秋色起双凫,仙吏轻舟进鹤湖"句。《西堂杂组三集》卷四《沈次雪诗序》:"戊午,予以应诏入都,复遇沈子。沈子新授嘉善令,朱轮华毂,驰出青门,意气豪上不减少年。时予亦以史事滥竽玉局,自顾颓然,殆将老矣。"即记康熙十七年京师会面一事。

沈虬,字次雪、双庭,号茧村,江南吴江(今属江苏)人。以岁贡知钱塘县,后调嘉善,生平事迹见《江苏诗征》卷一一九、《苏州府志》卷一百十。

时同征者未集,上命待诏阙下,月给米三斗、银二两。同人因举公宴,会者百余人。

《悔庵年谱》卷下。又《于京集》卷一《赐廪恭纪二十八韵》有诗句"预忧旅斧乏,早念客衣凉。特赐金三品,兼支粟一囊"记赐廪事。同卷一《同举诸公公谯》为此次饮宴所作,诗云:"芙蓉阙下集簪裾,四海朋来慰索居。乌有客方偕子墨,杨雄文或似相如。解衣共醉新丰酒,倾盖相逢下泽车。寄语灵台南太史,德星可纪汉京书。"

中书舍人叶舒崇应博学鸿辞进京,以病卒,与诸公赋诗吊之。

《于京集》卷一《挽叶元礼舍人三首》、徐釚《南州草堂集》卷六《哭叶元礼舍人,和棠村公韵二首》、朱鹤龄《愚庵小集》卷四《哭叶中翰元礼》等均为是时所作。

叶舒崇(1640—1678),字元礼,号谢斋,别号宗三,江南吴江(今属江苏)人。康熙十五年(1676)进士,官至内阁中书,举博学鸿儒,未试卒。著有《宗山集》《谢斋词》《哀江南赋注》,生平事迹见徐釚《本事诗后集》、《平湖县志》卷十八、《江苏诗征》卷一六一、《清诗别裁集》卷十、杨钟羲《雪桥诗话馀集》等。

访王士禛于京邸,交王士祜。

《西堂杂组三集》卷六《王东亭进士传》:"戊午秋,予北上,晤阮亭于京邸,则东亭进士在焉。"

王士祜(1632—1681),字子侧,一字叔子,号东亭、古钵山人,山东新城(今山东桓台)人。康熙九年(1670)进士,未仕而卒。王士禛辑其诗成《古钵山人遗集》。生平事迹见《清史稿》卷四八四、《清史列传》卷七〇、李元度《国朝先正事略》卷六、《国朝诗人征略初编》卷八、《清诗别裁集》卷九等。

八月,西洋国进贡狮子,时待制阙下诸公皆赋诗咏之。

《圣祖实录》卷七六:"康熙十七年八月庚午,西洋国主阿丰素遣陪臣本多白垒拉进表贡狮子。"《西堂杂组三集》卷一《西洋贡狮子赋》、《皇清文颖》卷六十二王士禛《大西洋贡狮子歌应制》、同书卷四十四徐嘉炎《大西洋国贡狮子赋》、彭孙遹《松桂堂全集》卷二《西域献狮子》、高士奇《随辇集》卷三《西洋贡狮子歌》、徐嘉炎《抱经斋文集》卷一《大西洋国贡黄狮子赋》、叶方蔼《叶文敏公集》卷十三《西域贡狮子行》、陈廷敬《午亭集》卷二十一《观西洋进贡狮子》、陈维崧《迦陵词全集》卷十一《雪狮儿·戊午秋,西域献黄狮子至。一时待诏集阙下者不下百人,皆作诗歌揄扬盛事,崧亦填词一首》等均为此所作。

八月间,得妻兄曹隆吉函,知妻令所患箭风已愈。九月十九日酉时,曹令以疾逝,享年五十八岁,临终之时檀香满屋。

《西堂杂组三集》卷七《先室曹孺人行述》:"继云:'仍是箭风,有专科延治,已愈。'此妇兄曹隆吉八月之信也。瑞儿时赴乡试,无信至。十月十六日讣至,则云:'气血两虚,众医皆投参术无效,竟不起矣。'……妇生于故明天启辛酉八月十一日申时,卒于皇清康熙戊午九月十九日酉时,享年五十有八。"《哀弦集·王阮亭先生贻札云:十一月望前一日,梦先生以嫂夫人小照属题,视之乃冕像也。觉与子侧家兄言之,深为叹异,予有感焉,漫成二绝》后自注:"亡妇临终,满屋闻栴檀香。"

十月十六日讣至京,恸哭之,请归不允,遂遣珍儿星夜回乡奔丧。并草文致祭,作《先室曹孺人行述》及悼亡诗若干。

《西堂杂组三集》卷八《祭先室曹孺人文》:"维康熙十七年十月十六日,杖期拙夫尤侗在京师闻吾妻敕封孺人曹氏于九月十九日病故,惊痛几绝,以奉旨候试不得归,乃遣长男珍星夜奔丧。"《艮斋倦稿诗集》卷五《题伤弦稿三首》序:"予于戊午入京,丧妻曹氏,哭之,过时而悲,有《哀弦集》。"陈维崧《迦陵文集》卷十《尤母曹孺人诔》:"维康熙十有七年九月十九日,尤母曹孺人卒于家,春秋五十有八。……孝廉(尤珍)邸中闻讣,既素鞾星奔,麻衣遄返。悔庵方以金门待诏,玉几求贤,筑馆都亭,授餐阙下,屡申请急之祈,未验还乡之梦。"尤珍《沧湄年谱》"康熙十七年"条:"冬,闻先母讣,奔丧南归。"

时彭定求移侗同寓,彭孙遹亦晨夕相劳苦。

《悔庵年谱》卷下。《哭亡妇曹孺人诗六十首》,一云:"骨肉情亲寄一廛,频沾斗酒慰灯前。人间那得消愁处,夜炷清香叩玉仙(原注:彭子访潜移予同寓)。"彭定求《南畇老人自订年谱》康熙十七年:"冬,尤悔庵先生、羡门叔方以荐举应试,从弟宁求举丁巳乡试,公车至,同住京寓。"可知彭孙遹、尤侗、彭宁求等是时皆寓彭定求处。按,如前载尤侗七月已入都,彭定求当以侗妻亡事始移之同住。

杜登春子杜香武卒,赋诗为悼。

《于京集》卷一《挽杜九高令子香武三首》一云:"孤鸿啼罢断猿啼,旅舍寒冰落日低。才写挽歌先下泪,难言我自哭亡妻(原注:予方悼亡)。"

杜登春,字九高,一字九皋,号让水,江南华亭(今上海松江)人。拔贡,官广州同知。著有《尺五楼诗文集》,生平事迹见《江苏诗征》卷一〇三、《嘉庆松江府志》卷五十六《古今人传八》等。

王士禛读侗悼亡诗后,又示侗以悼亡之作,二人倍生伤感。

王士禛《渔洋精华录》卷八《悼亡诗(原注:哭张宜人作)》。《哀弦集》之《又律诗十首》后有王士禛评语:"读悔庵先生悼亡诸篇,虽木石肠亦应感动,况怅触旧愁如仆乎?因简箧中往作《悼亡诗三十五首》质之悔庵。语云:'下濑之鱼,因复俱流。'其吾两人之谓欤?"《于京集》卷一《题王阮亭侍读悼亡诗后三首》乃读王阮亭此时悼亡诗而作,一云:"弹绝哀弦曲未终,相怜相泣病相同。吾家虽有闺房秀,那及王家林下风。"

十一月八日,乃曹令殁后七七之期,时值冬至,遂就寺礼忏,请杜真人降乩。诸公亦往吊之,所作挽诗收入《哀弦集》。

《西堂杂组三集》卷八《七终再祭亡室文》:"呜呼,今日何日,吾妻七七之期终矣。正值小至,故吾就寺礼忏,并以麦饭奠汝。吾自闻讣以至今日,血泪未干。前廿二日,送大儿归去,临歧哭别,哀感路人。彭亲家念我孤寂,接往同住。……今日者,都门诸老先生百馀人,同举诸公不下百人,同乡亲友数十人,皆来赴吊,为文祭汝。"按,曹令卒于九月十六日,其七七之日当为十一月八日,可推算尤侗乃于十一月八日暨冬至之日为亡妻举行礼忏。《哀弦集》后附诸公挽诗,作者有梁清标、王士禛、汪琬、李天馥、孙一致、施闰章、沈荃、毛奇龄、彭孙遹、宋实颖、孙枝蔚、李念慈、叶封、郑重、王顼龄、王鸿绪、陈锡嘏、李因笃、冯云骧、彭定求、张烈、黄与坚、周清原、李澄中、沈珩、丘象随、方象瑛、龙燮、陈维岳、倪灿、米汉雯、严绳孙、乔莱、高咏、张鸿烈、白梦鼐、毛升芳、庞垲、陆葇。又有挽词，作者有毛际可、邓汉仪、曹贞吉、徐釚、曹广端、陈维崧、田茂遇、朱彝尊、李良年。又有汪楫、冯甦作挽骚，宋德宜作诔文，及彭孙遹、施闰章、宋实颖等所作祭文。《西堂杂组三集》卷四《叶井叔悼亡诗序》："戊午九月，予在京师，丧妇曹氏，哭之，过时而恸。诸君子哀之，并作挽诗以相吊也。而叶子井叔之诗有'梦回肠断'之句，予读之泫然。"亦载悼亡一事。

黄道周到坛训告，自其时至除夕，侗与二彭应法吟诗多首。黄道周号侗曰"敦艮子"。守坛仙吏为同乡徐汧。

《悔庵年谱》卷下。《于京集》卷一《春朝应右局教，和羡门韵》《玉皇降辰应教，和前韵》《戊午除夕限韵四首(原注：凡限韵者皆仙乩所限韵，与羡门、访濂同作，后仿此)》均为应法事而作。

黄道周(1585—1646)，字幼平，又作幼玄，一字螭若，号石斋，漳浦(今属福建)人。天启二年(1622)进士，福王时官礼部尚书，唐王时为武英殿大学士。曾率兵抗清，至婺源，兵败不屈而死。著《易象正》《三易洞玑》《太函经》《洪范明义》《续离骚》《石斋集》等，生平传记见《明史》卷二五五。

徐汧(1597—1645)，字九一，号勿斋，长洲(今江苏苏州)人，徐柯、徐枋之父。崇祯戊辰进士，选庶吉士，授检讨，迁右谕德，福王时任少詹事，清兵破南京后投水而死。生平事迹见《明史》卷二六七。按，黄道周、徐汧均殉明而卒，由于尤侗请作法事道场，故于此出现。

十一月间，宋荦奉旨视榷赣州，京师诸公赋诗送之。

《于京集》卷一《送宋牧仲榷使赣州》、王士禛《渔洋续集》卷十一《送宋牧仲员外榷赣州四首》、孙枝蔚《溉堂续集》卷六《送宋牧仲员外榷税虔州兼寄怀易堂诸子》、徐釚《南州草堂集》卷六《送宋牧仲比部榷关赣州》、潘耒《遂初堂诗集》卷三《送宋牧仲榷赣关三首》、徐嘉炎《抱经斋诗集》卷十四《浣溪纱·送宋牧仲比部之赣州》、陈锡嘏《兼山堂集》卷八《送宋牧仲榷税赣州三绝句》、王崇简《青箱堂诗集》卷三十三《送宋牧仲榷赣关》、陈维崧《湖海楼诗集》卷六《送宋牧仲员外出榷赣关》、魏禧《魏叔子文集外篇》卷十《赠宋员外榷关赣州叙》、汪琬《钝翁续稿》卷十三《送宋牧仲榷赣州关诗序》等均为赠别之作。其中赵经达辑《汪尧峰先生年谱》"康熙十七年戊午"条载："仲冬，宋牧仲榷赣州关，诸相识率皆往饯又赠以诗，先生(即汪琬）作序。"证实诸公此次为宋荦送行之事。

十一月十四日，王渔洋梦侗以妻曹令小像属题，视之却为昙像，醒来与兄士祜言之。

《哀弦集·王阮亭先生贻札云：十一月望前一日，梦先生以嫂夫人小照属题，视之乃昙像也。觉与子侧家兄言之，深为叹异，予有感焉，漫成二绝》，其一云："君为天女我维摩，却倩王维作挽歌。何处竭来何处去，众香国里好婆娑。"

十一月底，署名昌黎学人者为序《哀弦集》。

《哀弦集》卷首有序，末署云："戊午仲冬之杪，昌黎学人偶题。"

孙默卒。王崇简卒。

康熙十八年　己未（1679）　六十二岁

是春，清兵平湖南，赋诗颂之。

《于京集》卷一《湖南凯歌四首》。

自元旦起，杜、黄二真人继作法事，直至二月三日。侗赋诗并作《桂香殿赋》等献之。

《悔庵年谱》卷下。《西堂杂组三集》卷一《桂香殿赋》、《于京集》卷一《己未元旦限韵四首》《上元即事限韵四首》《忆江南早梅限韵》《旅夜闻春雁声限韵》等均为此期所作。

二月十五花朝，十四日，曹广端招同朱彝尊、李因笃、邓汉仪、潘耒、陆次云、徐嘉炎、董俞、吴雯、彭孙遹、陈维崧、徐钪、汪楫、孙枝蔚等应试博学鸿儒者会集宴饮。

据徐钪《南州草堂集》卷六《花朝前一日，曹正子招同李天生、孙豹人、邓孝威、尤悔庵、彭羡门、李岯瞻、陈其年、汪舟次、朱锡鬯、李武曾、王仲昭、陆冰修、沈融谷、陆云士、杨六谦、李渭清、顾赤方、吴天章、潘次耕、董苍水、田髯渊、吴星若诸君谦集园亭二首》，可知是日曹广端邀集宴饮者有李因笃（天生）、孙枝蔚（豹人）、邓汉仪（孝威）、尤侗（悔庵）、彭孙遹（羡门）、李念慈（岯瞻）、陈维崧（其年）、汪楫（舟次）、朱彝尊（锡鬯）、李良年（武曾）、王嗣槐（仲昭）、陆嘉淑（冰修）、沈晖日（融谷）、陆次云（云士）、杨还吉（六谦）、李澄中（渭清）、顾景星（赤方）、吴雯（天章）、潘耒（次耕）、董俞(苍水)、田茂遇(髯渊)、吴星若等二十二人。《于京集》卷一《花朝前一日,曹正子招诸同人雅集二首》、朱彝尊《竹垞文类》卷九《同诸公集曹主事广端斋,得郎字》、李因笃《受祺堂诗》卷二十一《曹主事正子招集属赋近体二首》、彭孙遹《松桂堂全集》卷十八《己未花朝,诸名士谦集曹玉渊宅,分韵赋诗。予方卧疴不至,诗亦后成,即此简曹并诸子》、徐嘉炎《抱经斋诗集》卷九《花朝前一日,曹正子主政,谦集同人,即席分得行字先字》等均为其时所作。

李因笃(1631—1692),字天生,更字孔德,号子德、中南山人,陕西富平籍,其先为陕西洪洞人。明诸生,举康熙十八年博学鸿儒,授检讨。著《受祺堂集》。生平事迹见吴怀清编《天生先生年谱》、《清史列传》卷六十七、《清史稿》卷四八〇李颙传附、顾炎武《亭林文集》卷五《富平李君墓志铭》。

邓汉仪(1617—1689),字孝威,号旧山、旧山农、钵叟,泰州(今属江苏)人。康熙十八年邓汉仪亦举博学鸿儒,授内阁中书,归里。著《萧楼集》《淮阴集》《燕台集》《被征集》《慎墨堂笔记》等,生平事迹见《清史稿》卷四八四《文苑》一、《清史列传》卷七一《文苑传》二、《江苏诗征》卷一五〇、《清诗别裁集》卷十二、《全清词钞》卷五等。《西堂杂组三集》卷三有为邓汉仪所作《〈萧楼集〉序》,知其与尤侗应有私交。

潘耒(1646—1708),字次耕,号稼堂,晚号止止居士,吴江(今属江苏)人。举博学鸿儒,授检讨。著《遂初堂诗集》《文集》《别集》《类音》,生平事迹见《清史列传》、《清史稿·文苑传》、《清诗别裁集》卷十二、沈彤《征仕郎翰林院检讨潘先生耒行状》。

陆次云(1636—?),字云士,号北墅,钱塘(今浙江杭州)人。曾官江苏江阴知县,有政绩。有《澄江集》《北墅绪言》《玉山词》等。生平事迹见《清史列传》卷七〇《文苑传》一、《国朝诗人征略》卷一四、《(道光)江阴县志》卷一五、《(民国)杭州府志》卷一四五、《清诗别裁集》卷十五、《全清词钞》卷八。

徐嘉炎(1631—1703),字胜力,号华隐,秀水(今浙江嘉兴)人。副贡,康熙己未召举博学鸿儒,授检讨,官至内阁学士。著《抱经斋诗集》。又有《说经》《谈史》《见闻杂录》等。生平事迹见《清史列传》卷七〇、《清史稿》卷四八九、《国朝先正事略》卷三九、《国朝诗人征略初编》卷一一、《清诗别裁集》卷十二、《全清词钞》卷五。

董俞,字苍水,号樗亭,江南华亭(今上海)人。顺治十七年(1660)举人,康熙十八年举博学鸿儒未中。著《樗亭集》《浮湘集》《度岭集》等,生平事迹见《国朝耆献类征初编》卷四二三、《(光绪)重修华亭县志》卷十六《人物》。

吴雯(1644—1704),字天章,号莲洋、玉溪生,奉天辽阳人,占籍山西蒲州。诸生,康熙十八年举博学鸿儒不遇。著《莲洋集》,生平事迹见《碑传集》卷一三八、《清诗别裁集》卷十四、《全清词钞》卷五。

曹广端字正子,顺天(今属北京)人,官主事。

二月二十三日寒食,独登毗卢阁,怀宋琬、施敬先、陆寿名。

《于京集》卷一《寒食,登毗卢阁二首》,一云:"独登毗卢阁,苍然见帝都。东风作寒食,百草满平芜。"又由"苦忆松阴下,携樽共故人(原注:壬辰清明日,宋荔裳携酒,同施尔恭、陆处实小饮松下,今三子皆已亡矣)"句,可知尤侗此次登毗卢阁,忆及亡友。

三月初一,太和殿御试博学鸿儒。试题为《璿玑玉衡赋》并四六序、《省耕诗》排律二十韵,赐饭体仁阁下。

《康熙实录》卷八〇:"康熙十八年己未三月丙申朔……试内外诸臣荐举博学鸿儒一百四十三人于体仁阁,赐宴,试题《璿玑玉衡赋》《省耕诗》五言排律二十韵。"福格《听雨丛谈》卷四:"己未试题:《璿玑玉衡赋》《御制省耕七(五)言排律诗》二十韵。"赵经达辑《汪尧峰先生年谱》康熙十八年:"奉诏三月初一日考试,是日平明,诸荐举人员一百八十六人齐集太和门,以次鱼贯入诣太和殿前,鸿胪寺唱行九叩头,礼毕,赴东体仁阁下,发题《璿玑玉衡赋》并四六序、《省耕诗》排律二十韵,用黄纸十张写题,放黄帏桌上,跪领题讫,用矮桌列墀下,坐地作文。日中,鸿胪引出,跪听上谕,云:'诸士皆读书博古,当世贤人,朕隆ична有加,遂命光禄授餐,使知敬礼至意。'引上阁设席,诏二品三人陪宴,既毕,叩头谢恩。从容握管,完者先出,未完者命给烛,至漏二下始罢。吏部收卷,翰林院总封,进呈御览。"《西堂杂组三集》卷一《璿玑玉衡赋》、《于京集》卷二《三月朔日,太和殿试,赐饭体仁阁下,恭纪二律》《御试省耕诗二十韵》、王顼龄《己未三月初一日,御试博学鸿儒于太和殿前,赐宴体仁阁下,恭纪》等均为是时所作。

二十九日,榜发。钦取五十人,其中上上卷二十名列一等,侗列二等十一名。

《康熙实录》卷八十:"康熙十八年己未三月……甲子(即三月二十九

日),谕吏部:'荐举到文学人员,已经亲试,其取中:一等彭孙遹、倪灿、张烈、汪霦、乔莱、王顼龄、李因笃、秦松龄、周清原、陈维崧、徐嘉炎、陆葇、冯勖、钱中谐、汪楫、袁佑、朱彝尊、汤斌、汪琬、邱象随;二等李来泰、潘耒、沈珩、施闰章、米汉雯、黄与坚、李铠、徐釚、沈筠、周庆曾、尤侗、范必英、崔如岳、张鸿烈、方象瑛、李澄中、吴元龙、庞垲、毛奇龄、(钱)金甫、吴任臣、陈鸿绩、曹宜溥、毛升芳、曹禾、黎骞、高咏、龙燮、邵吴远、严绳孙,俱著纂修《明史》。''其见任、候补及已仕、未仕各员,作何分别?''授以职衔,其馀:见任者,仍归原任;候补者,仍令候补;未仕者,俱著回籍。'"黄鸿寿《清史纪事本末》卷二十一:"帝见应举者踊跃奔赴,乃大悦,诏户部月给俸禄廪。至是亲试体仁阁,试题《璿玑玉衡赋》《省耕诗》五言排律二十韵。得士五十人:彭孙遹、倪灿、张烈、汪霦、乔莱、王顼龄、李因笃、秦松龄、周清原、陈维崧、徐嘉炎、陆葇、冯勖、钱中谐、汪楫、袁佑、朱彝尊、汤斌、汪琬、邱象随列一等。李来泰、潘耒、沈珩、施闰章、米汉雯、黄与坚、李铠、徐釚、沈筠、周庆曾、尤侗、范必英、崔如岳、张鸿烈、方象瑛、李澄中、吴元龙、庞垲、毛奇龄、钱金甫、吴任臣、陈鸿绩、曹宜溥、毛升芳、曹禾、黎骞、高咏、龙燮、邵吴远、严绳孙列二等。俱授为翰林院官,纂修《明史》。"《己未词科录》载:"上元倪灿、宝应乔莱、长洲汪琬、尤侗、范必英、吴江潘耒、徐釚、华亭王顼龄、吴元龙(长人)、上海钱金甫、太仓黄与坚、无锡秦松龄、严绳孙、武进周清原(浣初)、江阴曹禾、宜兴陈维崧、常熟周庆曾(燕孙)、仪真汪楫、山阳丘象随、张鸿烈(岸斋)、李铠、山东赵执信、浙江朱彝尊、毛奇龄、安徽施闰章、龙燮等在北京应清博学鸿儒试得官,与修《明史》。"毛奇龄《文华殿大学士太子太傅兼刑部尚书易斋冯公年谱》"己未年"条:"时两广平,朝廷征天下文学之士,仿古制科例,名博学鸿儒。……御试赐酒馔优礼,选取五十人,皆授以翰林官,馀高年者间授中书职衔,遣回籍。"吴怀清为李因笃撰《天生先生年谱》:"春三月丙申朔,诏试博学鸿儒于体仁阁……甲子揭晓,先生名列一等第七。"年岁"甲子"后吴怀清还注云"是月二十九日"。汪敬源《续修文清公年谱》:"己未,公(即汪琬)年五十六岁,召试体仁阁下,钦取彭孙遹等五十人,上亲署名,列公甲等。苏府共荐二十人,特授翰林:钱中谐、冯勖、汪琬、尤侗、范义(必)英、周庆曾、潘耒、徐釚;特授中书:朱钟仁;与试未用者八人:黄始、宋实颖、金居敬、叶奕苞……;患病行催不到者一人:蔡方炳;丁忧不到者一人:惠周惕;未试病故者一人:叶舒崇。"

另如王士禛《池北偶谈》卷二、陆以湉《冷庐杂识》卷一、《啁啾漫记》等均载有康熙十八年诏考博学鸿儒事。

四月十五日,圣驾祷雨,赋诗记之。

《于京集》卷二《四月十五日,圣驾祷雨立降,喜成二律限韵》。

《康熙实录》卷八〇:"康熙十八年四月……己卯,上诣天坛祈雨,自西天门步行至祭所……。读祝甫毕,甘霖随降。"

二十日,博学鸿词中式诸翰林到任,二十一日赴史馆。

王绍兰《许郑学庐存稿》卷二《毛西河先生史馆入直图疏证据》。毛奇龄《制科杂录》:"乃择四月二十日到任,各朝服、顶带于钦天监火神庙齐到衙门行礼毕,次日遂赴史馆。"可知诸鸿博翰林于四月二十一日赴史局,杨谦《朱竹垞先生年谱》亦同此载。

二十四日,时逢初度,闻授官信赋诗感怀。

《哀弦集·生日得授官信,口占寄亡妇绝句四首》,其一:"白首君恩拜爵时,泥金无路报卿知。香车一去长遗恨,不作回波欢喜诗。"尤珍《沧湄诗稿补遗》卷一《家大人授官翰林,喜而有感二首》为是时所作。

五月端午,有雨,感怀亡妻。

《哀弦集》之《小重山·午日对雨》。

五月十七日,博学鸿词中式者授官,侗授检讨。

《康熙实录》卷八十一:"康熙十八年五月庚戌,授荐举博学宏词邵吴远为侍读,汤斌、李来泰、施闰章、吴元龙为侍讲;彭孙遹、张烈、汪霦……曹禾为编修;倪灿、李因笃、秦松龄、周清原、陈维崧、徐嘉炎、冯勖、汪楫、朱彝尊、邱象随、潘耒、徐钘、尤侗、范必英、崔如岳、张鸿烈、李澄中、庞垲、毛奇龄、吴任臣、陈鸿绩、曹宜溥、毛升芳、黎骞、高咏、龙燮、严绳孙为检讨。"邵长蘅《青门旅稿》卷一《五月十七日,喜闻诸公同官翰林,赋赠五十韵》序云:"上亲试之,得五十人,悉命官翰林纂修《明史》,盖异数也。"清福格《听雨丛谈》卷四:"尤侗,江南长洲人,拔贡生。降调直隶永平府推官。取二等十一名,用检讨。"

二十六日,上谕《明史》史局总裁为翰林院掌院学士叶方蔼、掌坊张玉书,原翰林院掌院学士徐元文即家起为监修总裁官。

《圣祖实录》卷八一:"康熙十八年五月己未,命内阁学士徐元文为《明史》监修总裁官、掌院学士叶方蔼、右庶子张玉书为总裁官。"丁传靖为张玉书编《张文贞公年谱》康熙十八年己未载："五月,奉敕修明史。"徐元文《含经堂集》卷六《赴监修明史之召途中,简叶䛒庵、张素存二总裁暨史馆诸公四首》,即为由家入京途中所作。

侗列第五班,分纂弘正诸臣列传。

《明史拟稿》卷首自序云:"康熙十八年,诏征博学鸿儒纂修《明史》,与选者五十人,分为五班,自洪武至正德编次亦如之。予班第五,则所纂者弘正时事也。"

七月,李因笃返乡归养,赋诗送之。

《于京集》卷二《送李子德检讨归养二首》、王顼龄《世恩堂诗集》卷六《送李天生归养》。吴怀清为李因笃所作《天生先生年谱》"康熙十八年"条:"夏五月庚戌,诏授检讨,旋乞养,具呈吏部及通政司,皆不纳,不得已冒封事上之,帝鉴其诚,许之,不以违制罪也。"杨谦《朱竹垞先生年谱》"康熙十八年"条:"七月……送李检讨因笃终养。天生入史馆,亟上书陈情,请归养其母。先生饯之慈仁寺,挥涕而别。"

为免臣朔之饥,作《无酒歌》《蔬食歌》《独宿歌》以励志。

《于京集》卷二《无酒歌》《蔬食歌》《又歌》《独宿歌》等皆为此间所作。

秋,宋既庭南归,与诸公别之。

《于京集》卷二《送既庭南还》、彭孙遹《松桂堂全集》卷十八《题既庭〈松风图〉兼送南还》等。其中冯溥《佳山堂诗集·七言律诗》之《送宋既庭》有句"燕市相逢酒重沽,又看秋色罨黄庐",又陈维崧《湖海楼诗集》卷六《宋既庭孝廉余三十年老友也,客岁夏秋间,与余先后被召入都,又同下榻广平夫子寓庐几一载矣。秋日南归,赋五言古诗二十八韵送之》,可知宋既庭乃于秋日回乡。按,《(民国)吴县志》卷六十八《列传六》载宋实颖:"己未以博学宏词召试,罢归。"福格《听雨丛谈》卷四"己未宏词科征士题名"条:"宋实颖,江南长洲人,庚子举人。与试未中。"

七夕,仍寓访濂舍中,时彭孙遹、季式祖前来会饮。

《于京集》卷二《七夕,羡门孚公过访濂寓斋小饮和韵》、又《哀弦集》有《七夕有感二首》、彭孙遹《松桂堂全集》卷十八《七夕分韵》为是时作。由《七夕,羡门孚公过访濂寓斋小饮和韵》语,可推知当时尤侗仍寓彭定求斋中,而彭孙遹则似已搬离。

季式祖,字孚公,泰兴(今属浙江)人,监贡,官浙江钱塘县丞。

七月十五，京城灯火热闹，赋诗以记。

《于京集》卷二《中元即事》："银河斜转玉绳低，秋气萧森万籁齐。天子于时驾白骆，地官此夜放金鸡。焚香并礼上皇诰，燃烛重分太乙藜。又着朝衫骑马去，晓钟正度凤楼西。"

七月二十八日，京师地震。又有人传侗死，遂作诗笑之曰："寄谢世人皆欲杀，於陵仲子独无恙。"忆丙午年事，戏云："这秀才恰两遭也。"

《于京集》卷二《地震纪异》有云："孟秋日庚申，京师地忽动。"《于京集》卷三又有《得家信，人有传予地震死者，戏为作此》："吾比坡公却两遭，人之为言良足惧（原注：丙戌秋客金陵，或传予死）。年过六十生若浮，墓木拱矣复何求。……寄谢众人皆欲杀，於陵子仲犹无恙。"《哀弦集·除服题寄三首》，一云："君死何缘我独生，夜台消息未分明。江南尺土皆无恙，正好长眠莫浪惊（原注：家中有传予地震死者，故及之）。"尤珍《沧湄诗稿》卷二《久不得京信（原注：时有地震之异）》："闭户惊秋早，思亲梦夜阑。雁飞千里急，砧响万家寒。远信逢人问，长途遣使难。庭前风动竹，喜见报平安。"《圣祖实录》卷八四："康熙十八年七月庚申，京师地震。"董含《三冈识略》卷八："己未七月二十八日巳刻，京师地震，自西北起，飞沙扬尘，黑气障空，不见天日，人如坐波浪中，莫不倾跌。未几，四野声如霹雳，鸟兽惊窜。是夜，连震三次，平地坼开数丈。得胜门下裂一沟，水如泉涌。官民震伤，不可胜计，至有全家覆没者。二十九日午刻，又大震。八月初一日子时，复震如前。自后时时簸荡，十三日，震二次。十九至二十一日，大雨三日，衢巷积水成河，民房尽行冲倒。"邵长蘅《青门旅稿》卷一《地震诗效仿昌黎体》有云："岁在己未斗指申，月之廿八朝日暾，京师地震骇厥闻。"彭定求《南畇老人自订年谱》"康熙十八年"条："八月，京师地震。"

中秋，焚香拜月。彭孙遹为《西堂杂组三集》作序。

《于京集》卷二《中秋焚香望月，限韵二首》。《西堂杂组三集》卷首彭羡门之序，末署云："康熙己未中秋，海盐同学年弟彭孙遹拜撰。"

为久留计，移寓斜街。

彭定求《南畇老人自订年谱》载："悔庵先生、羡门叔均捷鸿词科，授职，迁寓。"《于京集》卷二《移寓留别访濂二首》，一云："依栖三百日，暂别亦伤神。"又一云："逆旅方艰食，清秋自索居。"按，尤侗于康熙十七年

(1678)十月十六日左右移居彭访濂处,三百日后搬移,时应值康熙十八年(1679)八月间。

九月,叶封将归黄州,诸公送之。

施闰章《施愚山·诗集》卷四十《叶井叔暂归黄州》:"节近重阳不肯留,黄花苦忆故园秋。"知为九月。《于京集》卷二《送叶井叔归黄州》、陈维崧《湖海楼诗集》卷六《送叶慕庐归黄州》、王顼龄《世恩堂诗集》卷六《送叶慕庐还黄州》、潘耒《遂初堂诗集》卷四《送叶慕庐还黄州》、彭孙遹《松桂堂全集》卷十八《送叶慕庐归黄州,即用夏日闲居元韵》、叶方蔼《叶文敏公集》卷十三《送慕庐兄归楚》、王士禛《渔洋续集》卷十五《送叶井叔归楚》等均为时作。

叶封(1623—1687),字井叔,号慕庐,别号退翁,湖北黄陂人,世籍浙江嘉兴。顺治十六年(1659)进士,除延平推官,改河南登封知县,旋迁西城兵马司指挥,后以博学鸿词迁工部主事,未上而卒。著有《慕庐集》《嵩山志》《嵩阳石刻记》。生平事迹见《(光绪)黄州府志》卷十九《文苑》、《清史列传》卷七〇《文苑传》一等。

徐乾学为《西堂杂组三集》题序。

《西堂杂组》卷首有徐乾学序,末署:"康熙十八年菊月,年家同学弟徐乾学题于阊门舟次。"

九月十九日,亡妻周忌,赋诗遣怀。

《哀弦集·九月十九日,亡妇周忌,述怀哀三首》,一云:"岁月忽如坠,羁旅愁飞翻。朝看白露滋,暮已青霜繁(原注:是日霜降)。伊人逝一载,音容邈何存。昔为参与昂,今为辰与昏。辰昏不相见,幽明并衔冤。块然坐一室,私恸声还吞。失我岁寒友,重裘岂能温。谁劝加餐食,多病废饔飧。望空遥设祭,想象临芳樽。庶杖慈悲力,钟鼓招灵魂。"

深秋,徐元文至京。

《于京集》卷三《喜徐立斋学士至京二首》,其一:"不过经年别,迢遥便觉疏。红尘方迟尔,白发转愁予。重直西清席,偕披东观书。相逢亟问讯,几日食无鱼。"徐元文《含经堂集》卷七《入都日,恭诣后左门奏闻,蒙遣近侍传慰赐茶》有"三阶澄早旭,万户肃秋旻"句,可知时乃秋日。

弥壑禅师至京,侗赋诗赠之。

李澄中《白云村文集》卷三《法王寺弥壑禅师塔铭》:"己未秋,宫詹沈文恪公邀至京师延寿寺,大学士冯公闻帅名,复延至长椿寺。"《于京集》卷三《赠瀰壑禅师二首》有"偈来说法长安道,朔雪寒风天雨花"句。

弥壑(1636—1684),原名行澧,浙江宁海人。为神宗五派中临济宗第三十二世法祖,著有《英华集》。

十月五日立冬,赴太和殿早朝。

《于京集》卷三《立冬日,太和殿早朝,用杜紫宸殿韵》。《圣祖实录》:"康熙十八年十月,丙寅,上御太和殿视朝,文武升转各官谢恩。"

寄诗高辅辰,述怀。

《于京集》卷三《寄怀高二亮》:"二十年前孤竹城,独骑匹马踏莎行。……因风问讯謦牙叟,新按琵琶第几声。"

十月十六日除服,赋诗感怀。

《哀弦集·除服题寄三首》。同卷前《九月十九日,亡妇周忌,述怀哀三首》有注云:"予闻讣在十月十六日,故未除服。"可知乃于是年十月十六日始除服。

曾作诗《家在江南杨柳村》,时忽感梦,请梅庚图之,京师诸公纷纷赋诗和焉。

《于京集》卷三《题画二首》序云:"予岁朝作诗,有'家在江南杨柳村'之句,盖思归也。羁旅经年,忽忽入梦,因乞梅子耦长图之,以代卧游。题二断句,贻诸公属和焉。"诗一云:"家在江南杨柳村,临池更有水哉轩。可怜庾信空萧瑟,独向长安梦小园。"又一云:"家在江南杨柳村,画图极目暗销魂。烦君添上凌风舸,一叶蒲帆直到门。"诗后有梅庚、施闰章、王士禛、汪琬、彭孙遹、陈维崧、毛奇龄、黄与坚、彭定求、倪粲、汪懋麟等附和诗。

梅庚(1640—1716),字耦长,一字子长,号雪坪、听山居士,江南宣城(今属安徽)人。康熙二十年(1681)举江南乡试,后任浙江泰顺知县。著《知我录》《天逸阁集》《玉笥游草》《吴市吟》。生平事迹见《清史列传》卷七〇《文苑传》一本传、郑方坤《本朝名家诗钞小传》卷三、《国朝诗人征略初编》卷九、《清诗别裁集》卷十三、《清画家诗史》乙上等。

时近岁暮,患肺病。十一月十九日冬至,夜赋诗感怀。

《于京集》卷三《至夜旅怀和韵二首》,一云"沍寒最苦逼衰年,肺病偏怜内火然",又云"韶光易老惟残岁,贫病相宜是故乡"。同卷三其后《岁暮杂诗四首》有云"衰年苦病肺,摊书不能读"。知时患肺病殊重。

二十七日，曹尔堪卒，年六十三。

　　施闰章《施愚山文集》卷十九《翰林院侍讲学士曹公顾庵墓志铭》。《于京集》卷三《哭曹顾庵学士二首》，一云："万里天寒谁赋鹏，百年客散不留髡。同归更有龙眠老，长夜相逢倾几樽（原注：予语愚山：'吾辈此时正如酒阑歌罢，宾客各散，但散有迟速耳。'）。"

十二月，太和殿遇火。

　　《圣祖实录》："康熙十八年十二月，甲子，太和殿灾。"彭定求《南畇老人自订年谱》："十二月，太和殿火。"

除夕，与彭定求共度。再哭亡妇。

　　《于京集》卷三《己未除夕二首》，一云："再度京华岁又阑，他乡亲旧暂盘桓。三千里外都为客，六十馀年焉用官。"彭定求《南畇老人自订年谱》康熙十八年载是年作有《除夕归兴诗》。彭定求是尤侗之旧友，又是儿女亲家，此"亲旧"即应指访濂。《哀弦集·除夕，再哭亡妇六首》亦有"亲旧相逢且尽杯，思君独夜怅徘徊"句，可证之。

是年，书坊刻《西堂杂组三集》。珍女淑嘉生。

康熙十九年　庚申（1680）　六十三岁

正月，彭定求以病乞假归省。

　　《于京集》卷三《重忆江南早梅，和访濂韵四首》，一云："他年同上朝元阁，峭紧芒鞋第一机（原注：时访濂将归省朝元阁元墓看梅处）。"同卷三《送彭修撰归省》："凭托南鸿与问讯，苕溪春水近如何。"彭定求《南畇老人自订年谱》"康熙十九年"条："正月，以病乞假，八月旋里。"

春，忆江南早梅，赋诗记之。

　　《于京集》卷三《重忆江南早梅，和访濂韵四首》。

三月三十日，感丁巳聚会赋诗。

　　《于京集》卷三《三月正当三十日，和贾岛韵十首》，一云："三月正当三十日，水哉亭子记前身。故园杨柳应无恙，啼尽黄鹂自送春（原注：丁巳是日与诸公宴集赋诗，亦用此句首倡）。"又一云："三月正当三十日，萧骚白发异乡身。不知明月高楼上，丝管谁歌子夜春。"

四月,廷试阅卷,取松江贡生顾建。

《悔庵年谱》卷下。

五月初五,黄周星于南浔投水而死,年七十。

孙枝蔚《溉堂后集》卷三《闻黄九烟自投水死,哀且异之,赋二诗记其事》:"(黄周星)年七十,泛舟浙东,披发长啸,自沉水死。"《国朝耆献类征》卷四七三汪有典撰黄周星传云:"(九烟)年七十,忽感怆伤心,仰天叹曰:'嘻!而今不可以死乎?'自撰《墓志》……与妻孥诀,取酒纵饮尽数斗,大醉,自沉于水,时庚申五月五日也。"另万言《管村文集》卷二《黄周星传》、陈鼎《留溪外传》卷五《笑苍老子传》等亦载有黄周星卒事,不过陈鼎《笑苍老子传》中云九烟卒年"七十三",与前豹人、汪有典所云"七十"不同,以豹人与九烟同时,且依"七十"之说。蒋寅《王渔洋事迹征略》对此亦有载述。

六月十九日,瑞儿以病卒于家,年仅二十八岁。七月十七日,始接讣音,歔然哭之。

《哀弦集后·哭瑞儿文》:"维康熙十九年六月十九日,吾儿瑞以病卒于家。至七月十七日,珍儿以讣音至,汝父闻之,一恸几绝。既守职不得归,越五日,乃遣人回,以酒饭奠汝,勉叙一言。告于吾儿之灵曰:'呜呼,痛哉,儿何死也!'儿生二十八年,今思之犹昨日也。"《艮斋倦稿诗集》卷五《题伤弦稿三首》序:"越庚申,又夭我瑞儿,哀复加焉,亦有哭子诗文续后。"《哀弦集后》有《哭瑞儿诗二十首》、尤珍《沧湄诗稿》卷一《哭亡弟弘璧二首》均为哭悼之作,尤珍《沧湄年谱》"康熙十九年"条对尤瑞卒事亦有记。

六月二十七日,五弟尤俊以疾卒于家,享年五十二岁,闻讣更添伤感。

《西堂杂组三集》卷八《祭二兄五弟文》:"康熙十九年六月二十七日,五弟伊士以病卒于家。"《哀弦集后·复闻五弟讣信哭之四首》,一云:"每因家事借踌躇,犹听亡儿问起居。素日知医翻不治,枕中应火禁方书(原注:弟近为儿辈检校家事,儿未亡时,数往问疾,又尝学医,乃以小恙不起。)。"

过翰林院刘井柯亭,有感赋诗,徐釚等和之。

《于京集》卷三《刘井柯亭二首》序云:"翰林院中旧有柯亭刘井,井为刘文安定之所凿,柯学士潜手植二柏,造瀛州亭以临之,李西涯诗所云'我行树下日千匝'是也。今遗迹尚存,而其人已往,予过之,慨然有感,为二

八月十一日,亡妻曹令生日,赋诗感悼。

《哀弦集后·八月十一日,亡妇生忌,正六十矣,感成二绝》。

十八日,亡儿尤瑞生辰,悼之。

《哀弦集后·八月十八日,亡儿生忌,又悼二绝》。

月末,康熙赐诸臣鲜藕。

《于京集》卷三《赐藕恭纪(原注:八月晦日)》:"碧藕如船太液池,侍臣分赐折琼枝。生成天上玲珑骨,拔出泥中冰雪姿。蓬馆携来秋色里,草堂批向晚凉时。君恩欲解相如渴,引起羁人万缕丝。"

九月,叶方蔼题翰林院壁,众人赋诗以和。

叶方蔼《叶文敏公集》卷十三《题翰林院壁,用东坡清虚堂韵》、《于京集》卷三《叶院长先生和东坡清虚堂诗,题翰林院次韵》,中有"瞥见玉树飞霜葩"句,按,是年霜降于九月一日,知时很可能为九月间。又冯溥《佳山堂诗集·七言古诗》之《和叶讱庵尚书翰林院题壁之作》、彭孙遹《松桂堂全集》卷十九《和院长叶夫子题翰林院壁,用东坡清虚堂韵》、陈维崧《湖海楼诗集》卷七《恭和掌院叶讱庵先生题翰林院壁,次东坡清虚堂韵》、徐嘉炎《抱经斋诗集》卷六《掌院讱庵夫子见示题院壁诗,用东坡清虚堂韵,同诸子作》等均为是作。

翰林院新修,赋诗记之。

《于京集》卷三《旧翰林院新修再次一首》,有云:"长安索米一无有,街头九月卖黄花。"知时为九月。此诗于和叶方蔼诗后,又可推知和叶诗当作于九月间。

十月初五,二兄尤价卒,春秋六十七,侄儿自英回乡奔丧。

《西堂杂组三集》卷八《祭二兄五弟文》:"康熙十九年……十月初五日,介人二兄复病殁。"《哀弦集后·十月闻二兄讣,哭之五首》,一云:"送汝奔丧起戴星,临岐执手痛难胜。翻思旧日伤心事,一样西风满地冰(原注:送英侄奔丧,前岁珍儿归亦十月也)。"

高珩归淄川,与诸公赋诗送之。

《圣祖实录》卷九二:"康熙十九年十月,刑部右侍郎高珩以老乞休,允之。"《于京集》卷三《送高念东侍郎归淄川》、冯溥《佳山堂诗集·七言古诗》之《长歌赠高念东》、王士禛《渔洋续集》卷十三《送念东先生予告还山八首》《再送念东先生八首》、施闰章《施愚山集·诗集》卷五十《送高少司寇念东先生归淄川八首》、陈维崧《湖海楼诗集》卷七《题文衡山雪景，送少司寇高念东先生还淄川》、徐釚《南州草堂集》卷八《题文待诏雪景，送高念东侍郎归淄川》、宋荦《西陂类稿》卷三《奉送高念东先生予告还山六首》、徐嘉炎《抱经斋诗集》卷十《送高念东少宰还山二首》等均为此时所作。

十二月，有人贻赠滦鲫，感而赋诗。

《于京集》卷四《有贻滦鲫者，书二绝句》一云："偏凉汀下钓台边，日饱鲜鳞不用钱。此日长安转弹铗，何如早趁打渔船。"由于《于京集》卷四收自庚申十二月至壬戌三月止诗，而此诗后有《庚申除夕》，故可知为十二月间事。

满洲人司业达鼐延至家读书甫，浃月乃辞。

《悔庵年谱》卷下。

是年，将军王进宝、提督赵良栋率师平蜀上露布叛乱。作《平蜀颂》进呈，同进者数十人，康熙指侗名谓"库叶二学士"，又曰"此老名士也"。

《圣祖实录》卷八八。《悔庵年谱》卷下。《西堂杂组三集》卷二《平蜀颂》、彭孙遹《松桂堂全集》卷三十六《平蜀颂》、《皇清文颖》卷三十三翁叔元《平蜀颂》、徐釚《南州草堂集》卷十七《平蜀颂》、潘耒《遂初堂文集》卷一《平蜀赋》、徐元文《含经堂集》卷七《平蜀志喜四首》、徐嘉炎《抱经斋诗集》卷一《平蜀雅诗十五首》等等均为是时所作。按，康熙帝对尤侗此二赞谓，很可能源自于尤侗创作了《清平调》《读离骚》二杂剧，不过若真是如此，又可知尤侗戏曲的流传之广及其剧坛名声之大，以至流传于禁内。

康熙二十年　辛酉（1681）　六十四岁

元旦，作《静》《敬》二箴自勖。

《西堂杂组三集》卷七《静箴》《敬箴》、《于京集》卷四《辛酉元旦》皆为此日所作。

陈维崧妻储氏于去年冬十二月六日卒于家，二月讣闻始至京。

《西堂杂组三集》卷八《陈孺人诔》序云："康熙十有九年十二月六日，吾友陈其年太史夫人储氏以疾卒于家，明年正月讣至京，太史为位邸次，哭之恸。凡同人之在长安者,无不吊也。"陈维崧《湖海楼文集》卷六《赠孺人储氏行略》:"呜呼,余安忍叙述吾妻之遗事哉?自二月闻讣以来,白昼则憯然中恶意忽忽有所亡……妻生甲子九月初六日酉时,卒康熙庚申十二月初六日丑时,享年五十有七。"关于储氏讣闻至京时间,尤侗诔文云为"正月",陈维崧自云为"二月",且依陈维崧云。

汪琬南归,赠诗送之。

《于京集》卷四《送汪钝翁南归七首》、汪琬《钝翁续稿》卷五《北游诗》末有《留别四首》。赵经达辑《汪尧峰先生年谱》:"康熙二十年辛酉五十八岁,二月请告南归,连遇大风,舟行甚迟……抵家有《南归诗稿》。"证实汪琬南归是在二月,由此,尤侗送别诗云"三月桃花夹菜花,小园樱笋佐新茶。搔头却向长安笑,不见东华十丈沙",当为设想钝翁回乡后的情形。

十九日,仁孝皇后、孝昭皇后两宫大葬,送至沙河。

《圣祖实录》卷九四:"康熙二十年二月癸卯,仁孝皇后、孝昭皇后梓宫启行,上亲临送,王以下满汉官员及公主、王妃以下大臣命妇以上俱齐集,举哀跪送。"《于京集》卷四《恭送仁孝皇后、孝昭皇后两宫大葬,拟挽歌四首》、韩菼《有怀堂文稿》卷八《恭拟仁孝皇后谥册文》《恭拟孝昭皇后谥册文》、陈廷敬《午亭集》卷二十一《孝昭皇后挽词四章》、徐嘉炎《抱经斋诗集》卷八《辛酉仲春,同同馆诸公过沙河,恭送仁孝、孝昭二皇后殡,即事二首》等均为是时作。

三月末,同汪懋麟游王熙怡园,小饮,感念文贞公王崇简。

《于京集》卷四《宛平公怡园同汪蛟门携樽小饮四首》,一云:"陶陶当首夏,景物并清嘉。日晚朱帘卷,风低白袷斜。轻雷起鹈垤,细雨落楸花。濠濮何须羡,蓬壶别一家。"又一云:"谢傅东山日,琴书聊自怡。夔龙卧丘壑,鱼鸟上阶墀。……永怀先德在,乔木世臣遗(原注:感念文贞公也)。"诗后有《三月正当三十日》,可推知时为三月间事。

三月三十日,和汪懋麟诗志感。

《于京集》卷四《三月正当三十日》:"三月正当三十日,春风已去十三天。家乡疑望蓬莱岛,客梦如游混沌年。秃笔残书新活计,落花啼鸟旧因缘。那能暂贳东涞酒,一醉西山绿草边。"按,是年三月十八日立夏,故有"春风已去十三天"云云。同卷四《是日和蛟门漫兴诗六首》,一云:"辋川同作秀才诗,我比汪伦拙复迟。万事销磨庄化蝶,一生惆怅墨悲丝。每思濠上倏鱼乐,正合山梁雌雉时。吟罢举杯还自罚,短笺聊报故人知。"

四月,廷试阅卷,取建宁贡生郑文炜。

《悔庵年谱》卷下。

五月五日,有感赋诗。

《于京集》卷四《午日》:"明朝夏至长如许,赌罢围棋日未斜。"按,是年五月六日夏至,故有"明朝夏至"一说。

七月二十一日,康熙御瀛台,召满汉诸臣,泛舟赐宴,颁彩币,赐藕。

《圣祖实录》卷九六:"康熙二十年七月壬申,召大学士以下各部、院衙门员外郎以上官员至瀛台,命内大臣佟国维等传谕,曰:'内阁及部、院各衙门诸臣,比年以来,办事勤劳,今特召集尔等赐宴。因朕方驻瀛台,即以太液池中鱼、藕等物赐诸臣共食之,又赐彩缎表里。'大学士率诸臣叩谢,各依次坐。上命内大臣等以金尊(樽)赐饮一巡,宴毕,诸臣各谢恩出。"《年谱图诗》之《瀛台赐宴图》:"长安七月秋风起,清露晨流暮云紫。龙葱佳气满皇州,瀛台如在青天里。宫监初开西苑门,御庖已设大山樽。诏命百僚鱼贯入,词臣大小尽承恩。"又《于京集》卷四《七月二十一日,上御瀛台,召满汉诸臣,泛舟赐宴,兼颁彩币有差。宴毕,仍赐莲藕,恭纪诗三十首》、宋荦《西陂类稿》卷三《康熙二十年七月二十一日,上御瀛台,召满汉诸臣,泛舟赐宴,兼颁彩币有差。宴毕,仍赐菱藕,纪恩二十韵》等均载此事。

方象瑛妻吴孺人先于五月亡于京邸,八月其子亦亡,侗文以哀吊。

《西堂杂组三集》卷六《吴孺人传》:"戊午九月,丧我孺人曹氏,予哭之,于今三年,哀未忘也。……吾年友方子渭仁,今年五月,吴孺人卒京邸。先时,次君引禩往祥符,就婚于毛氏,八月中忽焉病亡,尚未闻母讣也。……予两人者,相吊也思,所以相慰者不可得。于是,方子出孺人行述示予,命作传。"

方象瑛(1632—?),字渭仁,号霞庄,遂安(今属浙江)人。康熙六年(1667)进士,官中书,康熙十八年举博学鸿儒,授编修。著《健松斋集》。生平事迹见《清史列传·毛际可传》后附、《清诗别裁集》卷九、《(民国)杭州府志》卷一七〇。

中秋,作《贺新郎》词悼亡妻,陈维崧和之。

《百末词》卷五《贺新郎·中秋再和》。陈维崧《迦陵词全集》卷二十八亦有悼亡词《贺新郎》,题下自注:"中秋感怀,和尤悔庵原韵。"

九月十九日,亡妻曹氏三周年忌,赋诗记之。时珍儿已北上。

《于京集》卷四《亡妻三周,志感三首》,一云:"累咽重欷悲复悲,哭残弱妇哭娇儿。香车远去何多日,玉树生埋又几时?白发长衔离别泪,青山未买送归词。关河迢递风霜冷,盼断征鞍落日迟(原注:时大儿北上)。"

十月初一,自序《拟明史乐府》。

《西堂诗集·拟明史乐府》卷首序末注云:"康熙辛酉良月朔日。"

十月间,珍儿以应会试抵京,省于旅邸,悲喜交集。

尤珍《沧湄年谱》康熙二十年。尤珍《沧湄诗稿补遗》卷一《北上述怀二首》,一云:"三年怀抱几曾开,不断新愁接旧哀。"又一云:"麻衣初卸泪沾裾,又束征衫上计书。"《于京集》卷四《喜珍儿至京三首》一云:"三年离别各天涯,千里羁栖老岁华。塞北雁飞吴市月,江南人梦帝城花。相逢触目容颜改,重话伤心涕泪赊。白发可怜骨肉在,风尘回首久无家。"知侗父子三年后乃相见。

彭孙遹得子,祝之。

《百末词》卷四《念奴娇·羡门五十一岁,夫人四十九岁,十月得子,名曰"百龄",是可贺也,调百字令》。按,彭孙遹生于崇祯辛未(1631)年,故可知其五十一岁生子当于康熙辛酉(1681)年,与尤侗词题所云相合。

十一月,大将军贝子章泰、绥远将军总督蔡毓荣等率师攻云南,平吴世璠叛。康熙帝大喜,谒世祖陵告成功,颁诏大赦天下,覃恩封赠诸臣。侗父瀹得赠征仕郎翰林院检讨,母郑氏得赠太孺人,妻曹令得赠孺人。

《圣祖实录》卷九八。《西堂杂组三集》卷二、毛奇龄《西河集》卷一均有《平滇颂》,《皇清文颖》卷三十三有徐乾学和孙在丰《平滇颂》、徐釚《南州草堂集》卷十七《平滇雅》、陈廷敬《午亭集》卷一《献平滇雅表》《平滇雅》、潘耒《遂初堂文集》卷一《平滇赋》、徐嘉炎《抱经斋诗集》卷一《荡平滇黔,恭进铙歌鼓吹曲十四首》、王士禛《渔洋续集》卷十四《十一月十八日纪事》、陈维崧《迦陵文集》卷二《平滇颂》等,均乃是时作。《西堂杂组三集》卷七《先考远公府君暨先妣郑氏行述》:"会遇皇上二十年荡平,覃恩得赠侗父瀹为征仕郎翰林院检讨,故母郑氏为孺人,侗感激荣哀……"尤珍《沧湄年谱》"康熙二十年"条:"是时,云南荡平,先大人恭遇覃恩,授征仕郎,先王父赠征仕郎翰林院检讨,先王母、先母俱赠孺人。"尤珍《沧湄文稿》卷五《拟上以滇南荡平恭进太皇太后皇太后徽号大赦天下群臣贺表》亦为是时所作。

冬日,应冯溥相国之邀往长椿寺,请弥壑禅师传戒,弥壑出其《西林语录》示之。

《西堂杂组三集》卷四《〈西林语录〉序》:"近应益都相公之请,说戒长椿,与数晨夕,出所著《语录》示予。"又《于京集》卷四《奉陪益都公长椿寺,请瀰壑禅师传戒,敬和原韵》有云:"凤城深处奈园开,毒鼓逢逢上讲台。十笏地随居士住,七条衣待相公来。观空始见真修业,说偈还推老辨才。正是檀林雪霁后,天花散满不须栽。"知时为冬日。

冯溥(1609—1691),字孔博,号易斋,山东益都人。顺治四年(1647)进士,授编修,后累擢至文华殿大学士,卒谥文毅。好奖掖后进,多与名士才子来往。康熙十八年召试博学鸿儒,与叶方蔼、李霨及杜臻四人为阅卷官,得门人最盛。著《佳山堂集》。生平事迹见《清史列传》本传、《清诗别裁集》卷二、毛奇龄《文华殿大学士太子太傅兼刑部尚书易斋冯公年谱》等。

吴兆骞自关外至京师。

《于京集》卷四《吴汉槎自塞外归,喜赠二首》、王士禛《渔洋精华录》卷九《和徐健庵宫赞喜吴汉槎入关之作》、冯溥《佳山堂诗集·七言律诗》之《喜吴汉槎至都赋赠》、宋荦《西陂类稿》卷六《吴汉槎归自塞外,邀同王阮亭祭酒、毛会侯大令、钱介维小集,作歌以赠,用东坡海市诗韵》、徐元文《含经堂集》卷七《吴汉槎自塞外还,次家大兄韵二首》、徐釚《南州草堂集》卷八《喜汉槎入关,和健庵叔韵》、潘耒《遂初堂诗集》卷四《汉槎表兄归自塞外,次韵志喜二首》、陈维崧《湖海楼诗集》卷八《喜汉槎入关,和健庵先生原韵》、叶方蔼《叶文敏公集》卷十三《吴孝廉归自塞外》、王顼龄《世恩堂诗集》卷七《喜吴汉槎入关和韵》等均为时作。

十二月初一,自序《外国竹枝词》。

《西堂诗集·外国竹枝词》卷首自序末注:"康熙辛酉腊月朔日。"

十二月廿八日,房兄尤承献卒,年八十。

《艮斋倦稿文集》卷八《先兄尔钦墓志铭》:"兄讳承献,字尔钦,生前万历壬寅正月十四日丑时,卒康熙辛酉十二月廿八日亥时,享年八十。"

王国玺知景州,来函问讯,并以《月将堂近草》索序。

《西堂杂组三集》卷四《〈月将堂近草〉序》:"今年辛酉,王子官于景州,邮书问讯,并所为《月将堂近草》而索予序。"

《(民国)景县志》卷十一:"王国玺,闽县举人,(康熙)二十年任(景县知州)。"

除夕,与珍儿守岁。

《于京集》卷四《辛酉除夕,同珍儿守岁,用"除"字韵二首》云:"急景匆匆岁又除,羁愁四载暂眉舒。已无灯火追围坐,且共杯盘慰倚闾。"按,尤侗于康熙十七年六月离家进京,距时康熙二十年年末将近四年,与诗中所云"羁愁四载"合。

王士祜卒。

康熙二十一年　壬戌(1682)　六十五岁

元旦朝贺,赐庆成宴。

《圣祖实录》卷一〇〇。《于京集》卷四《壬戌元旦,朝贺赐宴恭纪,用"元"字韵》、徐元文《含经堂集》卷七《壬戌元日,早朝赐百官宴恭纪》等作于是时。

二月,康熙帝往盛京告祭太祖、太宗二陵。

《圣祖实录》卷一〇一。《于京集》卷五《大驾谒陵恭纪二首》纪事、尤珍《沧湄诗稿》卷三《圣驾谒陵恭赋二首》。

大学士张英(敦复)将给假归葬,与诸公赋诗赠之。

《于京集》卷四《送张敦复学士给假归葬二首》,一云:"十载西清直,君恩许暂归。蓟门青草发,江路白云飞。"又一云:"天子朝陵寝,先生返墓庐。九重推孝思,三径幸休居。"张英回乡值康熙帝谒陵,那么时亦应为二月间。另冯溥《佳山堂诗集·七言律诗》之《送张敦复学士给假归葬》、李澄中《卧象山房诗集》卷二十二《赠学士张敦复先生假归枞阳》、王顼龄《世恩堂诗集》卷七《送学士张敦复前辈给假葬亲》等均为送别之作。

张英(1637—1708),字敦复,号乐圃,谥文端,桐城(今属安徽)人。康熙六年(1667)进士,由编修累官文华殿大学士、兼礼部尚书。著《恒产琐言》《笃素堂诗文集》,生平事迹见《国朝耆献类征初编》卷九等。

三月三日,与诸公禊集冯溥相国万柳堂。

《于京集》卷四《上巳万柳堂禊饮,和益都公原倡二首》、冯溥《佳山堂诗集・七言律诗》之《三月三日,万柳堂雅集》、陈维崧《湖海楼诗集》卷八《和益都冯夫子禊日游万柳堂原韵》、施闰章《学馀堂诗集》卷四十二《三月三日,集万柳堂,奉和冯相国原韵二首》、徐釚《南州草堂集》卷八《上巳,万柳堂修禊,和益都公韵二首》、潘耒《遂初堂诗集》卷四《上巳修禊应制》、徐嘉炎《抱经斋诗集》卷十《壬戌上巳,万柳堂重修禊事,和益都夫子韵二首》、李澄中《卧象山房诗集》卷二十二《上巳,相国冯公招饮万柳堂次韵》、张远《梅庄集・五律》之《上巳万柳堂冯太夫子限韵》等皆为时作。

会试,尤珍获隽,吴谌下第。因太和门工未竣,延至九月初一始殿试。

《明清进士题名碑录》。尤珍《沧湄年谱》"康熙二十一年"条:"予三十六岁,会试中式第一百九十一名。"尤珍《沧湄诗稿》卷三《送慎旃下第南归二首》,一云:"皎皎白驹不可留,河梁更上木兰舟。江湖到处烟波阔,好趁归帆汗漫游。"

四月廷试阅卷,取黟县举人吴鹗、海盐贡生彭迪曾。

《悔庵年谱》卷下。

十四日,礼部遣使往封琉球国王,检讨汪楫任正使,中书舍人林麟焻任副使,诸公赋诗送之。

《圣祖实录》卷一〇二:"康熙二十一年四月辛卯,命翰林院检讨汪楫为正使,内阁中书舍人林麟焻为副使,往封琉球国世子尚贞为琉球国中山王。"《于京集》卷五《送汪舟次检讨使琉球四十韵》、冯溥《佳山堂诗集・七言律诗》之《送汪舟次奉使册封琉球国王》《送林玉岩副使册封琉球国王》、王士禛《渔洋精华录》卷九《送汪舟次检讨林石来舍人奉使琉球四首》、韩菼《有怀堂诗稿》卷一《送林舍人使流求》、施闰章《学馀堂诗集》卷二十三《送汪舟次检讨册封琉球》、陈廷敬《午亭集》卷二十三《送汪舟次使流求》、彭孙遹《松桂堂全集》卷二十一《送汪舟次出使琉球》《送林石来使琉球》、徐釚《南州草堂集》卷九《送汪舟次同年奉使琉球二首》、孙枝蔚《溉堂后集》卷四《送汪舟次册封琉球二首》、徐元文《含经堂集》卷八《送汪舟次使琉球》、汪琬《钝翁续稿》卷八《送宗人舟次出使流求》、顾汧《凤池园诗集》卷二《送汪检讨舟次林中翰石来册封琉球》、潘耒《遂初堂诗集》卷四《送同年汪舟次奉使琉球》、徐嘉炎《抱经斋诗集》卷六《送别汪悔斋同年出使琉球》、李澄中《卧象山房诗集》卷二十二《送汪舟次检讨出使琉球》、胡会恩《清芬堂存稿》卷一《送汪悔斋检讨奉使琉球二十韵》、张远《梅庄集・五律》之《汪太史册封琉球》、庞垲《丛碧山房诗初集·翰苑稿》卷七《送汪舟次太史奉命册封琉球世子》、王顼龄《世恩堂诗集》卷七《送汪舟次册封琉球》、宗元鼎《宗定九新柳堂集》卷二《送汪舟次翰林册封琉球国歌》等均为此时所作。

林麟焻(1646—?),字石来,号玉岩,福建莆田人。康熙九年(1670)进士,授中书舍人。曾偕检讨汪楫奉使册封琉球,官至贵州提学道佥事。有《玉岩诗集》《竹香词》等。生平事迹见《清史列传》卷七〇、《国朝诗人征略初编》卷八、《(民国)莆田县志》卷三十、《全清词钞》卷四。

汪楫(1636—1699),字舟次,号悔斋,原籍安徽休宁,江苏江都(今扬州)人。以岁贡署赣榆训导,康熙十八年举鸿博,授检讨,充册封琉球正使,仕至福建布政使。著《悔斋集》,生平事迹见《清史列传·文苑》本传等。

五月七日,陈维崧卒于京,作诗哭之。

陈维崧《迦陵词全集》卷十《愁春未醒·墙外丁香花盛开感赋》后陈宗石跋对陈维崧卒事有载。另《于京集》卷五《哭陈其年二首》、《西堂杂组三集》卷八《公祭陈其年检讨文》、冯溥《佳山堂诗集·七言律诗》之《挽陈其年》、徐乾学《憺园文集》卷二九《陈检讨志铭》、王士禛《渔洋续集》卷十五《挽陈其年检讨》、李澄中《卧象山房诗集》卷二十二《哭陈其年检讨》、洪昇《稗畦集·哭陈其年检讨》、庞垲《丛碧山房诗初集·翰苑稿》卷七《哭陈其年检讨》、张远《梅庄集·五律》之《挽陈太史维崧》等均为悼陈维崧亡所作。

五月下旬,尤珍自序《晬示录》。

尤珍《沧湄文稿》卷三《晬示录小序》末署云:"时壬戌夏五下澣,尤珍识于京邸。"

六月,四弟尤佺逝。

《悔庵年谱》卷下言尤佺卒于六月,然《尤氏苏常镇宗谱》卷十二《苏郡蓹门支》载佺"卒康熙壬戌七月十二日",二者相抵牾。按,佺乃侗亲弟,故其卒日当以侗记为准,时为六月。

六月上旬,尤珍作《晬示录后序》。

尤珍《沧湄文稿》卷三《〈晬示录〉后序》末署:"时六月上瀚,珍又识。"

长安闲居无聊,作《苦忆》诗。

《于京集》卷五《苦忆二首》为是时所作,《艮斋倦稿诗集》卷二(丙寅诗)又有《自和苦忆诗四首》:"壬戌之夏,予在长安作《苦忆诗二首》。《苦忆二首》其一云:"苦忆水哉亭上坐,披襟散发纳凉时。轻雷送雨鸣荷盖,细浪迎风卷柳丝。蟹眼乍烹棋罢局,鸡头初剥酒盈卮。隔墙又听儿童笑,来报梧桐月满枝。"其二云:"而今老向长安道,矮屋三间入瓮时。门外马蹄尘似粪,案头蝇脚墨成丝。朝回有客投名刺,病后无钱却酒卮。长日只堪高枕卧,梦随蝴蝶绕南枝。"尤珍《沧湄诗稿》卷三《家大人忆水哉轩,次韵二首》,其一云:"忆昔林居常避暑,窥园不废下帷时。蝉依古柳吟风叶,鱼戏新荷淰雨丝。昼永摊书频试茗,晚凉觅句正衔卮。更逢八月秋花发,丛桂庭前香满枝。"

七月,徐乾学任《明史》总裁官。

《圣祖实录》卷一〇三:"康熙二十一年七月壬申,以左赞善徐乾学充纂修《明史》总裁官。"

八月二十六日,相国冯溥将致仕返归益都,诸公宴集于万柳堂送之。

《圣祖实录》卷一〇三:"康熙二十一年六月甲辰,文华殿大学士冯溥以老乞休,得旨:'卿辅弼重臣,端敏练达,简任机务,效力有年,勤劳素著,依毗方殷,览奏以年迈请休,情词恳切,准以原官致仕。'"毛奇龄《文华殿大学士太子太傅兼刑部尚书易斋冯公年谱》:"康熙二十一年八月廿六日,御笔又印章一方,上勒'适志东山'四字,又墨刻《昇平嘉宴诗》一册……上遣中书舍人罗映台护送到家,京朝官数百人同饯之彰义门外,祖帐相望十馀里,京城小民有牵市泣下者。"冯溥《佳山堂诗集·七言律诗》之《致仕将归,诸同人置酒万柳堂话别,漫题二律》和《五言古诗》之《赠别己未诸子》、《于京集》卷五《万柳堂宴集,益都公席上留别,奉和二首》、朱彝尊《曝书亭集》卷十二《送益都冯先生集万柳堂,次韵二首》、毛奇龄《西河集》卷一八三《同朝士饯益都夫子于万柳堂,即席和夫子留别原韵》、彭孙遹《松桂堂全集》卷二十一《奉和冯益都夫子秋日讌集万柳堂,即席留别之作》、徐釚《南州草堂集》卷八《奉送益都公致政归里四首》、徐元文《含经堂集》卷八《送大学士益都冯公诗四首》、徐嘉炎《万柳堂饯别益都夫子,次留别原韵二首》、王顼龄《世恩堂诗集》卷七《万柳堂公饯益都相国冯公,和席间留别原韵》、李澄中《卧象山房诗集》卷二十二《送相国冯公致政归临朐》、张远《梅庄集·七律》之《冯太夫子归里》、庞垲《丛碧山房诗初集·翰苑稿》卷七《奉和益都冯相国万柳堂留别原韵》《送冯相国归益都》、潘耒《遂初堂诗集》卷四《万柳堂公饯益都公,次韵奉和二首》等均为是时所作,毛奇龄《西河集》卷三十六亦有《公饯益都夫子于万柳堂,赋别倡和诗序》。按,徐釚《南州草堂集》卷八自庚申五月至壬戌八月止,而此送别之诗又在卷末,可证实其时为八月末。

黄与坚赠簑衣、饼,赋诗谢之。

《于京集》卷五《黄忍庵贻簑衣、饼,戏答三首》,一云:"虎丘月市二山门,惯卷蓑衣堆满盆。京邸相逢惊一笑,更思长荡买馄饨。"由于该诗在送别冯溥诗后,而在送别徐釚诗前,故置此间。

黄与坚(1621—1701),字庭表,号忍庵,江南太仓(今江苏太仓)人。顺治十六年(1659)进士,授推官,旋以奏销罣误。康熙十八年举博学鸿儒,授编修,擢赞善,后以葬亲乞归。著《忍庵集》《愿学斋文集》等。生平事迹见《清史列传》、《清史稿·文苑》本传、《江苏诗征》卷六四、《清诗别裁集》卷六、《清画家诗史》甲下等。

九月,徐釚引疾归里。

徐釚《南州草堂集》卷八《奉送益都公致政归里四首》即有注云:"时余亦移疾将归江南。"同卷九《出都留别诸同人二首》亦记归里之事,知徐釚归里与冯溥致仕回乡时间相近,而冯溥回乡诸公饯行于八月二十六日,徐釚归里则很可能在九月初左右。冯溥《佳山堂诗集·七言律诗》之《送徐电发翰林假归》、潘耒《遂初堂诗集》卷四《送同年徐电发假归》、胡会恩《清芬堂存稿》卷三《送徐虹亭检讨还吴江》等均为送别之作。

九月初一,殿试举于太和门前,彭宁求中探花,珍儿赐进士第,十月初八钦点庶常。时孙尤世求十五岁,补府学弟子员。

《圣祖实录》卷一〇四:"康熙二十一年九月乙巳朔,策试天下贡士金德嘉等于太和门前。"尤珍《沧湄文稿》卷四《松筠堂记》:"彭子瞻庭壬戌廷对为第三人,官翰林者三载……。"尤珍《沧湄年谱》"康熙二十一年"条:"九月,殿试第二甲第二十六名,赐进士出身。十月,钦点翰林院庶吉士,习满书。……是岁,世求补郡学弟子员。"尤珍《沧湄诗稿》卷三《九月初四日,胪传恭纪》《初六日,赐恩荣宴恭纪》《十一日,赐诸进士折钞银两恭纪》《十六日,谒文庙释褐恭纪》《十月初八日,保和殿引见蒙恩点庶吉士恭纪》等均为是时所作,《于京集》卷五亦有《珍儿成进士钦点庶常,感而有作》记事。

先自六月初一奉旨,各官每日朝集,凡百余日。九月十日,大理司务赵时楫上疏请免,诏复旧例。

《圣祖实录》卷一〇四:"康熙二十一年九月甲寅,大理寺司务赵时楫疏言:'我皇上宵旰精勤,命部、院全班奏事,日集午门,兢业咨儆,诚太平万世之基。但诸臣每夜三更早起,朝气耗伤,未免日间办事,反难精密,不若分班启奏,俾其精神,递相节养。至于官员中有居僻远者,有拮据舆马者,有徒行策蹇及抱病勉行者,或令满汉正佐轮流,或将朝期比前量为增益,以立不刊之典……。'得旨:'九卿詹事科道会议具奏。'"

《于京集》卷五有《早起》《晓入西苑二首》诗记早起事,又同卷五有《赠赵申伯大理(原注:先是每日朝集,赵上疏请免,得允)》,诗云:"一纸封章辇下传,班行耳语各欣然。岂惟之子称司直,自是君王听转圜。寒月三更休问夜,春风十日始朝天。自惭饱食闲无事,读破残书昼斜眠。"王士禛《池北偶谈》卷二:"壬戌夏有旨:文武官每日五更入朝,列班午门外,候部院启奏官出,始散归署。既而大理寺司务赵时楫上疏言之,寻有旨:九卿詹事、掌印给事中、掌道御史如故,馀并停。"

十一月,彭访濂至京,补原官。来访,饮酒话旧。

彭定求《南畇老人自订年谱》:"十一月,至都,补原官,寓保安寺旁。"《于京集》卷五《酬访濂见过,次韵二首》,一云:"低头东野旧云龙,风雨三年喜再逢。"按,彭定求于康熙十九年春离京,距今约三年,故有"三年喜再逢"句。又一云"挑灯重话故人情,忽忽乡心酒畔生",知时饮酒话旧。尤珍《沧湄诗稿》卷三《喜访濂殿撰至京二首》、彭孙遹《松桂堂全集》卷二十二《喜访濂至》亦为是时所作。

十二月,瑞儿遗妻金氏病殁。

《悔庵年谱》卷下、尤珍《沧湄年谱》"康熙二十一年"条。

除夕前三日,施闰章招同黄与坚、彭孙遹、徐嘉炎及珍儿共饮。

《愚山先生年谱》卷四、彭孙遹《松桂堂全集》卷二十二《岁除前三日,过愚山斋中饮》、徐嘉炎《抱经斋诗集》卷十《壬戌除夕前三日,同悔庵、忍庵、羡门三同年暨谨庸庶常集愚山先生斋,次羡门韵二首》等均有记此事。同时,《于京集》卷五《岁除前三日,愚山招同忍庵、羡门、华隐暨珍儿共饮,次羡门韵二首》,一云:"天街此日人如蚁,恰是吾曹晏坐时。那得大官供石炭,且逢老友斫银丝。愁深易觉壶觞竭,话久浑忘更漏迟。莫怪世涂轻薄甚,古来白首见相知。"又一云:"浪迹天涯感慨长,东华谁辨软红香。交情共听三年雨,旅况平添两鬓霜。下酒最忺寒具美,传柑应让热官忙。还怜分手成岐路,有客将归旧草堂。"透露了自己将归隐还乡之意。

除夕,与珍儿、彭孙遹赋诗唱和。

《于京集》卷五《壬戌除夕,再用"除"字韵二首》、尤珍《沧湄诗稿》卷三《壬戌除夕,次韵二首》、彭孙遹《松桂堂全集》卷二十二《除夕,和悔庵》皆作于时。

侗修史三载,纂《列朝诸臣传》《外国传》共三百余篇,《艺文志》五卷,并撮其事可备借鉴者作《拟明史乐府》一百首,《外国竹枝词》一百一十首,其他诗别辑为《于京集》与《哀弦集》。

《于京集》卷一自注:"《哀弦集》另刻。"《于京集》卷一至卷四共收集了"自戊午(1678)六月"至"癸亥(1683)10月"的诗作共四百一十八首。

康熙二十二年　癸亥(1683)　六十六岁

元旦朝贺,赐庆成宴,与珍儿均与焉。

《圣祖实录》卷一〇七。《于京集》卷五《癸亥元旦,朝贺赐宴恭纪,再用"元"字韵》、彭孙遹《松桂堂全集》卷二十二《元旦,赐宴太和门,和悔庵》为是时作,尤珍《沧湄年谱》康熙二十二年对此亦有载。

闻金氏讣,感念亡儿尤瑞。

《于京集》卷五《人日,同石楼、凤冈饮忍庵斋,次石楼韵》诗云:"人世光阴同露电,天涯涕泪总冰霜(原注:时闻亡儿妇殁)。"同卷五《春朝书感》云:"感念亡儿若初殁,五更残梦独沾巾。"

初七,同龙燮、曹宜溥会饮黄与坚斋中。

《于京集》卷五《人日,同石楼、凤冈饮忍庵斋,次石楼韵》:"犹喜相知聚一堂,灯前谈笑学蒙庄。过年稍谢诗逋急,卜夜徒劳酒政忙。人世光阴同露电,天涯涕泪总冰霜。阑珊残腊龙钟醉,明日春风舞袖长。"彭孙遹《松桂堂全集》卷二十三《和石楼人日同悔庵、凤岗集忍庵寓斋即事》亦乃时作。

龙燮(1640—1697),字理侯,又字二为、石栖,号石楼、雷岸,又号改庵,望江(今属安徽)人。康熙十八年举博学鸿词授翰林检讨,后迁大理寺评事,官至屯田员外郎。著《和苏诗》三集、传奇《江花梦》(又名《琼花梦》)及杂剧《芙蓉城记》等。生平事迹见《(乾隆)望江县志》卷七、《皖志列传稿》卷一、庄一拂《古典戏曲存目汇考》。

曹宜溥,字子仁,号凤冈,湖广黄冈(今属湖北)籍,江西东乡人。荫生,康熙十八年举博学鸿儒,官检讨。笃学励节操,著有《凤冈诗集》。生平事迹见《(光绪)黄州府志》卷十九《儒林》。

二十六日,诏命侍读明图、编修孙予立、周灿出使安南,京师诸公赋诗送之。

《圣祖实录》卷一〇七:"康熙二十二年正月戊辰,命翰林院侍读明图为正使、编修孙卓为副使,往封安南国王嗣黎维正为安南国王。"《于京集》卷五《送孙予立编修使安南》云:"正是春风仙艾发,庵罗果子佐行庖。"知为春日。彭孙遹《松桂堂全集》卷二十三《送孙予立使安南》、邵长蘅《青门旅稿》卷一《送孙编修使安南》、高士奇《苑西集》卷四《送孙予立编修奉使安南》、潘耒《遂初堂诗集》卷五《送孙予立编修、周星公仪曹奉使安南》、李澄中《卧象山房诗集》卷二十三《送孙予立编修奉使安南》、顾汧《凤池园诗集》卷四《送孙予立编修册封安南》、王熙《王文靖公集》卷八《送孙予立编修出使安南》《送周星公仪部出使安南》、王士禛《渔洋续集》卷十六《送孙予立编修、周星公礼部奉使安南二十四韵》、王顼龄《世恩堂诗集》卷八《送孙予立册封安南》等均为是时作。按,《江南通志》卷一六七:"孙卓,字予立,宣城人。襄之子。淹博经史,敦崇气谊。康熙己未进士,对策第二人,授翰林编修,奉使册封安南,卒于粤西道中。"

周灿,字绀林,号星公,陕西临潼人。顺治十六年(1659)进士,选庶吉士,改光禄寺主事,外擢南康府知府,官至四川提学道,曾于康熙二十二年出使安南。著《使交纪事》《安南世系略》《愿学堂文集》等。生平事迹见干建邦《湖山堂集》卷三《四川学使周星公先生传》。

二月,徐秉义南归。

《于京集》卷五《送徐果亭中允归二首》,一云:"东海君龙腹,声名副次公。虽为蓬岛客,雅有竹林风。草阁三江上,征帆二月中。帝城云树里,矫首望冥鸿。"彭孙遹《松桂堂全集》卷二十三《送徐果亭先生归昆山》、高士奇《苑西集》卷四《送徐果亭先生》、王顼龄《世恩堂诗集》卷八《送徐果亭前辈假旋》、顾汧《凤池园诗集》卷四《送徐果亭中允南归》、李澄中《卧象山房诗集》卷二十三《送宫允徐彦和先生归昆山》、潘耒《遂初堂诗集》卷五《送徐果亭前辈假归》、徐嘉炎《抱经斋诗集》卷四《送中允果亭叔南归四首》、顾景星《白茅堂集》卷二十五《送果亭归昆山》均为是时作。

四月告假，越两月乃得请。

《悔庵年谱》卷下、尤珍《沧湄年谱》。

王顼龄妻卒，赋悼亡诗，与诸公阅而吊之。

王顼龄《世恩堂诗集》卷七《悼亡四十二韵》《午日感亡内作》《送亡内殡还乡》、《于京集》卷五《为王瑁湖悼亡》、陈维崧《迦陵词全集》卷十三《为王瑁湖编修悼亡》、彭孙遹《松桂堂全集》卷二十三《读颛士悼亡诗有赋》、徐嘉炎《抱经斋诗集》卷九《读王瑁湖同年悼亡诗》、李澄中《卧象山房诗集》卷二十三《读王瑁湖侍读悼亡诗》、庞垲《丛碧山房诗初集·翰苑稿》卷八《读王瑁湖悼亡诗》、胡会恩《清芬堂存稿》卷三《题王瑁湖同年悼亡诗后》等均为是作。

王顼龄(1642—1725)，字颛士，一字容士，号瑁湖，晚号松乔老人，江南华亭(今上海松江)人。康熙十五年(1676)进士，十八年举博学鸿儒，历侍讲学士、礼部侍郎，拜武英殿大学士。著有《世恩堂集》，生平事迹见《清史稿》卷二六七、《清史列传》卷一〇、《江苏诗征》卷四八、《全清词钞》卷四、《(光绪)重修华亭县志》卷十六《人物》等。

六月十六日，黄与坚序《于京集》。

《于京集》卷首有黄与坚序，末题："康熙癸亥六月既望，太仓年眷弟黄与坚撰。"

闰六月十三日，施闰章以疾卒于京师寓舍，作诗哭之。

《愚山先生年谱》卷四："康熙二十二年癸亥，先生年六十六岁，闰六月十三日丑时以疾卒于邸斋。"年谱后附汤斌《翰林院侍读前朝议大夫愚山施公墓志铭》。又《于京集》卷五《哭施愚山四首》、汤斌《汤子遗书》卷八《祭同年施愚山文》、王士禛《渔洋续集》卷十六《施愚山先生哀诗》、李澄中《卧象山房诗集》卷二十三《哭侍读施愚山先生》、张远《梅庄集·七律》之《吊宣城施侍读暨及门高检讨》、梅文鼎《绩学堂文钞》卷六《祭施侍读愚山文》、庞垲《丛碧山房诗初集·翰苑稿》卷八《哭施愚山侍读》、顾景星《白茅草堂集》卷二十三《哭施闰章》、王熙《王文靖公集》卷二十三《祭侍读施愚山文》、邵长蘅《青门旅稿》卷一《哭施愚山先生十韵》等均载施闰章卒事。

早秋，宋荦以通永佥事奉檄偕部使按海滨地，诸公赋诗别之。

宋荦《西陂类稿》卷六《康熙癸亥秋，余以通永佥事奉檄偕部使按海滨地，自盐山抵山海关，迂回将三千里，为日三十有八，得诗二十四首，率于马上口占授儿，至使书之，用代纪事云》、朱彝尊《曝书亭集》卷十一《送宋佥事荦之官通潞四首》、潘耒《遂初堂诗集》卷五《送宋牧仲之官通永》、李澄中《卧象山房诗集》卷二十三《送宋牧仲观察通永》《于京集》卷五《送宋牧仲分守通永》均记此事。按，是年闰六月十五立秋，又由于侗此诗于《将归，再用前韵六首》前，而其七月归，可推知时为闰六月与七月之际事。

杜登春令广昌，诗以赠别。

《于京集》卷五《送杜让水令广昌》："峻绝飞狐道，平临倒马关。曾看千骑塞，暂借一琴闲。青草留春陇，黄云照市阛。杜陵诗兴在，挂笏对香山。"王顼龄《世恩堂诗集》卷八《送杜让水之任广昌，次家弟薛澥韵》，一云："分符百里实雄哉，况复花封近五台。汉阙共看严助去（原注：让水初任翰林孔目），岩邦喜睹鲁恭来。放衙对奕当明月，卧阁鸣琴长绿苔。却笑马卿偏善病，无因道左饯行杯（原注：时予移疾）。"

七月命下，有黄庭同归。黄与坚、毛奇龄、彭孙遹、徐嘉炎、李澄中等聚乔莱斋中为侗饯别。赋《归兴》六首，和者甚众。

《悔庵年谱》卷下。《于京集》卷五有《归兴六首》《将归，再用前韵六首》、彭孙遹《松桂堂全集》卷二十三《送展成南还，即用后归兴韵六首》、李澄中《卧象山房诗集》卷二十三《送尤悔庵检讨归长洲》，又同卷二十三《与悔庵、庭表、大可、羡门、胜力饮石林斋中》有云："秋花欹老鬓，薄宦羡归人（原注：时悔庵将归）。"知李澄中与黄与坚（庭表）、毛奇龄（大可）、彭孙遹（羡门）、徐嘉炎（胜力）、乔莱（石林）等为尤侗饯行事。诸公亦有赠诗，如潘耒《遂初堂诗集》卷五《送同年尤悔庵假归二首》、毛奇龄《西河合集·七言古诗九·送同年尤侗南归》、王顼龄《世恩堂诗集》卷八《尤悔庵给假归里，作归兴诗志别，依韵送之》、庞垲《丛碧山房诗初集·翰苑稿》卷八《送尤展成太史旋里》即为是时作。尤珍《沧湄文稿》卷四《御书亭记》："臣父在京修史者五年，以病乞归。"按，尤侗自康熙十八年授官，至时康熙二十二年七月，正值五年。此外，尤珍《沧湄诗稿》亦有诗咏尤侗归事，如《沧湄诗稿》卷三《家大人将归，敬呈二首》《送黄葴山（原注：时随家大人南归）》，可知当时黄庭与尤侗一同返乡，其中尤珍《送黄葴山》一诗云："秋风初起唱骊歌,话别连宵意若何。雁去相思传尺素,月明有梦绕关河。闲从驴背吟诗细,晚倚邮亭把酒多。独滞京华违色养,自怜归计尚蹉跎。"知尤侗与黄庭还乡乃于初秋七月。

黄庭,字一经、蕺山,号说研,江南长洲(今江苏苏州)人,康熙十四年(1675)举人。著《说研老人诗稿》《消夏词》《岁寒词》《采香泾词》《玉河西干池》等。生平事迹见《江苏诗征》卷六五、《全清词钞》卷四、《清诗别裁集》卷十六。

李澄中(1630—1700),字渭清,号雷田,又号渔村,山东诸城人,原籍成都。康熙己未召试博学鸿词,官至翰林院侍读。著《卧象山房诗集》《白云村文集》《艮斋文选》等。生平事迹见《四库全书总目》卷六十四、《清诗别裁集》卷十二、《鹤征录》卷二等。

乔莱(1642—1694),字子静,号石林,别号画川逸叟,宝应(今属江苏)人。康熙六年(1667)进士,举博学鸿儒,官至侍读。善画山水,工诗文,著《乔氏易俟》《使粤日记》《石林赋草》、戏曲《香雪亭新编耆英会记》等。生平事迹见《清史稿》卷四八四、《清史列传》卷七十、《(康熙)宝应县志》卷九、《(道光)重修宝应县志》卷十七、《全清词钞》卷四、《清画家诗史》乙上。

行前,王士禛亦为之饯行,嘱为亡兄王士祜作诔。

《西堂杂组三集》卷六《王东亭进士传》:"今秋予急请出都,祭酒祖饯青门,又属予为东亭作传。予交东亭虽晚,然读其诗想见其人已非一日,即西樵兄弟往往为予道东亭素履,有寄予怀者。车中即祭酒所纂行述,为缀成之。"

中秋至定州,州守同年秦生镜饮于阅古堂。

《于京集》卷五《定州秦使君招饮阅古堂,拈"中""秋"二字韵》有云:"青门归去趁西风,行到中山秋正中。千里恰随明月至,一樽暂对故人同。"《艮斋倦稿文集》卷二《冰玉堂诗序》:"癸亥之秋,予请急南归,假道定州,州守为年友秦水心使君,故吾郡司马也。留予止三日,宴于阅古堂,观东坡雪浪石。时正中秋,明月在天,宾客满座,赋诗赠答,极欢而罢。"按,《苏州府志》卷五五载秦生镜:"康熙三年闰六月任(总捕同知)。"秦生镜任职苏州期间,应与尤侗有所结识,故有"故吾郡司马也"云云。《(道光)定州志》卷十《人物·职官》载秦生镜"(康熙)二十一年任(定州知州)",与时二人聚会之事合。

秦生镜,字水心,《(康熙)邹县志》卷二载其"(秦)执中季子,资性英敏,诗文过目成诵,早岁食饩,从父宦游,绰有才名。顺治九年辛卯恩贡,授四川顺庆府别驾……康熙甲辰升苏州郡丞,凡江南疑难重狱,上官悉以委谳,断决明允,平反甚多。丙午以母忧归里,壬戌服阕,改补定州知州。……升户部江西司员外郎……著有《蜀道》《吴门》《西江》《中山》诸集。"

过临城,憩宋广业衙舍。载酒游青龙潭,经陈馀洓水,上而吊之。入林县,饮赵廷珪署中。

《悔庵年谱》卷下。《于京集》卷五《临城宋使君同游青龙潭》:"太行山色绕城墙,官舍秋高半夕阳。联骑偶过村郭外,行厨暂醉石崖旁。……凭吊战场洓水上,土人犹指钓盘冈。"《(民国)吴县志》卷六十八《列传六》:"宋广业,知临城县,俗健讼,有大猾俗称'一门五虎'者,置之法,民得安枕。邑遇荒旱,捐俸煮粥活饥民。设义学,辑邑志,未竟,以艰去。"

赵廷珪,字禹玉,号正修,康熙癸卯、甲辰乡、会试联魁,选知林县,后取授河南道御史。生平事迹见《(光绪)常昭合志》卷二十六《人物之五》。

九月,至卫辉,同年田庆曾分守河北,留三日,上望京楼。

《于京集》卷五《登卫辉望京楼,赠田介眉大参》有云"已出京门汗漫游,登高还上望京楼",为是时作。据《河南通志》卷三五载:"田庆曾,山东昌乐人,拔贡布政司参议,分守河北道,康熙二十一年任。"可知是年田庆曾正值河北道任上。《(嘉庆)重修昌乐县志》卷十五:"田庆曾,字介眉,(顺治三年)拔贡,任南罗县知县,行取户部郎中,外转河南道,寻升福建提刑安(按)察司署布政司事。"

自怀庆至济源,族子尤应运为令,相见甚欢。九日登高,与应运偕游段侍郎别墅,至玉川煎茶处,谒济渎庙,观济水泆流,望王屋山。天坛盛产何首乌,采以归。

《于京集》卷五《九日,济源族侄天阶携酒同游段侍郎卢墅二首》,一云:"玉川昔日煎茶地,柯古当年载酒时。绿野回头今已矣,青山对面尚如斯。"又一云:"已向铁庵寻胜迹,还从卢墅撰良辰。百年望古空秋草,九日登高有旅人。"同卷五《济渎》:"中州维嵩高,黄河为至巨。……遥指王屋山,云旗往来处。"均记此游。

尤应运,字天阶,《(乾隆)济源县志》卷八载:"(应运)福建晋江人,拔贡,康熙十九年任(济源县令)。纂辑志书,修理文庙、官署,皆自为记,其移市北门,则邑绅段锦祎有文记之,升宁绍分司。"

又由孟县徐登瀛具舟渡河,入大梁,晤开府王日藻,酿酒道故,听耿介先生讲学而去。

《悔庵年谱》卷下。《于京集》卷五《汴城怀古》:"自古名都说大梁,兵戈浩劫几沧桑。繁台莫问歌吹地,艮岳空传花石纲。……金桥明月依然在,乐府谁家唱宪王。"

徐登瀛,仁和(今浙江杭州)人,贡选孟县县令,康熙二十年(1681)起任。

王日藻字印周,号却非,江南华亭(今上海松江)人。顺治十二年(1655)进士,官至户部尚书。生平事迹见《江苏诗征》卷四六、《清诗别裁集》卷四、《(光绪)重修华亭县志》卷十六《人物》。

耿介(1618—1688),初名冲璧,字介石,号逸庵,河南登封人。顺治九年(1652)进士,康熙初除直隶大名兵备道,又召为少詹事。后乞休归,讲学嵩阳书院。生平事迹见《清史稿》卷四八〇、《清史列传》卷六六。

回乡途中,屡梦亡妻曹令,偶见孤雁南飞,颇生感慨。

《于京集》卷五《途中频梦亡室有感四首》,一云:"千里关山路九回,绣鞋辛苦踏霜来。灯前鬓影依稀在,不信妆台隔夜台。"又一云:"整夜凄凉半枕孤,梦中相见却胜无。精魂应笑山头石,空寄西风日望夫。"同卷五《见孤雁南飞》:"极目长空雁阵飞,怜君失侣去无依。风吹木叶遗音断,月落沙汀顾影稀。夜永沉吟悲独宿,晓寒珍重送人归。也知客路凄凉甚,尚恋吴江旧钓矶。"

抵扬州,少息,渡江归时已十一月初六也。六年未见,与亲友衔杯相慰藉,又至官山及斜塘扫墓。

《悔庵年谱》卷下。

门人周霖七叔父周舆卫将于乙丑举五十寿觞,请为作寿文。

《艮斋倦稿文集》卷四《周舆卫五十寿序》:"武林之有周氏,以义门称。其流寓吴中,与予内家瓜葛获交。舆则为人慷慨,不愧第五之名,因识其难弟舆卫、舆封、舆闲,皆瞿瞿良士也。洎舆封为池阳明府,时来京师,晨夕尤数。而犹子雨三游予门墙,多历年所,故予于周氏家事稔悉之若同室然。今予奉假南归,而卫君于乙丑三月举五十觞,雨三率其诸弟从予乞言,其辞曰:'吾七叔父之治家也,厚同气,抚子姓,恩义蔼然。'"可推知尤侗为周舆为卫作寿文当于其癸亥年还乡之时。

是年,吴瞻应试吏部铨选未得,失意南归。

尤珍《沧湄文稿》卷三《送吴景南进士南归序》:"予友吴子景南以己酉举于乡,癸丑成进士,候选县令者十年矣,而不得除授。岁在癸亥,吏部咨取直省进士试内阁中书舍人,吴子名在咨取中,因诣部,应试又不得与其选,其南归也,默默然若有不自得于中者。"

吴瞻,字琇弁,号景南,康熙十二年(1673)进士,候选县令十年而不得除授,仕途不达,后学道。

郑成功孙郑克塽奉表降清,清廷着其率所属官军民人登岸。

康熙二十三年　甲子(1684)　六十七岁

正月初八,孙女尤添痘殇,年仅九岁。

婿陆德元邀往邓尉观梅,重过圣恩寺,登朝元阁。会阻阴雨,即归家居,忽忽不乐。

《悔庵年谱》卷下。

三月三日,自序《看云草堂集》。

《看云草堂集·自序》:"迨戊午应召于京,橐笔史馆者五载,迄癸亥,始得引疾还里,乃瞻衡宇草堂无恙也。然而,风景不殊,俱成陈迹,音容如在,已作古人。每一念及,俯仰流连,未尝不感叹而继以泣也。因抽箧衍,得所著诗若干首,删而锓之,以志岁月,为《看云草堂集》。"末署云:"康熙甲子三月三日。"

星家言甲子不利,宜出游以压之。四月始出发游闽中,清明途经西湖。

《艮斋倦稿诗集》卷一诗馀《西子妆·将游湖上,清明日禾水道中,适见吴梦窗有湖上清明自度曲,因和其韵》《湖上用前调韵》)。

往游止及延建,此次径达福州。

《艮斋倦稿诗集》卷一《过子陵钓台》《渡仙霞岭》等均为游途所作。

值吴兴祚镇粤东,诗以咏之。

《艮斋倦稿诗集》卷一《闽游杂咏十六首》,其一:"朝歌吴质最风流,去后还闻士女讴。遥望广南千里月,馀光那得照并州(原注:吴伯成抚军今镇粤东)。"

游闽途中,遇姚启圣、施维翰丧回。

《艮斋倦稿诗集》卷一《闽游杂咏十六首》,其一:"海若相逢井底蛙,贺君鼓吹日喧哗。只看百尺仙霞岭,几道铭旌广柳车(原注:途中遇姚、施二总督丧回)。"按,《钦定八旗通志》卷三三九:"姚启圣,汉军镶红旗人,康熙十七年五月任福建总督,二十二年十一月卒。"《浙江通志》卷一二一《总督部院》载施维翰:"康熙二十二年任,二十三年改为福浙总督,自后皆福浙总督。"《大清一统志》卷五十九:"施维翰,字及甫,上海人,顺治壬辰进士。……调福建总督,未抵任卒。"《皇朝通志》卷五十二:"福建总督施维翰,谥清惠,康熙二十三年八月谥。"

时金铉为福建巡抚,总制王国安亦至巡海,方设官于台湾,未暇寻宾客宴游之乐。故高卧简出,然畏暑未得归。幸居停郑烈有小园,竹木翳如,差足消夏。

《悔庵年谱》卷下。

王国安,盖平(今属辽宁)人,据《圣祖实录》卷一一五,康熙二十三年五月由浙江总督调为福建总督,官至兵部左侍郎。生平事迹见《大清一统志》卷三七、卷二一五、《浙江通志》卷一四九。

闽中士大夫闻声相访,莆田方鸿负笈从游。时值夏令,木兰盛开,荔枝熟,方鸿以宋家香相饷。侗读其《琼光集》,叹为"海南奇士"。

《悔庵年谱》卷下。《艮斋倦稿诗集》卷一《方翊霄饷荔枝并诗八首,依韵答之》,一云:"壶中别有软红乡,谪下瑶宫小玉娘。一夜薰风吹客舍,开笼先认宋家香。"又一云:"如君才调擅青箱,赠我丹枝带墨香。只此游囊罢弹铗,饱飡胜裹郑庄粮。"同卷一《紫岩贻胜画并荔谱,率成长句》亦为时所作。

方鸿,字翊霄,莆田(今属福建)人,有《琼光集》,具体生平不详。

六月间,汤斌获补授江宁巡抚。

《圣祖实录》卷一一六。方苞考订、杨椿重编《汤文正公年谱定本》康熙二十三年:"六月,江宁巡抚余国柱入为左都御史。上时在安兴,谕大学士曰:'所贵道学者,必身体力行,见诸实事,非徒托之空言,今有道学名者甚多,考其究竟,言行相违。学士汤斌颇有实行,典试浙江,操守甚善,可以右副都御史补授江宁巡抚。'"

八月,翰林院检讨汪楫、中书舍人林麟焻自琉球册封而归。

王士禛《池北偶谈》卷二。

九月杪秋,暑气方退,傲装就道返乡。从者七人无恙,独厨童小庆忽得血症暴亡,埋于乌石山下,为之泣悼。先是住处有画眉飞来,笼而伺之,携至舟中一宿而陨,尺土埋之。

《艮斋倦稿诗集》卷一《哀厨童小庆》:"汝从予行役,新婚未几时。思家成渴病,寄旅少良医。弃置背遣屦,埋藏恋敝帷。伤心建江水,同渡不同归。"同卷一《哀画眉二首》,一云:"怅然家园有所思,他乡花发木兰时。空床久断蘅芜梦,怕听雕龙叫画眉(原注:偶得画眉,畜之笼中)。"同卷一又有《黯淡滩》《建溪行》等,皆载此游。

过建宁,门人郑彤友留饮东溪草堂,屈指旧游已二十余年。度仙霞岭,至清河店。闻知康熙帝有南巡之信,星夜兼程进抵杭州,知已回銮,彷徨恨叹,赋诗纪感。

按,尤侗曾于康熙元年游福建,至此康熙二十三年正二十余年。关于康熙帝是年南巡事,《圣祖实录》卷一一七有详载。尤侗亦有诗纪之,如《艮斋倦稿诗集》卷一《恭纪(原注:圣驾南巡三首)》《恭和(原注:圣制幸阕里诗)》《恭和(原注:圣制阅河堤诗)》。此外,《江南通志》卷五十五:"(康熙)二十三年十一月初十日,圣驾南巡,阅高家堰工。"董含《三冈识略》卷九:"九月二十八日辛卯,上东巡。……十一月朔壬戌,午刻驻江宁府……初五日丙寅,幸燕子矶,登舟出大江。"郑彤友生平不详。

十二月十五日,自序《西堂小草》。

《西堂小草自序》落款题为:"康熙甲子腊月大寒日。"按,是年大寒乃十二月十五日。

以蜡尽下堂伤足,一步不可行,乃于除夕署门谨谢客。

《悔庵年谱》卷下。

吴兆骞卒。

康熙二十四年　乙丑年(1685)　六十八岁

元旦立春,是日雨雪。时伤足仍未愈。

《艮斋倦稿诗集》卷一《乙丑元旦二首》:"百年南难遇岁朝春,春次王正寅次辰。鸡户恰迎彩燕舞,虎符还逐土牛陈。天垂瑞业初回暖,人沐阴膏渐返淳。曾与太和门下宴,至今清梦绕丹宸(原注:辰时立春,是日雨雪)。"同卷一《又自述一首》:"脚疾槃跚谨谢客,鬓毛秃速可怜人。妇归地下空帷冷,儿在京华敝箧贫(原注:时予下堂而伤其足)。"

自出游后亦园废,凄然有黍离之感。乃役人筑垣,种竹栽莲,筑亭修园,复有鸳鸯飞来。

《悔庵年谱》卷下。

二月,足疾始愈。鼓兴买舟前往西湖,观桃柳,入灵隐,眺飞来峰,上天竺礼大士。寓门人周霖处,为时一月,其间与浙江巡抚赵士麟、盐使李绍闻有周旋。

《悔庵年谱》卷下。《艮斋倦稿诗集》卷一《赠赵玉峰中丞》:"清献家风自不群,开牙越绝树奇勋。声名已遍东西城,号令兼施南北军。濂洛书传讲鼓奏,河渠志就棹歌闻。只应飞盖湖山上,遥望天边五色云。"同卷一《古松歌为李德中盐使赋》:"阁铃衙鼓时纷拏,谁知得遇陇西李。蟠根仙种真吾途,冷如霜华坚如石。"同卷一《西湖漫兴四首》一云:"十年臣梦赋归来,乍见西湖心目开。"按,《清史稿》卷二八一:"(赵士麟)康熙三年进士……二十三年授浙江巡抚……二十五年移抚江苏……召为兵部督捕侍郎,调吏部,皆能举其职。"《圣祖实录》卷一一四:"康熙二十三年二月己酉,以左副都御史赵士麟为浙江巡抚。"可知是年赵士麟确任职杭州。

赵士麟(1629—1699),字玉峰,号鳞伯,河阳(今属云南)人,康熙三年进士,后历浙江巡抚、江苏巡抚,内擢兵部右侍郎,转吏部左侍郎。著《读书堂彩衣全集》。生平事迹见《碑传集》卷十九徐文驹《吏部左侍郎赵先生士麟行状》、《清史稿》卷二八一、《大清一统志》卷二一五。

李绍闻,原名李见龙,字飞卿,后顺治帝钦赐名李绍闻,字德中,蒙阴(今属山东)人。顺治十六年(1659)进士,初任浙江秀水知县,后累升提督四夷馆太常寺少卿,诰授中宪大夫。生平事迹见《大清一统志》卷二二一、《浙江通志》卷一五〇。

过王晫墙东草堂,并赋《千秋岁》词一阕以赠。

钱塘王言慎(王晫子)蒐辑《千秋岁倡和词》(康熙中霞举堂刊本)卷首有济南李涛述修序,睦州方象瑛渭仁题辞,尤侗悔庵引,卷内还有尤侗唱和一首。

王晫(1636—?)原名棐,字丹麓,号木庵,自号松溪子,仁和(今浙江杭州)人。曾刻《檀几丛书》,著《霞举堂集》《遂生集》《今世说》等。生平事迹见《清史列传》卷七〇、《国朝耆献类征》卷四七五、《杭州府志》卷一四五、《全清词钞》卷五等。按,《国朝杭郡诗辑》卷六:"王晫,初名棐,字丹麓,号木庵,又号松溪。……年十二补诸生,稍长弃去。居湖墅,为往来舟车之冲。四方士夫过武林者必造霞举堂,故座客常满。"可知,尤侗此次杭州之游造访王晫也是很自然的。

游西湖间,交林云铭,序其《吴山毂音》。

《艮斋倦稿文集》卷二《〈吴山毂音〉序》:"乙丑暮春,予养疾西湖,获交三山林西仲先生。先生故吾徽明府,归隐建溪,旋遭耿逆之祸,系狱二年,几饱虎口,懂而后免。流寓武林,客舍萧然,终日兀兀以著书为事。予既读其全集,濒行,复出《吴山毂音》示予而属为序。"

林云铭(1628—1697),字西仲,福建侯官(今属福建福州)人。顺治戊戌进士,官徽州通判。著《挹奎楼文集》《庄子因》等。生平事迹见《四库全书总目》卷一四八、《全清词钞》卷二、《闽侯县志》卷七一《文苑上》。

尤珍告假省觐南还,五月得旨,七月十八日抵家。

尤珍《沧湄年谱》康熙二十四年:"夏四月告假,五月得旨南归,秋七月抵家。"《沧湄诗稿》卷四《三月(原注:时方以病请假)》《移疾偶吟四首》均为时作,如《移疾偶吟四首》一云:"三年联袂步瀛洲,珥笔鸣珂记胜游。一别河梁空怅望,可怜鳞羽异沉浮。"尤珍《沧湄类稿附录》收周金然《送谨庸省觐南归,次韵四首》等为是时送行所作。又《沧湄诗稿》卷五《归家》:"抖擞征衣浣客尘,归来依旧得闲身。乍看绿树如新识,遥对青山是故人。过耳乡音听渐熟,入唇家酿饮还醇。莫劳亲友重重问,欲杜柴荆理钓纶。"

康熙二十年覃恩驰封未领,时敕书至,家人叩迎郊外,祭祀告祖,宴饷亲族。

《悔庵年谱》卷下。

八月,送孙世求至昆山应考,过中秋。

《艮斋倦稿诗集》卷三《中秋》有"十载中秋天一涯"句,注云:"自戊午至壬戌在京师,癸亥在定州,甲子在福州,乙丑在昆山,丙寅在无锡,丁卯在金陵。"

九月,至皖江,由金陵陆路至安庆,与抚军薛柱斗话旧甚欢,半月而别。

《艮斋倦稿诗集》卷一《赠同年薛梁公中丞二十四韵》。《艮斋倦稿文集》卷十《吴游草序》有云:"乙丑冬,予至皖,访同年薛梁公中丞。"

薛柱斗,号梁公,延长(今属陕西)人。拔贡。据《圣祖实录》卷一一四,康熙二十三年二月薛柱斗以太常寺卿任为安徽巡抚,又《(乾隆)延长县志·宦绩》载薛柱斗:"幼颖悟,由拔贡初任阳安县丞,历升安徽巡抚,政绩随处有声。……未几升刑部侍郎,执法不回,贵戚敛迹。以老告归,囊橐然。"

返池州,适周疆郡丞方视贵池县,与教谕钱垳、训导宗观有修学之举,遂为之记。

《艮斋倦稿文集》卷一《重修贵池县学碑记》:"岁乙丑冬,予有皖江之役。路次池阳,适予友郡臣周君方视贵池县篆有修学之举,而教谕钱君、训导宗君皆予故人也,因造于学而观焉。"《艮斋倦稿文集》卷二《文庙纪略序》对此亦有载。

周疆,字舆封,号竞庵,钱塘(今浙江杭州)人。据《(光绪)贵池县志》卷十六:"周疆……康熙年间任池州府同知,摄东流、贵池两县令,所至葺学宫,兴文教,浏览名胜辄多题咏,擢知安庆府。"著《棣鄂堂诗》《秋浦唱酬集》。

宗观,字民表,号鹤问,江都(今江苏扬州)人,江宁(今江苏南京)籍。副贡生,《(光绪)贵池县志》卷十七言其"康熙二十年任贵池训导",后迁常熟。生平事迹见《江苏诗征》卷三、《苏州府志》卷五七。

钱垳,苏州人,岁贡,生平不详。据《(光绪)贵池县志》卷十四,康熙二十年起钱垳即任贵池县儒学教谕。

周疆重修古杏花村,邀侗与诸广文缙绅为平原十日饮,并示以《秋浦唱酬集》,侗为之题辞。

《艮斋倦稿诗集》卷一《题古杏花村二首》序云:"杏花村本杜牧清明诗,明太守顾元镜建坊表之后,有改为牧童指处者,里人请还旧名而未复也。今郡司马周竞庵重加修饰,题曰'杏花村'。……此村幸藉小杜一诗以传,而村之有坊,顾公创之于前,周公修之于后,皆贤使君可传者,村虽小,君子大之,大复古也,予过池阳,赋诗以志。"

同卷一《题郎赵客杏花村志》:"从来未有花村志,好事今推郎士元。我欲移家武陵住,也编仙史纪桃源。"《艮斋倦稿文集》卷七《秋浦唱酬题辞》:"予从皖江归,过访周竞庵使君及诸广文先生,为平原十日饮。……

濒行,使君出《唱酬集》一卷。"

因风雨阻之,未得登九华,遥望慨叹。

《悔庵年谱》卷下。《艮斋倦稿诗集》卷一《望九华》《一指岩》、《艮斋倦稿文集》卷七《秋浦唱酬题辞》均有记游。其中,《望九华》诗云:"九华可望不可登,此语虽然仆未能。云海迷离变白石,芙蓉隐约空苍藤。我无酒肴亦既醉,子有车马何弗乘。漫为秋浦渡头客,却负新罗国里僧。"泛舟还,然江水迅急而不得渡。遂从芜湖策骑至白下,岁暮天寒,匆匆而归。归途丹阳筑坝,又陆行三十里,乃归家。跋涉劳苦,颓然倦游。

《悔庵年谱》卷下。

十月,巡抚汤斌毁苏州上方山祠。

《艮斋倦稿文集》卷一《上方山毁祠记》:"今康熙二十四年,大中丞汤公来抚吾吴,方修古典、辟异教,以上方为淫祠首,严妇女烧香之禁。亡何,僧徒巫祝群而哗之,奔走聚会者日益众。公乃大奋厥怒,遣健卒数人,舁其木偶投之火,土偶沉之河,更其祠,祀汉寿亭侯。于是五圣之香火遂绝。"董含《三冈识略》卷九:"十月,巡抚汤公斌拘苏州上方山僧人,责问何故诱妇女入寺烧香。即锁僧前去,将五通神像抛入太湖中。随具疏……。奉旨:'各直省淫祠滥祀,惑众诬民,有关风化,着勒碑永禁。'"方苞考订、杨椿重编《汤文正公年谱定本》康熙二十四年:"苏州府城西十里有楞伽山,俗名上方山,山有五通神祠,远近赛祷如骛,岁费金钱数十百万。谚谓其山曰'肉山',其下石湖曰'酒海',少年妇女疾,必曰'五通神将娶之',其妇女亦恍惚梦与神遇,羸瘵而死,一岁常数十家。公语其属曰:'鬼神福善祸淫,治幽赞化,若祭者免祸,不祭者即降以灾,此与贪官何异?若娶妇说,直一淫昏鬼耳!'命取像之木偶者火之,土偶者投于湖,撤祠材以修学宫、葺城垣,民始而骇,继而疑,终乃帖然大服。"王廷灿《潜庵先生年谱》康熙二十四年:"吴中数多淫祠事,楞伽山五通神尤严盛,寒剧暑载,鼓吹牲帛,往赛者无虚日,奸巫淫尼,阑入人闺阁,竞相煽惑,吴人以是益困。先生取土偶投诸湖中,众大骇,已而大悦。"《(道光)苏州府志》卷一四八《杂记四》:"汤荆岘斌巡抚江苏,毁上方山五通祆庙,撤土偶扑之而投诸水。有人于地中得古石碣,上刻'肉山酒海,遇汤而败'八字,云仙人张三丰书也。"

汤斌(1627—1687),字孔伯,号荆岘,别号潜庵,谥文正,睢州(今河南睢县)人。顺治九年进士,康熙十八年举博学鸿儒,后官至礼部尚书,管詹事府,又转工部尚书。著有《汤子遗书》《潜庵诗馀》。生平事迹见《清史列传·大臣》本传、王廷灿《潜庵先生年谱》《四库全书总目》卷六三、《大清一统志》卷四九、《苏州府志》卷六八、《全清词钞》卷二。

十月间,长孙女尤淑勤嫁于庠生陆炽。

尤珍《沧湄年谱》康熙二十四年:"十月,长女归于陆氏。"

冬,再跋汤卿谋《湘中草》。

《西堂全集》附《湘中草》卷首有尤侗此跋,末署:"康熙乙丑冬日,侗又跋。"

是年,槜李徐侯甫力主重修长洲县尊美堂,落成,请为记。

《艮斋倦稿文集》卷一《重建长洲县堂碑记》:"长洲县治,宋以前不可考已,至绍兴初,始有'尊美堂'之名。……迄我皇朝鼎革之交,兵燹狼藉,此堂荡然墟矣。……康熙乙丑,槜李徐侯甫慭然念之,遂请于上官,聚国族而谋,得旧宅五楹,鬻而迁焉。……堂成仍名曰'尊美',大复古也。侯乃设醼以落之,而授简于予。"

天童山人本皙过吴门,请为天童山长生田碑作记。

《艮斋倦稿文集》卷一《天童山长生田碑记》:"晓公既幸先业之渐恢复,嘉众缘之广结,欲勒丰碑以垂永久,特过吴门,请记于予。"

本皙,字山晓,号啸堂,长寿(今属重庆)魏氏。道忞天童首座。有《啸堂初集》《宗门宝积录》等。生平事迹见《新续高僧传四集》卷九、《正源略集》卷六、《(雍正)宁波府志》卷三二、《(雍正)浙江通志》卷一九九等。

是年,宋实颖任职兴化教谕。

《(咸丰)重修兴化县志》卷六《秩官表》"教谕"条,康熙二十四年下有"宋实颖"名,同卷六《宦绩》载宋实颖:"由举人考授推官,会缺裁,应补知县。康熙十八年以博学鸿词就征试不遇,改授兴化教谕。"

康熙二十五年　丙寅(1686)　六十九岁

二月,与葬师卜地,往来于穹窿、元墓诸山,累旬不得。因于官山祖坟旁筑丙屋数间,闰四月为先妻举襄权厝于是,亡儿妇亦附焉。

《悔庵年谱》卷下。尤珍《沧湄年谱》康熙二十五年:"予四十岁,先大人举先母柩权厝于丙舍。"

三月，汤斌擢授礼部尚书，管詹事府事，赋诗送之。

《圣祖实录》卷一二五："康熙二十五年三月甲戌，谕吏部：'江宁巡抚汤斌在讲筵时素行勤慎，朕所稔知。及简任巡抚以来，洁己率属，实心任事，允宜拔擢大用，风示有位，特授为礼部尚书，管詹事府詹事。'"方苞考订、杨椿重编《汤文正公年谱定本》对此亦有载。《艮斋倦稿诗集》卷二（丙寅诗）《送汤潜庵中丞还朝二十六韵（原注：特进礼部尚书掌詹事府事）》："圣主当阳日，元良齿胄时。三阶需傅相，贰体藉经师。说命从天赉，皋谟动帝咨。讲筵昔启沃，直阁每书思。理学无勦说，文章有正辞。道高心自格，才大政能施。南国推登是，东郊赖尹兹。治民空岸狱，禁鬼绝淫祠。约法安耆老，陈书教小儿。动真忘夜寝，俭并废晨炊。自此年时熟，因之风俗移。福星一路戴，劲草九重知。……吴山瞻气象，江水写须眉。朝右尊人望，田间失我私。公归应不复，咏叹衮衣诗。"彭定求《南畇老人自订年谱》康熙二十五年："潜庵汤公自江苏巡抚特召为大宗伯掌詹事府事，入都陛见。"尤珍《沧湄诗稿补遗》卷二《送汤大中丞晋秩还朝二十六韵》亦为时作。

六月，于水哉亭纳凉。又泛舟鸳鸯湖，三日而返。

《悔庵年谱》卷下。《艮斋倦稿诗集》卷二《自和苦忆诗四首》序云："甲子重筑此亭（水哉亭），丙寅六月纳凉其上，忽忆此诗（原注：壬戌所作《苦忆诗二首》），风景不殊，恍然如梦，不觉悲喜交集，因和原韵复得四首，既用自慰，亦以志今昔之感也。"

中秋往无锡，送先贤尤袤之棺于惠山家祠，释菜于东林书院，谒道南祠。

《艮斋倦稿诗集》卷二《送先文简公入家祠感赋》："木主今朝修鼎荐，土垣他日俟丹涂。追思四将中兴日，何独遗编一字无。"同卷二《丙寅仲秋，释菜东林书院，谒道南祠，听讲有述二首》，一云："依庸堂户久凋零，书带犹遗芳草青。礼在仲冬宜舍菜，学为弟子共横经。百家参伍谁能说，一室东西皆可铭。瞻仰告曾规矩至，后人容易便趋庭。"《（康熙）无锡县志》卷六《学校》："东林书院，亦名龟山书院，宋杨文靖公时学河洛而归，程颢目送之，曰：'吾道南矣！'至常州无锡县留十有八年，此为文靖讲学地甚久，故其后即东林为书院，而名其祠以'道南'。"

九月，孙世求娶妇华氏。

《悔庵年谱》卷下、尤珍《沧湄年谱》康熙二十五年。

十月,修先垄墓道,疏浚沼池,立碑纪之。

《悔庵年谱》卷下。

十六日,序陆次云《北墅绪言》。

陆次云《北墅绪言》卷首有尤侗序,末署:"康熙丙寅小春既望长洲治年弟尤侗拜撰。"按,《初学记》谓"十月天时暖似春",十月即小春,可知尤侗是在十月间为陆次云集子作序。《艮斋倦稿文集》卷三《北墅绪言序》云:"平原公子,独推北墅之才;玄晏先生,即是西堂之客。"可见尤侗与陆次云之往来及对陆之赞赏。

是年,金阊周君卿刻《西堂全集》成,请以行世,因附以汤卿谋《湘中草》六卷。

《悔庵年谱》卷下。

是年,六弟定中得升陕西延安府神木知县,明年到任。

《艮斋倦稿文集》卷八《亡弟定中行状》:"丙辰会试下第,即乞恩为黟县教谕……已历九年,巡抚保举称职,丙寅升神木知县。"《神木县志》卷二:"尤何,江南苏州人,由举人康熙二十六年任(知县),宽和敦厚。"《(乾隆)长洲县志》卷二十四《人物四》:"(尤)何举壬子乡试,教谕黟县,以课士最授神木令。"

康熙二十六年　丁卯(1687)　七十岁

元旦,赋诗二首咏怀。

《艮斋倦稿诗集》卷二《岁朝咏怀二首》,一云:"不意浮生七十年,追寻旧梦转茫然。两朝知遇难忘国,一世穷通总信天。"又一云:"老翁七十复何求,唤我为官便掉头。田舍只怜形影伴,朝班犹愧姓名留。"

杜门谢客,然亲友元月十八日前来祝嘏,由珍儿宴酢之。

《悔庵年谱》卷下。

春,方舟邮其近作诗词,请为删定。

《艮斋倦稿文集》卷三《〈盘谷集〉序》:"往者方舟刻其《少游草》,予既为之序矣。丁卯春,复邮其近作诗词,属予删定。"方舟当为字,本名不详,活动于清初,好诗文,有《少游草》《盘谷集》。

至杭州,寓昭庆寺,观华山书玉律师传戒。三月八日,裘用贞招同金谷士张园赏牡丹。

《艮斋倦稿诗集》卷二《卓火传建讨筹山昇元观诗》。同卷二《赠宜洁律师》:"华山闻正范,圣水见威仪。四众归禅定,三年结止持。晓钟金殿震,夜咒石坛施。坐看传衣日,春风拥导师。"同卷二又有《谷雨前一日,裘用贞招同金谷士张园看牡丹》:"西湖景物最夭斜,况是名园斗丽华。老去看花浑似梦,春来把酒便为家。轻风不用檀槽搅,暖日偏宜苏幙遮。莫怪主人留客醉,消醒恰有雨前茶。"按,是年三月九日谷雨,故谷雨前一日即为三月八日。

裘用贞、金谷士,生平不详。据《(乾隆)长洲县志》卷二十四,金居敬,字谷似,长洲人(今江苏苏州),有《金谷似稿》。不知此处是否侗集刊刻或记载有误,暂置于此待考。

书玉,乃清代律僧,字宜洁,号佛庵,俗姓唐,江苏武进人,具体事迹不详。

三月间,流连西湖,与友人听雨赏花,春尽始归。

《艮斋倦稿诗集》卷二有咏西湖诸景之诗《飞来峰》《泠泉亭》《湖心亭》《放生池》《南屏》《孤山》《落星石》《棋盘石》。又同卷二《寓寺漫兴》:"西湖流寓已兼旬,弹指韶光又暮春。"可知时为三月间事。

四月,宋荦升山东按察使,抵任。

宋荦《西陂类稿》卷四十七《漫堂年谱》。

八月,送世求应乡试,至江宁。

原夏酷暑无纳凉处,重建揖青亭,为舟居之形,对原有设计拓加润饰。落成,重阳九日邀友人游揖青亭。

《艮斋倦稿文集》卷一《重建揖青亭记》云:"甲寅,闽难作,城南屯驻防之兵。予恐其窥我园也,遂毁是亭,距今又十有三载。先是戊午予应诏入都,六年不归。……客有诘予者,曰:'子之为是亭也……今子年七十矣,而仆仆焉土木是营,得无有一生几两之叹哉?'"按,吴三桂、耿精忠起兵叛清乃康熙十三年(1674)前后事,距时康熙二十六年正合十三年左右。尤珍《沧湄文稿》卷四《重建揖青亭记》:"予既请假之二年,侍家大人避暑亦园,思得爽垲之所,以供登眺而寓游息,遂重建揖青亭于园之东南隅,修旧业也。"《艮斋倦稿诗集》卷二《揖青亭落成。九日,与诸子登高,漫兴四首》,一云:"吾归五载后,乃有此茅亭。"另一云:"只须打两桨,便可泛沧州(原注:亭形似舟,故云)。"又一云:"已届重阳节,黄花勒未开。幸无风雨妒,赖有碧山陪。"知重阳节友聚之事。

十月，珍儿北上还朝。送至丹阳，并寄怀婿德元、友访濂。

　　尤珍《沧湄年谱》康熙二十六年："冬十月，启行赴京。"尤珍《沧湄诗稿》卷五《将入都，寄访濂司业》《漫兴》《录别三首》《途中写怀》等均为是时所作。其中《录别三首》，一云："偃息才二载，茶铛兼药囊。幸免肉食鄙，藜藿饱所尝。闭户拙生计，出门难办装。"尤珍《沧湄诗稿补遗》卷二《世求至京，书示二首》有句："乞归只二载，饥驱复相累。"《艮斋倦稿诗集》卷二（丙寅诗）《送珍儿北上四首》一云："送汝北征去，凄然岐路间。年衰离别苦，岁暮道途艰。绿酒空盈椀，白云正满山。斜阳回首处，悬望大刀环。"又一云："言归方二载，于役敢迟迟。家食诚难久，行装岂易治。典衣犹未办，索米复何之。莫为饥寒累，风人咏素丝。"前康熙二十四年乙丑年载有尤珍告假还乡事，此处所云"偃息才二载""言归方二载"与之正合。同卷二《忆珍儿道中四首》其一："十月从来应小春，如何分手早寒新。长安此去三千里，满地霜华愁杀人。"可知侗与珍分手乃于十月近岁暮之时，亦可知其内心不舍之意。同卷二还有《因珍儿北上，寄示陆婿俨庭并呈彭访濂》："与子分携四载剩，岁月遥遥移斗柄。仆作江南汗漫游，否即深山长养病。子也拜官入成均，国子先生著名姓。相思虽有百封书，梦中謦欬不相应。前年送帑归京师，团栾私喜话家庆。"尤侗自康熙二十二年于京师史局回乡，与彭定求分别至今确已四载余，同"与子分携四载剩"句相合。又，诗有"前年送帑归京师"句，前年即康熙二十四年，尤侗该诗云其是年曾送帑进京，然而并无相关诗文记载，其自撰年谱康熙二十四年对此亦无提及，仅"九月有事于皖江"之载，恐与此有关；而所送之帑，很可能即是陆婿之妻儿，姑置此以待他证。

十月十一日，汤斌卒，享年六十一岁。

　　方苞考订、杨椿重编《汤文正公年谱定本》康熙二十六年载："公薨时十月十一日丙辰卯时也，享年六十有一。"

往镇江访友不遇，至江阴，送李振裕督学内召还朝。又至洞庭，以天寒不及登缥缈峰而回。

　　《悔庵年谱》卷下："十月，珍儿北上，送至丹阳，往镇江访人不遇，还至江阴，送督学李醒斋内召还朝。"《艮斋倦稿诗集》卷二《舟中写闷》道："风色天斜逆不堪，来时西北返东南。送子远行意自苦，寻人不遇心如惔。"同卷二又有《洞庭阻风》诗以记当时天公不作美，"偶尔扁舟泛洞庭，北风烈烈雨冥冥。龙威丈人竟逐客,苍水使者方扬灵。日色常抱鼋鼍黑,山岚半卷楼台青。黄甘陆吉尔何在,试一呼之消醽醁。"知此游不顺。

李振裕(1641—1704),字维饶,号醒斋,江西吉水人。康熙九年(1670)进士,选庶吉士,授检讨,官至户部尚书,后以事革职。喜与文士酬唱而与王士禛不合,著《白石山房集》。生平事迹见《清诗别裁集》卷九、《清诗纪事初编》卷七。

冬,吴绮过苏门,时吴有目疾,侗往访之。

《艮斋倦稿文集》卷三《〈还晴记〉序》:"吾友吴茵次丧其子而丧其明,逾三年矣。丁卯冬,复来苏门,予访之,则令两童子扶出,握手相劳苦。"

原十月,宋荦升任江苏布政使,十二月抵苏州。

宋荦《西陂类稿》卷四十七《漫堂年谱》。《(民国)吴县志》卷六《职官表五》中"布政使"载:"宋荦,商丘人,二十六年任。"

十二月十五日,太皇太后崩。

《悔庵年谱》卷下。《圣祖实录》卷一三二:"康熙二十六年十二月己巳子时,太皇太后崩于慈宁宫。"徐釚《南州草堂集》卷十三《大行太皇太后挽词四首》、劳之辨《静观堂诗集》卷六《大行太皇太后挽诗,次徐健庵总宪韵六首》、尤珍《沧湄诗稿》卷六《大行太皇太后挽诗六首》、陈廷敬《午亭集》卷二十五《太皇太后挽辞》《太皇太后仙驭》、庞垲《丛碧山房诗二集·舍人稿》卷二《太皇太后挽章》等均为是作。

除夕,作词《驻云飞·十休歌》十首消遣自慰。

《艮斋倦稿诗集》卷二《驻云飞·十休歌》。

是年,秋多大风,发屋拔木,又虫灾,有诏敕二十七年地丁银及二十六年未完者。

《悔庵年谱》卷下。

孙枝蔚卒。宋德宜卒。叶封卒。杜濬卒。

康熙二十七年　戊辰(1688)　七十一岁

宋荦有咏绿牡丹诗,诸公和之。

宋荦《绵津山人诗集》卷六《绿牡丹二首》、《艮斋倦稿诗集》卷三《宋牧仲方伯绿牡丹诗和韵二首》、徐嘉炎《抱经斋诗集》卷九《和宋院判牧仲绿牡丹诗二首,次原韵》。

二月,重至武林,游西湖。一春苦雨,不能入山,仅从湖舫望山色空濛而已。

《艮斋倦稿诗集》卷三《湖上苦雨》《春分》《枕上口占》记阴雨天气,其中《湖上苦雨》:"一年一度到西湖,及到西湖一事无。风雨满天疑逐客,琴书独坐欲忘吾。泥中雪积桥真断,烟外梅残山更孤。只借酒杯供泼墨,灰堆画作米家图。"《年谱图诗》之《西湖泛月图》云:"纪游也,予于乙丑、丙寅、丁卯、戊辰四至西湖。"

二月十五日大雪,有记。

《艮斋倦稿诗集》卷三《清平乐·花朝大雪》:"西湖一半冰堆,六桥活葬残梅。更有一般奇绝,雪山又见飞来"。

是春会试,尤珍分房得士八人,钦点庶常三人姚士藟、潘宗洛、施震铨。

《明清进士题名碑录》、尤珍《沧湄年谱》。尤珍《沧湄文稿》卷二《潘书原文稿序》:"戊辰春,余奉命分校礼闱,得士八人。"《沧湄诗稿》卷二十一《潘书原督学楚中却寄(原注:潘为予戊辰分校所得士)》。《沧湄诗稿》卷九《送姚绥仲编修给假南归四首》题注云:"姚为予戊辰分校所得士。"《沧湄诗稿》卷十二《送施长六户部罢官南归,次访濂韵二首(原注:施为予戊辰分校所得士)》。

潘宗洛(1657—1716),字书原,号巢云,又号垠谷,宜兴(今属江苏)人,康熙戊辰进士,官至湖南巡抚。著《潘中丞集》。生平事迹见《四库全书总目》卷一八三。

姚士藟,字绥仲,江南桐城(今属安徽)人,康熙戊辰进士,官编修。著《瞻云草》《南归草》《馀斋诗集》《泳园文集》等。生平事迹见《江南通志》卷一六七。

施震铨,字长六,号稼村,长洲(今江苏苏州)人,施尔恭孙。康熙乙卯乡试第一,戊辰进士。生平介绍见《(民国)吴县志》卷六十八《列传六》。

清明适值湖上,咏诗记之。

《艮斋倦稿诗集》卷三《和〈清明诗〉序》:"予在湖上,值清明,日见孤山祭扫者,偶忆此诗(即东坡《清明诗》),因反其意和韵一首,亦破涕为笑也。"诗云:"百年坏土千年木,荒坟宿草无人哭。长眠魂魄几时还?但见西湖烟水绿。红妆笑倚碧桃树,墓门半是提壶处。家家陌上醉扶归,夕阳又听樵歌去。"

时沈珩(昭子)、毛奇龄(大可)、方象瑛(渭仁)、毛际可(会侯)皆至,略有唱和。

《悔庵年谱》卷下。《艮斋倦稿文集》卷二有为毛际可所作《〈浣雪斋词〉序》,毛际亦可曾作词《减字木兰花》为尤侗悼亡,收入《哀弦集》,知二人有所交往。

毛际可(1633—1708),字会侯,号鹤舫、松皋老人,遂安(今属浙江)人。任河南彰德府推官、改知城固,调祥符令,后举博学鸿儒不第。著《安序堂文钞》《松皋诗选》《浣雪词钞》。生平事迹见《清史列传·文苑》本传、《杭州府志》卷一七〇、《全清词钞》卷二、《清画家诗史》甲下。

归后,于家闲居,赏花遣兴。

《艮斋倦稿诗集》卷三《花前漫兴》:"牡丹先放才三朵,芍药新开只五枝。花到贫家宁见少,人当老境不争迟。"同卷三又有《始落一牙戏作》,均为闲居所作。

四月中,奉父尤瀹神主牌位入府学乡贤祠。

《悔庵年谱》卷下。

四月,宋荦升授都察院右副都御史,巡抚江西等处兼理军务。五月抵任。

宋荦《西陂类稿》卷四十七《漫堂年谱》。

三伏苦热,日坐揖青亭纳凉避暑,成《亦园十景竹枝词》。

《艮斋倦稿诗集》卷三《避暑》。同卷三《亦园十景竹枝词跋》曰:"姑苏有十景,……若吾庐在姑苏一隅而所谓亦园者,不过十亩之间,一丘一壑,奚似泰山之于丘垤,河海之于行潦哉。"其中分咏《南园春晓》《草阁凉风》《葑溪秋月》《寒村积雪》《绮陌黄花》《水亭菡萏》《平畴禾黍》《西山夕照》《层城烟火》《沧浪古道》十景,尤珍《沧湄诗稿》卷七亦有《家大人命咏亦园景十首》。《(民国)吴县志》卷三十九:"亦园中有十景,曰:南园春晓、草阁凉风、葑溪秋月、寒村积雪、绮陌黄花、水亭菡萏、平畴禾黍、西山夕照、层城烟火、沧浪古道,又有揖青亭、水哉轩,皆自为记。"

八月十五,作《中秋》志感。

《艮斋倦稿诗集》卷三《中秋》:"十载中秋天一涯,今年却喜晚还家。"

秋至澄江,吴绮(时年寿七十)前来舟中坐谈叙旧,时绮瞽目复明。

《艮斋倦稿文集》卷三《〈还晴记〉序》:"戊辰秋,偶至澄江,忽见茵次乘轩张盖,过予舟中,坐谈良久,不似向者侊侊何之矣。是岁,值其七十寿辰,因贺以诗曰:'阮公青白依然在,看尽青山看白山。'"《艮斋倦稿诗集》卷三《鹧鸪天·吴茵次七十》有"珠作架,锦为屏,红桥重见老人星。阮公青白依然在,看尽青山看白丁(原注:茵公目眚复明)。"

九月十九日,曹令忌辰十周年,延请青松庵僧九人礼忏,并荐亡儿、儿媳、孙女、演瑜伽,义施食一坛,追念逝者,不觉泫然。

《艮斋倦稿诗集》卷三《九月十九日,先妻忌辰礼忏,志感二首》,一云:"弹指光阴忽十年,瓣香何处吊重泉。钗钿久委尘沙地,钟鼓空闻忉利天。绿鬓佳人长已矣,白头老子尚依然。西风不住吹离恨,嘹呖孤鸿叫暮烟。"又一云:"稽首慈悲两足尊,一家死别最酸辛。沉埋偏苦女流辈,短折还哀年少人(原注:并荐亡儿、儿妇、孙女)。佛与消灾宝忏在,鬼犹求食纸钱陈(原注:演瑜伽义)。从今永断幽明界,莫恋三生未了因。"

为徐釚《词苑丛谈》作序。

《词苑丛谈》卷首尤侗序云:"予尝纂《明史·艺文志》,其以诗话著者,西涯、昌谷而下,累累数十家。而词话自升庵之外无闻焉。古今词话久已失传,其轶时见于他说,抑何鲜哉!……年友徐子虹亭,词人之翘楚也,向曾续孟棨《本事诗》,予为作序。今复辑成《词苑丛谈》一书,盖撮前人之标而搜新剔异,更有闻所未闻者……予故重为之序。夫古人有诗史之说,诗之有话,犹史之有传也。诗既有史,词独无史乎哉?愿以传之海内,且为他日《艺文志》中增一则佳题也。长洲尤侗撰。"

十一月,得曾孙,时值奉诏覃封。

《艮斋倦稿诗集》卷三《喜得曾孙二首》一云:"今朝开口笑,且喜得曾孙。……正遇黄封降,扶筇独拜恩(原注:时奉诏覃封)。"其二有"七十才馀一,居然号太公。单传成小户,四叶衍衰宗"句,均载得曾孙事。尤珍《沧湄年谱》康熙二十七年:"冬,太皇太后祔庙,恭遇覃恩,赐表里各一,敕授文林郎,室丘氏封孺人。"

十二月,访濂还乡省觐。

彭定求《南畇自订年谱》康熙二十七年:"十二月,升翰林院侍讲。念长宁公(即定求父珑)年日高,久作归计。先于是秋遣眷属附漕艘南下,长宁公寄示曰:'汝须俟雍职量移,方可乞假。'故复需次以待,即于改官三日后投牒吏部,乞假省亲。岁暮,出彰义门,同人赋诗赠行。"尤珍《沧湄诗稿》卷六《送彭访濂侍讲省觐南归二首》乃为送别而作,其一云:"除书新下才三日,请急幡然归故庐。自是庙堂崇孝治,肯容臣子乞闲居。都门腊月冰霜净,驿路春风花柳舒。陟岵不劳瞻望久,騑騑四牡到庭间。"

是年,外孙女金氏嫁于太学生潘肇铉。

汪懋麟卒。

康熙二十八年　己巳(1689)　七十二岁

正月初一,作诗记之。

《艮斋倦稿诗集》卷三《己巳元旦》:"震泽高峰七十二,老夫今岁与之齐。"

正月八日起,康熙帝南巡视察黄河河工。二月三日,舟至苏州,时万岁楼落成。侗与诸臣迎至惠山,朝于行宫,受赏赐。驾幸虎丘灵严元墓,又随往钱塘、会稽。二月下旬回銮,复送至惠山。

《圣祖实录》卷一三九。董含《三冈识略》卷十补遗:"康熙二十八年己巳正月初九日,皇上南巡狩,至于会稽,蠲江南赋二百二十馀万。所经之地,结彩悬灯,焚香燃烛,以望临幸。士女皆艳妆拥观,自上元至二月尽乃止。我郡彩棚,亦绵亘二十里,游人喧阗,鼓吹之声,彻夜不绝。"《艮斋倦稿诗集》卷三有《驾幸虎丘,适万岁楼落成,恭纪一首》,同卷三又有《圣驾南巡,恭纪八首》,一云:"省方宜黜陟,贤者赐金缯。匪止分升降,因之示劝惩。恩推田舍老(原注:七十以上皆赐肉帛),波及比丘僧。别有蘋婆果,聊酬书画能。"尤侗时年七十二,故当时应受赏赐。又按,《(民国)吴县志》卷十九:"虎丘山距城西北七里……入门而左,为清圣祖、高宗南巡驻跸行宫,山之绝顶为静观斋,清圣祖御题,即千顷云旧址。"

闰三月,送帑北上,途中颇受人刁难,时逢初度,赋诗志感。六月送抵东昌,舟返。

《悔庵年谱》卷下。《艮斋倦稿诗集》卷三《途中生日,漫书七首》,一云:"无端送帑泛孤舟,到处仇雠与命谋。大小难过八十一,恰如三藏记西游。"另一云:"赵家厮养霍家奴,叱咤謾哦无事无。尔辈不堪犬豕食,吾侪任作马牛呼。"又云:"七十衰翁已白头,三千里外复何求。人情更助羊肠险,客况还添牛后羞。"可知送帑之时曾受人刁难,颇为不易。又同卷三其后《东昌返棹》:"官船卸却换民船,两日才能坦腹眠。苦海幸离黑獭去,野田欣共白鸥还。回帆罢听铙吹闹,下闸徐看竹缆牵。始信吴江葭苇里,渔歌欸乃更悠然。"可推知,当时为难尤侗的可能是一些下等官兵卒。尤珍《沧湄诗钞》卷一《偶成》(己巳诗)题注云:"时家大人遣帑至京。"诗云:"索居亦已惯,褊性殊寡谐。妻帑忽相聚,惆怅无欢怀。每日摊书印屋梁,愁心遥寄白云长。多情惟有天边月,半照京华半故乡。"《沧湄年谱》康熙二十八年亦有记侗父送帑事。

舟中读六弟尤何自神木来信,怅然有感。时尤珍亦收尤何去信,亦答之。

《艮斋倦稿诗集》卷三《舟中阅定中六弟神木所寄诗,怅然有怀,却寄二首》,一云:"江南一望白云天,何处秦关屈野川。春草只怜客梦断,秋风空倩雁书传。对床夜雨长千里,分手家园忽十年。正是孤舟人不寐,新诗读罢自凄然。"又一云:"我尝从事历边州,尔亦单车向陇头。骨肉那堪垂老别,肝肠同结异乡愁。但逢知己鸣长剑,莫厌微官叹敝裘。何日政成驰传去,燕台暂作竹林游(原注:珍儿在都)。"尤珍《沧湄诗稿》卷六《寄六叔父神木县四首》,一云:"蓟门西望是秦中,云树迷离惊断鸿。忽见尺书天外到,相思一夜起霜风。"

途中欲访友,皆不遇,加之天炎水涸,劳苦备至,归而卧病。

《艮斋倦稿诗集》卷三有《新河》《渡江》《逆风》等记之。其中《渡江》末注:"自清江浦、维扬、京口访人,皆不遇。"

寄诗张衡,时值张任职陕西。

《艮斋倦稿诗集》卷三《寄张晴峰少参》:"汉京雅重张平子,曾听雷琴杂弄声。文旆久看七里濑,使车今到五原城。遥知塞外无烽火,尽说胸中有甲兵。我托雁行频寄讯,南楼风月好逢迎。"尤珍《沧湄诗稿》卷六《寄张晴峰少参》中"携琴今向秦中去,建节开牙五原路。官阁坐帘一再弹,鸾吟凤啸频轩翥"句,亦记张衡任职陕西之事。

张衡(1631—1696),字友石,号晴峰,景州(今河北景县)人。顺治十八年(1661)进士,仕至榆林东路道,有《禊亭诗选》,生平事迹见《清诗纪事初编》卷五。

在家杜门休夏,秦生镜遣使致书,并携其所著《冰玉堂诗》前来邀序。

《艮斋倦稿文集》卷三《〈冰玉堂诗〉序》:"癸亥之秋,予请急南归,假道定州。州守为年友秦水心使君,故吾郡司马也,留予止三日。……今己巳,越七载矣,休夏杜门,公忽遣使致书,并赍所著《冰玉堂诗》而属之序。"

七月,孝懿皇后崩,哭临三日。

《圣祖实录》卷一四一。尤珍《沧湄文稿》卷六《恭拟祭孝懿皇后文(原注:七月十五日)》《恭拟三祭孝懿皇后文(原注:七月二十七日)》《恭拟上谥册祭孝懿皇后文》、陈廷敬《午亭集》卷二十六《孝懿皇后挽词六首》等均作于是时。

至吴江,再入穹窿遮山。

《悔庵年谱》卷下。

闻毛奇龄老来得子,贺之。

《艮斋倦稿诗集》卷三《闻毛大可得子,戏贺二绝》,一云:"洗儿指日便摩空,吾辈应成百岁翁。努力著书三万卷,他年口授小毛公。"

十一月二十八,亲家郑兼山五十诞辰,携酒寿之。越十二月初一,却闻其讣,遂往哭之。

《艮斋倦稿文集》卷八《郑兼山墓表》:"先是己巳十一月二十八日,为吾亲家郑君兼山五十诞辰,予携觞上寿,遂留书斋小饮,握手道故,君健甚无恙也。越十二月朔,忽以君讣音至,予惊怆亟,往哭之。"

郑兼山,生平不详。

是岁秋旱,有虫灾,禾谷不登。朝廷有蠲荒之令。

《圣祖实录》卷一三九。《艮斋倦稿诗集》卷三《己巳除夕》:有"朝廷方下蠲荒令,可许推恩及砚田"句,劳之辨《静观堂诗集》卷六《己巳二月二日,锡山道中迎驾,恭纪二首》有句"黄诏风行重免赋",后注:"江南已免去年正赋,新奉诏旨积逋尽蠲。"均载时年蠲荒事。

彭珑卒。

康熙二十九年　庚午(1690)　七十三岁

正月初一,往圆妙观朝贺龙亭,赋诗以记。

《艮斋倦稿诗集》卷四《庚午元旦》:"可笑野老衰惫甚,尚穿朝服拜宸旒(原注:是日,于圆妙观朝贺龙亭)。"

一月间,序曹亮武《南耕词》。

曹亮武《南耕词》卷首有尤侗序,末署云:"庚午上春长洲尤侗撰。"《艮斋倦稿文集》卷三有《〈南耕词〉序》。

曾孙痘殇,哭之。

《艮斋倦稿诗集》卷四《哭曾孙痘殇六首》,一云:"玉雪娇儿绝可怜,常时嬉戏小堂前。彩衣绣裸犹遗弄,忍看金钱化纸钱。"又一云:"老翁颠倒哭婴孩,双泪模糊眼不开。早起怕将青镜照,阿谁更挽白须来。"

二月二十五日清明,念及亡曾孙忧闷伤感。

《艮斋倦稿诗集》卷四《无花无酒过清明四首》,一云:"无花无酒过清明,玉树凋残剩几茎(原注:庭前玉兰半枯)。我吊树兮树吊我,谢庭何处觅香婴?"

二十六日,康熙帝与释超揆谈及侗。

《艮斋倦稿文集》卷十四《奏对备忘录题跋》后附有康熙帝与释超揆奏对语录:"庚午二月廿六日,上问:'南方才子如尤侗这样人还有么?'揆奏:'尤侗尚健,诗文宕逸,《西堂杂组》为世传诵。馀人虽有,恐未能与之齐名。'上曰:'你说得是。'"

超揆即文园公,又名同揆,字轮庵,谥文觉禅师,吴县(今江苏苏州)人。康熙十七年(1678)住绍兴大能仁寺,雍正间召入京师,敕住古华严寺。著《洱海丛谈》《寒溪草堂诗》《轮庵语录》《湘云草》等。生平事迹见《宗统编年》卷三二、《江苏诗征》卷一七九、《苏州府志》卷一三四、《(民国)吴县志》卷七十七《列传释道一》《清诗别裁集》卷三二。

三月,孙世求北上应会试,送至锡山而返。

《艮斋倦稿诗集》卷四《求孙北上送之》,有"暮春三月中,小园遍花萼"句,可知时值三月。尤珍《沧湄诗稿补遗》卷二《世求至京,书示二首》。

四月,黄与坚夫妇七十初度,赋诗祝之。

《艮斋倦稿文集》卷四《黄忍庵七十双寿序》。《鹤栖堂稿诗集》卷四《挽同年黄忍庵赞善》云:"忆昔绅书在帝京,老来犹喜会耆英。自惭马齿三年长(原注:予戊午,君辛酉),共笑王瓜四月生(原注:二人同生四月)。剩欲买山终未得,久思刻集尚无成。人生聚散真泡影,世外荣华身后名。"可知黄与坚较尤侗少三岁,即生于1621年4月。

高士奇《天禄识余》成,为作序。

《天禄识余》卷首载尤侗序,末署:"康熙庚午伏日,长洲尤侗谨撰。"

六月至武林,毛奇龄招同钱中谐、倪璠、聂先饮于湖舫。

《艮斋倦稿诗集》卷四《毛大可招饮湖舫,同钱宫声、倪鲁玉、聂晋人二首》,一云:"偶逐良朋载酒游,风来水面好勾留。旁人指点苏堤畔,尚系迎銮云母舟。"

倪璠,字鲁玉,钱塘(今浙江杭州)人。举人,官至内阁中书。著《神州古史考》《方舆通志》《补辽金元三史艺文志》,辑《庾信年谱》等。生平事迹见《清史列传》卷七一。

聂先,字晋人,号乐读居士,庐陵(江西吉安)人。辑《西湖六君子诗钞》《西湖三太守诗钞》,并与曾王孙辑《百名家词钞》。

七月疟疾,匝月乃愈。

《悔庵年谱》卷下。

八月十九日,与织部曹寅、余怀、梅蕊、叶藩会饮挹青亭,赋诗唱和,并图影记之。

《艮斋倦稿诗集》卷四《八月十九日,曹荔轩司农同余澹心、梅公燮、叶桐初过挹青亭小饮,拈"青""池"二韵二首》,一云:"点缀乾坤一草亭,逢迎赖有远山青。秋来已是七八月,客至恰如三五星。"另有"残樽未了催灯火,收拾诗囊付画师"句,诗末注云:"曹公许令画师作图。"

叶藩,字桐初,号南屏,太仓(今属江苏)人。不应科举,著《惜树斋稿》。生平事迹见《(民国)太仓州志》卷二十、《江苏诗征》卷一六〇、《全清词钞》卷三。梅蕊,字公燮,具体事迹不详。

曹寅(1658—1712),字子清,号荔轩、楝亭,满洲正白旗包衣,自署千山,祖籍辽阳。康熙二十九年任苏州织造,两年后兼任江宁织造,康熙四十三年官至通政使。善诗文,工词曲,著诗文《楝亭诗钞》《词钞》《文钞》及戏曲《北红拂记》《表忠记》等。

重阳节前一日,又与钱澄之、周疆、吴谌会饮挹青亭。

《艮斋倦稿诗集》卷四《九月八日,同钱饮光、周竞庵、吴慎旃饮挹青亭,再叠前韵》,一云:"子美沧浪昔有亭,至今山色尚馀青。秋风昨日过寒露,旧雨今朝聚客星。老景只应看落木,生涯久已付浮萍。白衣谁送陶潜酒,且醉村醪免独醒。"

钱澄之(1612—1693),原名秉镫,字饮光,后改名澄之,桐城(今属安徽)人。明诸生,曾任南明彰州府推官,永历三年考授翰林院庶吉士,知制诰,入清不仕。著有《藏山阁集》《田间集》《所知录》《庄屈合诂》等。生平事迹见《小腆纪传》卷五五《文苑》、《清史列传》卷六八、《明遗民诗》卷四、

《(民国)吴县志》卷七十六《列传流寓》等。

秋,世求自京城应试毕即回乡。

尤珍《沧湄诗稿》卷七《儿子世求至京,试毕即归,诗以送之二首》,一云:"凄凉十口寄京华,即次虽安未是家。望远心随云影乱,思归目断雁行斜。欲留旅食良多累,漫趣行装更自嗟。苦忆老亲书数纸,秋深待尔伴黄花。"

十月十一日,大风微雨,与曹寅、余怀、叶藩、董麒会饮水哉轩,饮酒唱和。

《艮斋倦稿诗集》卷四《十月十一日,曹荔轩、余澹心、叶桐初、董观山水哉轩小饮。是日大风微雨,和澹心韵二首》:"昨日斜阳今日风,与君把酒对寒空。谁能唱和竹枝曲,聊可淹留桂树丛(原注:诸公和予《亦园竹枝词》)。"

董麒,字观三,别号壮斋,先世山左莱州人,后迁至吴。生平事迹见彭定求《南畇文稿》卷十《翰林院庶吉士观三董君行状》。

十一月二十一日,自序《艮斋杂说》。

《艮斋杂说》末尾落款为:"康熙庚午冬至日,长洲尤侗自序。"

十二月间,又得曾孙秉元。

《艮斋倦稿诗集》卷四《十二月,重得曾孙志喜》:"此日非熊真再来,金镮犹在复投胎。吉祥梦应添丁口,欢喜诗成进酒杯。檐际频闻花鹊噪,雪中早见玉梅开。小同更好逢司马,定有相如续赋才(原注:曾孙午生与予同)。"尤珍《沧湄年谱》康熙二十九年:"是岁,家中孙男秉元生。"

尤秉元,字昭嗣,侗曾孙。《(民国)吴县志》卷六十八上《列传六》载:"康熙甲午举人,出知四川乐至。县旧有盐井,井废弃税存,力请上官除之。山田苦旱,筑塘堰以资蓄泄,社仓在城,民艰运,分建四乡以均道里之远近。生平节俭寡欲,三十丧偶,独居三十馀年,旁无媵侍。公退焚香默坐,闲赋小诗,见者疑为枯禅。居乡不与外事,(乾隆)十四年卒,年六十。"

除夕,作诗赋感。

《艮斋倦稿诗集》卷四《庚午除夕》有"掀破历头成一笑,今年已过仲尼关"句。

是年,题吴历《三巴集》。

《艮斋倦稿文集》卷七有《题〈三巴集〉》。陈垣编《吴渔山先生年谱》

"庚午康熙二十九年"载:"尤侗题《三巴集》当在本年,《艮斋倦稿》十五卷,前八卷分体编纂,第九卷以下自壬申至戊寅分年编纂,此文在第七卷题跋类,必著于辛未以前,故有吴子近从海外归之语。"按《艮斋倦稿》卷一至卷八分体编撰,卷九至卷十五收壬申(1692)至戊寅(1698)间所作文,那么《题〈三巴集〉》当作于壬申(1692)即康熙三十一年之前。又据《吴渔山先生年谱》,吴历于康熙二十年赴澳洲,于康熙二十七八年左右回国,《题〈三巴集〉》有云:"吴子雅工诗,善书画,近从海外归,言词泠泠,有御风之致,予异之尤甚,亦欲执化人之祛矣。"由此,该文当作于吴历海外归来不久,但似不应迟至辛未(1691)即康熙三十年,否则"近"字何为?姑同陈垣先生看法,将该文创作年月置此康熙二十九年。

吴历(1632—1718),本名启历,一作子历,字渔山,自号墨井道人,别号桃溪居士,常熟(今属江苏)人。康熙二十一年入天主教,二十七年受任司铎。著有《墨井诗钞》《三巴集》,生平事迹见《清史稿·艺术》本传、《江苏诗征》卷十二、《(同治)苏州府志》卷一百十、陈垣《吴渔山先生年谱》等。

序徐崧、张大纯所辑《百城烟水》。

康熙刻本《百城烟水》卷首有尤侗序,落款时间注云"康熙庚午",《艮斋倦稿文集》卷三亦载此《〈百城烟水〉序》。

徐崧(1617—1690),字松之,号朣庵,江南吴江(今属江苏)人。著《朣庵集》《百城烟水》《东南舆地记》。生平事迹见《明诗综》卷八十下、《明遗民诗》卷十一、《雪桥诗话馀集》卷一、《(乾隆)吴江县志》卷三十、《明代千遗民诗咏二编》卷九等。

张大纯,长洲(今江苏苏州)人,有诗名,与徐崧友,合辑游记作品《百城烟水》。

续刻《西堂馀集》。

是岁大寒,民有冻死者,果木皆槁。

汪琬卒。

康熙三十年　辛未(1691)　七十四岁

正月初一,赋诗记感。

《艮斋倦稿诗集》卷四《辛未元旦》:"爆竹声残晓梦回,蓬门积雪向晨开。太平历上春将至,长吉诗中官不来。"

宋世滌出《岁交》诗以示,和之。

《艮斋倦稿诗集》卷四有《宋文森示〈岁交〉诗,多出世语,走笔和之》一云:"人生何怨亦何恩,随分朝饔与夕飧。杯泛屠苏宜薄醉,炉烧榾柮定奇温。生公点石兴妖怪,愚叟移山误子孙。解道养心真第一,杨雄犹识美灵根(原注:元旦)。"

宋世滌(?—1702),字文森,号城南,长洲(今江苏苏州)人。明进士。鼎革后,居家学佛。逢天笠行珍过苏大云庵,遂屡往谒之,颇受点悟。著《城南内外篇》《城南草堂集》《治平唱和诗》《城南唱和集》。传见《五灯全书》一〇一补,《居士传》五十四等。

珍儿受王士禛嘱,和其《西城别墅十三咏》。

尤珍《沧湄诗稿》卷九《石渠集》有《西城别墅十三咏》,题注云:"新城王阮亭先生命赋。"此诗位于同卷九《酬孙树峰元夕见怀次韵》之前,故推知尤珍和咏王士禛诗当于正月十五之前。

正月十五,六弟尤何因伤寒卒于神木任所,享年五十九岁。二月讣至,哭之,作行状一篇。弟倬遣子琦前往扶榇,归为营葬。

《艮斋倦稿诗集》卷四《哭六弟定中八首》,其一云:"我年六十汝归家,犹记称觞鬓未华。屈指明年君六十,可怜旅榇落天涯。"又一有"如何竟死伤寒症,寒到穷官买药难"句。《艮斋倦稿文集》卷八《亡弟定中行状》:"呜呼,六弟之没也,官不过七品,年不及六旬,而子身远宦,客死四千里之外,人间可哀至此极矣。……素无疾病,忽于今年正月六日迎春宴归,微感风寒,医者误投凉剂,遂转剧,至十五日溘然而逝。……弟生前癸酉四月念(疑为'廿')九日辰时,卒康熙辛未正月十五日戌时,享年五十九岁。"《(乾隆)长洲县志》卷二十四《人物四》:"(尤何)卒于官,倬闻命子琦往扶丧,归为营窀穸。"尤珍《沧湄诗稿》卷九《哭六叔父殁于神木官舍四首》亦为伤悼所作。

久卜墓地未得,地师吴君光为相鹞子坞,一丘正抱官山之背,与祖坟相接,甚乐之,将筑生圹。又请画师凌遥集写大像,为他日影堂之供。

《悔庵年谱》卷下。《艮斋倦稿诗集》卷四《卜地四首》,一云:"十年卜地总茫茫,偶见牛眠鹞子冈。最喜官山傍先垅,白云亲舍永相望。"

四月十一日,曹寅、叶藩、程义、朱赤霞过亦园会饮。

《艮斋倦稿诗集》卷四《四月十一日,曹荔轩同叶桐初、程正路、朱赤霞过亦园小饮,拈"青""池"二韵》:"去冬冰雪坚,今春风雨急。主人不窥园,有客无门入。荏苒朱夏初,万树皆碧色。菜花亦已残,馀香尚堪拾。高轩来何迟,不速三人集。欣然陟亭皋,洒扫治茗汁。孤云相徘徊,众鸟飞习习。骤闻笑语喧,田夫荷锄立。小憩却尘嚣,都忘在城邑。倘能一斗醉,酒浆正可挹。"

程义,字正路、耻夫,号雪斋、晶阳子等,歙县(今属安徽)人。能手搏击剑,曾以军功授黄陂县丞,后罢归。工诗善画,命笔好泼墨,有《西园雅集图》,生平事迹见《(民国)歙县志》卷十《人物志》。

朱赤霞生平不详。

五月,序陶孚尹《欣然堂集》。

康熙五十一年陶士铨刻本《欣然堂集》卷首有尤侗序,署云:"康熙岁次辛未仲夏,同学尤侗拜书于水哉轩。"

陶孚尹,字诞仙,号白鹿山人,江阴(今属江苏)人。贡生,康熙二十五年选安徽桐城县教谕,罢归。有诗词名,著《欣然堂集》。生平事迹见《江苏诗征》卷四三、《全清词钞》卷八等。

六月,宴诸同人于水哉轩,纳凉观荷,是岁每月一会,仿佛兰亭洛社之遗。

《悔庵年谱》卷下。

徐元文病卒,至昆山吊丧,感伤久之。

《艮斋倦稿诗集》卷四《舟至昆山》:"扶杖来登鸭嘴船,西风又是晚秋天。渔翁篝蟹沿溪岸,农子筌禾下水田。霜色早侵红树里,山光正落布帆前。不堪回首西州路,樽酒平生四十年(原注:时昆立斋相公之丧,故感及之)。"《艮斋倦稿文集》卷八《祭徐立斋相公文》,亦为吊徐元文所作。

返家途中,经宋德宜墓,赋诗以叹。

《艮斋倦稿诗集》卷四《经宋文恪公墓,口号叹之五首》,一云:"可叹同朝两相公,一时埋骨九泉中。扁舟独吊西风里,剩有当年白发翁。"按,《(民国)吴县志》卷四十一:"宋文恪公德宜墓在沙河北、萧泾桥东。"

值薛柱斗七十寿辰,寄诗祝之。

《艮斋倦稿诗集》卷四《寄寿薛梁公侍郎并华麓太守》:"昔我同年生,开府皖江渚。予从长安归,扁舟此延伫。握手追古欢,衔杯剪灯语。……返驾过秣陵,令子复相遇。人称小薛公,参军少年许。今年正七十,精力强壮伍。堂前二千石,捧觞寿阿父。"

十一月，珍儿分纂《明史》，又分纂三朝国史。

《沧湄年谱》康熙三十年："十一月，分派纂修《明史》，又分派纂修三朝国史。"

十二月初一，曹寅母六十初度，为文祝之。

《艮斋倦稿文集》卷六《曹太夫人六十寿序》："曹母孙太夫人者，司空完璧先生之令妻，而农部子清、侍卫子猷两君之寿母也。于今辛未腊月朔日年登六袠，鄫邑诸大夫共酌大斗为祝。"

十二月间，自序《艮斋倦稿》。

《艮斋倦稿·自序》末署云："辛未腊月，艮翁尤侗自序。"

是岁，孙世求援例准岁贡。

《沧湄年谱》康熙三十年。

梁清标卒。冯溥卒。

康熙三十一年　壬申（1692）　七十五岁

正月，尤珍于京邸嫁二女，一适彭定求长子彭始乾，一适侍御顾镡（诗城）之子顾濂（癸酉举人）。

尤珍《沧湄年谱》康熙三十一年："正月，次女归于彭婿始乾，三女归于顾婿濂，同日成礼。"尤珍《沧湄诗稿》卷十《示两女二首》，一云："禽向思为五狱游，匆匆遣嫁莫迟留。天吴紫凤原无有，补缀空添一段愁。"亦为二女出嫁所作。《艮斋倦稿诗集》卷十二《前进士顾公墓表》："先生有孙举人濂为予女孙婿。"《悔庵年谱》康熙三十一年："正月，都中嫁二孙女，一为彭访濂侍讲子始乾，太学生；一为顾诗城镡侍御子。"彭定求《南畇老人自订年谱》康熙三十年："十月，长子始乾诣京，就婚于尤谨庸邸舍。"此处二人所云时间有所出入，考当时情形，应该是彭始乾于康熙三十年十月入京，康熙三十一年正月与尤珍之女成婚。

春，检故箧，有旧时文集，重加编次，删存六十四篇，名为《今文存稿》。

《艮斋倦稿文集》卷三《〈今文存稿〉自序》："予束发受书，掉鞅文场几及廿载……然五踏省门，仅中副车，一对大廷，捧檄遂去。风尘漂泊已四十年，此道之不谈固其所也。……今春闲居，偶检故箧，尚剩一本，阅之慨然而叹，殆如关山千里忽见故人，风雨三更重寻旧梦，有不堪回首者矣。……儿子珍固请重加编次,删存六十四篇。"按,尤侗"捧檄遂去"任永平推官乃于顺治九年(1652),删定《今文存稿》并作此序时"已四十年",那么其时至少为康熙三十一年(1692),有恐于"四十年"云未必为确数,姑暂置于此待证。另外韩菼《有怀堂文稿》卷五也有《尤悔庵〈今文稿〉序》,云:"悔庵先生诗歌古文擅一时,余尝读其《西堂杂组集》,有赋论语题诗,知先生于经义深矣已,乃梓其《今文存稿》如干首,征余序。"可证尤侗确实著有《今文存稿》,惜未见。

闲居无聊,作《续论语诗》三十首。

《西堂馀集》第一册《续论语诗》卷首:"壬申春,正闲坐无聊,意欲作诗而苦无题,案头有四子书,信手拈之,得近体三十首。"

二月十五日,彭访濂为侗《续论语诗》作跋。

彭访濂《续论语诗跋》末题:"康熙花朝,同里通家子屏岁彭定求跋。"

彭访濂招饮赏观杏花。

《艮斋倦稿诗集》卷五《彭访濂太史招饮看杏花》:"春风初放杏坛花,一树芳菲倚日斜。尚傍梅梢霁白雪,早先桃花烂红霞。亲朋共赏欢樽酒,少长相看惜岁华。自是草堂幽兴好,旁人莫认状元家。"

十九日,至官山省墓。

《艮斋倦稿诗集》卷五《清明后一日,省墓至官山》:"清明芳草绿无涯,未尽桃花夹菜花。一路帆樯真水国,半村篱落似山家。人过社后呼新燕,树老坟头叫暮鸦。何限白云增怅望,年年倚杖踏平沙。"因是年清明乃二月十八日,故其后一日为二月十九日。

二十八日,曹寅、彭访濂、余怀、叶藩等会揖青亭看菜花。

《艮斋倦稿诗集》卷五《二月廿八日,揖青亭看菜花作同曹荔轩、彭访濂、余广霞、梅梅谷、叶南屏、朱赤霞、郭鉴伦》:"奇绝南园香十里,黄金散尽曼陀华。湘累空吊江头叶,朔客休疑塞上沙。茗饮清谈须我辈,酣歌作剧任他家(原注:时有歌于花间者)。可怜不入诗人咏,辜负春风日放衙。"

四月二十四日生辰,作《吾年七十五》诗记之。

《艮斋倦稿诗集》卷五《吾年五十七》序云:"予甲寅年仿白香山作《吾年五十七》诗,落句云'醉卧六千日,醒来七十五',初谓岁月遥遥,聊为戏语,岂意一弹指间,忽焉已至哉!偶尔念及,不觉矍然,复次前韵,以记今昔,悼时感物,情见乎辞。"

五月,至平湖。是夏大热,洞庭吴序商馈西瓜。秋旱。

《艮斋倦稿诗集》卷五《苦热》《夜起纳凉》《吴序商饷西瓜二首》《秋旱》。

吴序商生平不详。

六月十七日,宋荦奉特旨调补江宁巡抚。

宋荦《西陂类稿》卷四十八《漫堂年谱》。又《(民国)吴县志》卷六十四《名宦三》:"宋荦,字牧仲,商丘人。康熙三十一年由江西巡抚移节江苏,凡民间利病,咨访甚勤,每逢欠岁,奏请蠲赈……去后,人皆思之。"

六七月间,因食河鱼患腹疾。

《艮斋倦稿诗集》卷五《病叹》:"一夜数十起,不寐宁无吡。三黄徒苦口,五炁难消摩。肌骨渐已削,涕泪翻如沱。"

彭始乾将偕妻南还,珍儿赋诗送之,并寄亲家访濂。

尤珍《沧湄诗稿》卷十《寄怀彭访濂侍讲十首》,一云:"一别青门三载馀,迢迢南北尺书疏。梦中识路常相访,恰为君家近敝庐。"按,访濂自康熙二十七年底还乡,至此时恰三载有余。又一云:"玉树自堪称玉润,冰衔何敢说冰清。殷勤半子关心切,好遣前贤畏后生(原注:令子力仁为予婿,时偕次女南归,故云)。"同卷十《示两女二首》,一云:"远辞膝下剧悲酸,薄宦无成兴欲阑。莫为别离情思苦,归宁犹得话团栾。"由于尤珍诗集以次编排,此二诗后有《六月二十七日,畅春园引见恭纪》,故作二诗当为六月二十七日前之事,暂置于此。

八月初四,宋荦抵苏州任职。

宋荦《西陂类稿》卷四十八《漫堂年谱》。

十七日,彭访濂、李凤雏、叶璠会揖青亭饮酒唱和,访濂约再聚。

《艮斋倦稿诗集》卷五《八月十七日,彭访濂、李紫翔、叶汉章揖青亭小饮,和韵二首》,一云:"策杖窥园破径苔,萧条秋气已悲哉。在家节序常多感,对客襟怀且小开。野鸟无端争茂树,晚云有意傍荒台。亦知良会非容易,明日宁辞载酒来(原注:访濂许携酒再过)。"

李凤雏(1655—1724),字紫翔,号梧冈,东阳(今属浙江金华)人。著《春秋纪传》《梧冈诗集》《叩心集》等。《东阳县志》卷十八:"都下才士林立,少足当其(梧冈)意,故交虽广而不终。再应举不中,乃归至苏,与尤侗、彭定求唱和,后乃执挚萧山毛奇龄之门。年五十以教习谒选得曲江令一年,仍以强项落职。"

十九日,彭访濂携酒与李凤雏、叶璠、开石上人再集揖青亭,侗与开石上人对弈。凤雏将聚会唱和之作集成《荕南倡和诗》,侗为之跋。

《艮斋倦稿诗集》卷五《十九日,访濂携酒同紫翔、汉章再集揖青亭,开石上人亦至,叠韵二首》,一云:"园丁为我扫莓苔,有客招邀亦快哉。率而杯盘随地设,悠然图画自天开。青山满眼思樵谷,白月当头上啸台。谁与诗人伴小鸟,敲门适有老僧来。"又一云:"朝来爽气照平畴,领略风光占一秋。怅望衡阳无雁过,闲观濠上有鱼游。行棋大似排墙脚(原注:予与上人弈),弄酒多应倒瓮头。即景醉吟堪永日,白云好我也停留。"《艮斋倦稿文集》卷九《〈荕南倡和诗〉跋》:"金华李子(凤雏)扁舟千里,省师吴门,下榻兼旬,献酬忘倦。因寻南墅,偶过西邻,邂逅忻然,相与班荆挈榼,酒酣以往,各缀篇章,遂集《荕南倡和诗》都为一卷。李子此行,奚囊三尺,既载荕南之胜以归,而荕南秋色亦得李子引发,吾辈点染数行,留为佳话,可谓时地双美,宾主两得……彭与李也,皆以诗鸣,他则叶生以画,开公以弈,并助诗家鼓吹。独予衰病久废啸歌,顾乃拥鼻效咏,复为评跋,若此亦见老夫倾倒于李至矣。"

开石上人,生平不详。

高士奇寄示《悼亡》诗并附赠茶、笋,作诗以答。

《艮斋倦稿诗集》卷五《澹人寄示悼亡诗,并贻日铸武夷茶、问政山笋片,各诗一首和答》,一云:"月白秋高离恨天,空房独夜自无眠。知君写入商黄调,弹断中郎第四弦。"

九月十三日,与曹寅等集总兵严宏园中饮酒赏菊,兼观女乐演剧,度散曲赠之。

《艮斋倦稿诗集》卷五《九月十三日,严伟斋大戎招同诸君子饮酒看菊,兼观女伶演剧,散曲赠之》,有《画眉序》《皂罗袍》《江儿水》《玉交枝》《川拨棹》《尾声》。其中《画眉序》有"今日小重阳,昨夜西风正霜降"句,确时为九月中旬。又《艮斋倦稿文集》卷九(壬申杂文)《题北红拂记》:"荔轩游越五日,倚舟脱稿,归授家伶演之,予从曲宴得寓目焉。既复示予此本,则案头之书,场上之曲,两臻其妙。虽周郎复起,安能为之一顾乎?于是击节欣赏而题其后。"此处,尤侗并未明载具体于何时何地曲宴观赏曹寅《北红拂记》之演出,但从其本年的活动记载来看,有可能即为此次于严宏园中饮宴观剧,姑置于此,以待考证。

严宏,字公伟,余姚(今属浙江)人。仕至彝陵总兵,善山水,近董其昌。生平事迹见《(光绪)常昭合志》卷四十《游寓》等。

时曹寅又令小优演《李白登科记》,将演《读离骚》《黑白卫》诸剧,会因移任江宁而止。李煦将继任苏州织造。

《悔庵年谱》卷下。《艮斋倦稿诗集》卷五《送曹荔轩机部移驻江宁四首》,一云:"朔风满地起骊歌,君不留行可奈何。遥望天边银汉影,吴门渐少白门多。"关于李煦继任之事,王利器《李士桢李煦父子年谱》有载,又按,《(道光)苏州府志》卷一四八《杂记四》:"康熙三十一年,织造李煦,莅苏三十馀年,管理浒关税务,兼司扬州鹾政,恭逢圣祖南巡四次,克己办公,工匠经纪,均沾其惠,称为'李佛公'。子性奢华,好串戏,延名师以教习梨园,演《长生殿》传奇,衣装费至数万,以致亏空若干万。吴民深感公之德,而惜其子之不类也。"

李煦(1655—1729),字莱嵩,正白旗人。荫生,先仕韶州知府,以避父广东巡抚李士桢(1619—1695)而调浙江宁波府知府,既而充畅春苑总管,又出任苏州织造,管理浒墅关税务,兼司扬州鹾政。生平事迹详见王利器《李士桢李煦父子年谱》。

十二月十三日,尤珍升授右春坊右赞善。是冬,曾孙天花无恙。

《艮斋倦稿诗集》卷五《除夕》:"家中种豆红花发(原注:曾孙天花),天上除书黄纸封(原注:珍儿迁官宫赞)。"尤珍《沧湄年谱》康熙三十一年:"十二月十三日,升授右春坊右赞善兼翰林院检讨,十六日辰时到赞善任。"《沧湄诗稿》卷十《壬申除夕》:"从来月晦有盈缩,今夕何为恰满旬。天似尚悭新岁景,人如欲恋旧年春。关心儿女皆疏阔,聚首妻孥共苦辛。感激君恩归未得,除书稍慰倚闾亲(原注:时方升授赞善)。"

冬,至新阡启土定穴。

李因笃卒。

康熙三十二年　癸酉(1693)　七十六岁

早春,宋既庭自兴化省家,甚喜。

《艮斋倦稿诗集》卷六《喜既庭自兴化归》:"不见广平久,还家及早春。

须眉犹似旧,兴致却如新。紫绶是何物,白头复几人?好成招隐计,江上共垂纶。"可知既庭于早春时节省家。

二月,入山看梅,与绀池、彭访濂、宋定业不期而会,故同游。

《艮斋倦稿诗集》卷九《西山看梅杂诗十首》,一云:"征衣从北塞,书几隐南昀。吹彻高楼笛,还应忆故人(原注:忆癸酉春与访濂、义存同游)。"彭定求《南畇老人自订年谱》康熙三十二年:"二月,同尤悔庵先生入山探梅,始览石壁、万峰台诸胜,拜雅园顾师、畴三宋师之墓。"

宋定业,字义存,号静溪,江南长洲(今江苏苏州)人,官至绍兴知府。生平事迹见《江南通志》卷一三七、《浙江通志》卷一二二等。

绀池,法名宗渭,字筠士,号绀池、绀公、筠上人、芋香释,华亭(今上海松江)人。曾从尤侗问学,王豫《江苏诗征》云:"《国朝别裁》载:'绀池少学诗于宋荔裳观察,中年后游西堂尤侍讲之门,得所传授。'"生平事迹见《江苏诗征》卷一八一、《历代画史汇传》卷二二、《清诗别裁集》卷三二、《嘉庆松江府志》卷六三、《重修(光绪)华亭县志》卷二十二《方外》。

省墓官山,度鹞子坞,至真山。次日登穹隆上真观,入宁邦坞,宿玉遮山彭氏丙舍。又次日进圣恩寺,与仁山上人茶话;游吾家山,小饮舫斋,宿珍珠坞宋氏寓园。又次日上石壁,登万峰台眺太湖,酣饮赋诗,流连五日始归。

《悔庵年谱》卷下。《艮斋倦稿诗集》卷六《登穹隆山上真观》《访宁邦坞圆石上人》,其中《吾家山观梅,义存携樽小饮,同访濂、商霖、左君、筠上人》:"题诗恰遇陇头使,载酒疑来海上槎(原注:上人于岸上造屋如舟,轰饮其中)。"同卷六《展故友彭云客、宋畴三二墓有感,书示访濂、义存》:"我来万峰游,信宿君丙舍。"同卷六《自石壁至万峰台望太湖》:"万峰二月中,梅花香世界。"确知时游值二月间。同卷六又有《入圣恩寺,与仁山上人茶话》《梅花十绝句》《续咏五首》等均载此游。释宗渭《芋香诗钞》卷四亦有《同尤艮斋、彭访濂二太史登穹隆上真观》《登宁邦坞》《游圣恩寺》《登吾家山》《展彭云客先生墓,留宿玉遮山房》等载此游。《(民国)吴县志》卷三十六:"上真观在穹隆山三茅峰,相传汉平帝初建,祀三茅真君,始为道院。宋天禧五年重建,改上真观。……顺治七年,法师施道渊从朝真观,与五十三代真人张洪任来游兹山,以兴建为任,不数年,成巨构。十五年,敕赐原额。"《(民国)吴县志》卷三十六:"天寿圣恩禅寺在县西南七十里,邓尉山之南冈……清康熙二十八年二月,帝南巡,临幸宿寺中四宜堂,御书'松风水月'额以赐,有御书亭在四宜堂之西。"《(民国)吴县志》卷三十九:"玉遮山房在玉遮山,赠文林郎彭德先丙舍,彭侍讲定求有《玉遮山居诗》。"侗诗中所云同游之左君、商霖生平不详。

三月举篷贰会,五日,招友人会揖青亭,时南园桃柳烂漫,菜花尤盛。

《艮斋倦稿诗集》卷六《三月五日,菜花盛开,招彭宋诸子集揖青亭作篷贰会,和访濂韵二首》,一云:"小园多杂树,偏爱此花黄。偶共家山客,闲消野圃香。麈谈殊简率,草具剧荒凉。修禊过三日,犹馀曲水觞。"

李煦赴苏州织造任。

宋荦《西陂类稿》卷四八《漫堂年谱》康熙三十二年:"三月,苏州织造李公煦赴任,臣荦迎请圣安,蒙传旨说:'你做官着实好。'"

九日,宋定业携樽邀诸子再集,时逢春雨。

《艮斋倦稿诗集》卷六《九日,雨中义存携樽再集,限韵二首》,一云:"无端花信急,风雨故相催。乍见提壶至,还须著屐来。"可知时有雨。释宗渭《芋香诗钞》卷四《雨中,宋静溪主政携具揖青亭,限韵二首》亦记此游。

十三日,彭访濂携樽又集,歌赏周金然新乐府,同游者还有宋定业、宋绍业、吴霭、绀池等,时金然先别。

《艮斋倦稿诗集》卷六《十三日,访濂携樽再集,限韵二首》,一云:"今朝展上巳,春色正当窗。座上樽千石,花间屐一双。掉头呼北斗,开口吸西江。更喜周郎至,同歌铁板腔(原注:砺岩太史制新乐府)。"释宗渭(绀池)《芋香诗钞》卷四有《再集揖青亭,限韵二首(原注:同集者西堂、南畇、砺岩、虞升、静溪、闲存诸公)》记之,其末"不愁归路阻,有客署关牌"注云:"时周砺岩洗马先别。"

周金然(1631—约1702),字砺岩,号广庵,又号七十二峰主人,上海人。康熙二十一年进士,改庶吉士,授翰林编修,官至洗马。著《周广庵集》《砺岩文部》《南浦词》。生平事迹见《国朝诗人征略》卷一五、《国朝耆献类征》卷一二一、《江苏诗征》卷八二、《清诗纪事·康熙卷》、《清诗别裁集》卷十三、《全清词钞》卷六等。

宋绍业,字闲存,江南长洲(今江苏苏州)人。岁贡,康熙四十七年任安阳知县。生平事迹见《河南通志》卷三七等。

吴霭,字虞升,江南长洲(今江苏苏州)人。著《绮里诗选》。生平事迹见《江苏诗征》卷十二。

十四日,逢谷雨,赋诗送周金然移家石公山。

《艮斋倦稿诗集》卷六《送周砺岩洗马移家石公山二首》,一云:"正逢谷雨为归客,偶梦松风学隐居。山中宰相采芝药,洞里丈人送素书。"可知其时正值谷雨,乃三月十四日。尤珍《沧湄诗稿》卷十《送周砺岩宫洗给假南归二首》,一云:"抗迹风尘外,移家水石边。桃源君独往,剩我觅渔船(原注:砺岩将移家西洞庭山)。"另释宗渭《芋香诗钞》卷四《次韵送周砺岩洗马移家西洞庭》亦载周金然移家之事。

至支硎,憩华山,于华山寺自求上人处得见御书,行至法螺庵遇雨而回。

《艮斋倦稿诗集》卷六《花山纪游,戏成长句》:"朝闻布谷啼,告我春将暮。行乐当及时,盍往西山去。褰裳莏水滨,荡桨横塘渡。笋舆上支硎,十里平芜路。裙屐会如云,殿宇香成雾。神骏不可求,野鹤归何处。颇厌人迹嚣,转惜山颜污。遏来莲花峰,天池之所注。长林渐幽窅,曲径屡回互。但见新绿稠,莫能名其树。泉声活活鸣,飞流疑瀑布。佛地既庄严,僧家亦清素。偶参玉版禅,重睹天书御(原注:自求上人出御书见示)。欲登石秀屏,苦无济胜具。昔人此就隐,而我漫容与。日晚憺忘归,天阴且回步。未及吹法螺,忽然雨法雨(原注:行至法螺庵而雨作)。迅雷风复烈,逐客一何遽。"

《(民国)吴县志》卷十九:"华山连属于五峰山北……《吴郡志》:'父老云:山顶有池,上生千叶莲华,服之羽化,因曰华山。'……宋张廷杰居此,以山宜就隐,乃营墓立宅,改名就隐山。山南下鸟道为华山寺,明高士朱鹭隐此中。有行宫,康熙、(乾隆)时南巡驻跸之所也。"

《(民国)吴县志》卷三十六:"法螺庵在寒山上,有二楞堂为中峰下院,山径盘纡,从修篁中百折而上,势如旋螺,故名。……清康熙间僧德深建大悲殿……今归并华山寺。"自求上人生平不详。

二十九日,与彭访濂、宋定业、余怀及绀池、行中二上人于亦园送春。

《艮斋倦稿诗集》卷六《小园送春,同彭宋余吴诸子、筠士、行中二上人》序云:"贾浪仙诗'三月正当三十日',盖是日春尽也。今年三月无三十日,而廿九日春亦尽矣。"诗云:"三月竟无三十日,春光小尽倍伤人。杨枝嫋嫋犹如故,麦子青青将献新。人老何堪追岁月,地偏且喜谢风尘。与君把酒城南陌,唤取黄鹂共残春。"

行中上人生平不详。

四月初一立夏,赋诗以记。

《艮斋倦稿诗集》卷六《立夏叠韵》有"三月之晦四月朔,迎来送往两头人。鸣鸠戴胜皆归老,苦菜王瓜忽斩新"。

徐宾京口访旧,赋诗送之。

《艮斋倦稿诗集》卷六《送徐南沙京口访旧》:"山川千古说南徐,徐孺南州恰借居。下榻便尝京口酒,江头岂患食无鱼。"

由于是诗于《立夏叠韵》之后,故推知为四月事。

徐宾乃门生徐发之父(后有介绍),字南沙,长洲(今江苏苏州)人。有诗文名,著《历代党鉴》《南沙诗稿》《南沙文钞》等。

彭访濂招集诸子于南畇草堂,观棋游乐。

《艮斋倦稿诗集》卷六《访濂招集南畇草堂,观棋即事,和曼翁韵二首》有"客至一何早,坐看日影迟。落花依小草,舞蝶逐游丝"句。

夏,与韩菼、访濂、宋定业、绀池等在虎丘重送周金然。

《艮斋倦稿诗集》卷六《虎丘舟中,重送砺岩,叠韵二首》,一云:"自有溪山无此客,争看洗马渡江东。去官原与浔阳别,避世将毋盘谷同。卢橘正堪消夏日,莼羹岂必待秋风(原注:湖中莼菜此时已熟)。请君莫笑吴侬俗,也有长堤住白公。"释宗渭《芋香诗钞》卷四《夏日,艮斋、慕庐、访濂、静溪诸公偕送砺岩洗马,泊舟山塘,小憩虎丘,石上有作》、韩菼《有怀堂诗稿》卷二《送砺岩洗马同年移家石公山,次悔庵韵二首》均为时作。

韩菼(1637—1704),字元少,晚号慕庐,江南长洲(今江苏苏州)人。康熙十二年(1673)状元,授翰林院修撰,官至礼部尚书兼掌院学士,后乞归不允,卒于官,谥文懿。著《有怀堂诗稿》《文稿》《直庐集》《瀛州亭经说初集》等。生平事迹见《清史列传》卷九《大臣传》、《江苏诗征》卷三四、《清诗别裁集》卷十、《苏州府志》卷八八、《(民国)吴县志》卷六十八《列传六》等。

周金然行后,赋诗寄之。

《艮斋倦稿诗集》卷六《砺岩行后,复次前韵寄怀二首》,一云:"洞庭正在太湖中,海水西边江水东。百里人情应小异,四时物产或相同。安家恰值蚕桑日,寄信全凭舶趠风。几度相思难缩地,移山端欲学愚公。"

四月二十四生日,与访濂赋诗唱和。

《艮斋倦稿诗集》卷六《予七十六岁,四月生日,访濂作南村诗四首见祝,依韵奉答》。尤珍《沧湄诗钞》卷四《访濂寄示祝家大人生日诗,以"南""村"为韵,奉和二首》有"宦游五载望江南,屡点朝班未放参"句,按,尤珍于康熙二十六年十月自家北上还朝,至此康熙三十二年四月,恰适五载余,正合。

五月端午,久旱遇雨,赋听雨之作。

《艮斋倦稿诗集》卷六《和访濂五日草堂听雨二首》,一云:"久熯得阴雨,草际螳螂生。南亩一时绿,小鸟来催耕。值此天中节,仲夏正朱明。虽无九节蒲,聊乐芳樽盈。所愿黍苗足,鼓腹歌昇平。以尔水马戏,易我田车声。"同卷六还有词《河传·午日大雨》记雨事。

其后至六月间一直大旱,日早起从台使祈雨雩坛,匝月不应。田无禾。或种豆又遭秋霖淹死,两灾叠告。

《艮斋倦稿诗集》卷六《忧旱》有云:"天乎何忍厄我民,五月不雨过五旬。"又同卷六《南园叹》:"谁知天道降菑殃,五月六月恒无雨。"

六月二十三日雨始降,二十六日陆上依携酒前来揖青亭庆贺,同饮还有绀池上人等。

《艮斋倦稿诗集》卷六《喜雨吟(原注:六月廿三日)》:"朝望出市霞,暮望连天霓。南山闻雷殷,西郊睹云密。难移日脚黄,易散风头黑。亢阳越五旬,沉阴起一昔。乍看庭际飘,渐听檐前滴。浑疑玉乳垂,争诧珍珠的。"同卷六《六月廿六日,陆上依携酒揖青亭,喜雨,拈平、畴二字,和筠上人韵二首》,一云:"试向荒园饮,何如京洛游(原注:上依方从京归)。三庚初入伏,一雨便成秋。河朔虽逃暑,江南未散愁。愿同陶处士,种豆满田畴。"

绀池上人赠以石砚,赋诗谢之。

《艮斋倦稿诗集》卷六《筠公贻予石砚,赋此赠之》:"吾家西堂亦有砚,断砖半瓦嗤酸寒。既无高文堪视草,何须红丝发紫烟。但苦隃糜无人屑,含毫每叹笔头干。道人忽贻一卷石,云是新样玉堂镌。"

江西赖方度与沈开进来游吴门,舟离之际,赋诗送之并寄魏和公礼。

《艮斋倦稿诗集》卷六《赠别赖晋公、沈仲孚,并寄怀魏和公》:"二子同居章贡水,吴门极望三千里。栖栖六月泛扁舟,却访野人幽谷里。虎丘小住往西湖,满载诗囊兴不孤。还家寄讯魏公子,翠微山色今有无。"

沈开进,会昌人(今属江西),《赣州府志》卷五十五《文苑》:"沈开进,字仲孚,诸生……师事宁都魏礼,与霞绮园诸子友善,以道义相尚。开进诗错采缕金,自游易堂,学益进,于古诗人之宗派别择尤精,自订《鸡肋诗集》《立园文稿》,工大小篆,年五十卒。"

赖方度,字晋公,江西会昌人,明兵部职方司郎中士圣之孙,《赣州府志》卷五十五《文苑》载:"方度熟于史事,凡处置大事,必以古人为法。戊子兵警,脱父于难,始从瑞金杨兆凤学,继事易堂魏礼。礼勉之曰:'诗,文人之馀绪,必根底躬行乃为有本之学,而躬行又以孝弟为先。'归益砥砺,聚友朋于霞绮园,日夕讲求其所以为人者,四方名士皆至,声誉遂著于大江左右。……著《即岸集》。"

魏礼(1628—1693),字和公,号季子,晚自号吾庐,宁都(今属江西)人,明诸生,与兄祥、禧合称三魏。好出游,寡言语,然慷慨好义。著《魏季子文集》。生平事迹见《江西通志》卷九四、《清史列传》卷七〇、《清史稿》卷四八四、《明遗民诗》卷八等。

七月十二日,康熙帝又与释超揆议及侗。

《艮斋倦稿文集》卷十四《〈奏对备忘录〉题跋》后附康熙帝与释超揆奏对语录:"癸酉七月十二日,上问:'你苏州尤侗还在么?'揆奏:'尚在,但年已老,日以禅诵为事,亦留心理学,多有著述。'上谕:'他的《临去秋波》时文甚好,正好说禅。'揆奏:'古尊宿有将《西厢》画在方丈壁上,亦是此意。如一本《牡丹亭》全与禅理相合,世人见不能到,即作者亦不自知也。'上首肯久之。"按,王利器编《李士桢李煦父子年谱》康熙三十三年:"四月,李煦有《进端午龙袍》折:'窃臣煦犬马微贱,感激圣恩,日深依恋,但报效未能,惶悚弥切。兹值恭进端午龙袍,特请皇上万安,伏惟睿鉴。臣煦无任欢欣颂祝之至。'朱批:'知道了。今春因玉泉超葵多事,打发回南。此人颇不安分,尔当绝其往来才好。'(李煦奏折)"康熙帝虽与超揆时有奏对,但亦颇有微辞。至于其事由,徐珂《清稗类钞》尝载:"文和尚,名果,字园公,衡山裔也。圣祖南巡见之,命入京师,居玉泉精舍,宠眷殊厚。和尚一日携其孙入见,上问:'何事来此?'和尚奏曰:'来此应举。'上曰:'应举即不应来见。'"王利器《李士桢李煦父子年谱》对此分析道:"盖防微杜渐,虑其希望非分之恩宠也。"而尤侗得知揆与帝奏对事,很可能为超揆于康熙三十三年(1694年)被打发回乡后,观揆所撰奏对语录事。

八月十二日,诸子于虎丘宴集,赋诗唱和。

《艮斋倦稿诗集》卷六《八月十二日,虎丘宴集有作》:"久谢游船废酒樽,偶然随例入山门。玉箫檀板喧成市,白藕黄柑堆满盆。月影可能招素女,天香何处问王孙?谁怜四野苍茫外,蔓草荒田欲断魂。"

中秋,王日藻、许缵曾举耆年会,折简招之,以病谢。

《艮斋倦稿诗集》卷六《云间王印周、许鹤沙两先生举耆英会招予,诗以辞之二首》,其一:"人在香山洛社间,鄙夫无分得追欢。醉乡未若贫而乐,卧榻惟图老者安。白发只将书供奉,青山常与梦盘桓。诸君莫怪杀风景,好事从来拟古难。"许缵曾《宝纶堂稿》卷二《癸酉中秋,偕健庵司寇、却非司农、诚斋侍御举耆年会于秦望山庄。翌日,同赴俨斋总宪横云之约,漫成古风一章纪胜》记是事。

许缵曾,字孝修,号鹤沙,仁和(今浙江杭州)人。顺治六年(1649)进士,改庶吉士,授翰林院检讨,官云南按察史。著《宝纶堂集》。生平事迹见《江苏诗征》卷九九、《清诗别裁集》卷三、《(嘉庆)松江府志》卷五十六《古今人传八》等。

由访濂鼎立劝募,长洲学启圣公祠于八月间建成,侗为作上梁文。

彭定求《南畇老人自订年谱》康熙三十二年:"募建长洲学启公祠,悔庵先生作上梁文。"彭定求《南畇文稿》卷二有《募建启圣祠序》,卷四《重建长洲学启圣祠记》云:"康熙癸酉秋八月,长洲学之启圣祠始成,盖定求重行劝募以来,荏苒三载。"《艮斋倦稿文集》卷七《启圣祠募引》:"试以先生之法施引世人之财施,如石取针,如燧取火,或有莫之致而致、不期然而然者,未可知也。愿先生无辞,予亦笑而不应,随录其问答以代疏焉。"

开上人将游池州,赋诗送别。

《艮斋倦稿诗集》卷六《送开上人游池州》:"池阳吾昔到,一棹向江涯。古寺多飞鸟,前村有杏花。棋枰消岁月,笔阵卷烟霞。待尔归来日,囊中看九华(原注:上人善画)。"

开上人,生平不详。

九月九日重阳,皂隶至而催租。

《艮斋倦稿诗集》卷六《九日,独酌漫成》序云:"潘邠老诗'满城风雨近重阳',今风雨中重阳已过矣,然邠老一句为催租人败意而止。今日适有纸皂隶至,而诗竟成,阿戎云:君辈意亦可败耶!"诗有句"任尔催科呼自急,老夫诗兴不相妨"。按,此处尤侗所引乃北宋诗人潘大临(字邠老,黄冈人)之名句"满城风雨近重阳",释惠洪《冷斋夜话》对其本事有载。

十日,诸子会集揖青亭,饮酒弈棋。

《艮斋倦稿诗集》卷六《初十,同诸子集揖青亭次韵》:"登高今日补重阳,有客来思满野堂。痛饮便教缩地小,高谈直欲破天荒。……惟有围棋阅世变,任他胜败总无妨。"

十三日,与诸子为韩菼补贺五十七寿辰,赋诗祝之。

《艮斋倦稿诗集》卷六《韩慕庐学士七月初六日诞辰,今年苦热,自改在九月十三日。同人贺之,予为赋诗二首》,一云:"韩子生辰前七夕,今年改作小重阳。"又一云:"白傅吾年五十七(原注:学士同年),未当九月十三时。秋声蟋蟀方居壁,晚景茱萸尚满枝。乞巧已过牛女渡,降神又见斗奎移。金风玉露人行乐,紫蟹黄鸡醉不辞。"

送宋德宏灵牌从祀文星阁。

《艮斋倦稿诗集》卷六《送故人宋畴三孝廉从祀文星阁》:"缅想当年宋子京,西风宿草不胜情。众中意气推坊表,身后文章重论衡。……虎丘相国祠相望,骠骑何如第五名。"

十月,彭访濂还朝,赋诗别之。

彭定求《南畇老人自订年谱》康熙三十二年:"十月,病痊赴都。十二月,补原官。"《艮斋倦稿诗集》卷六《送彭侍讲还朝二首》,一云:"长安日近北辰居,犹梦春明共直庐。老子已辞用里杖,小儿还伴石渠书。好将勋业扶尧舜,剩有文章压庾徐。独向沧江垂钓去,相思常望寄双鱼。"

宗渭移住寿宁草庵,赋诗以赠。

《艮斋倦稿诗集》卷六《送筠上人移住寿宁草庵》:"才从城北住,又向市南居。树下无三宿,尘中总六如。门多长者辙,架有古人书。却喜吾庐近,闲来伴木鱼。"

有友人所赠狐裘为贼人所窃,复制羊裘。

《艮斋倦稿诗集》卷六《有友赠狐裘,为贼窃去,戏作二首》《复制羊裘漫成二首》。

是年,李煦来访,请为《东莱政纪》作序,颂其父士桢政绩。

《艮斋倦稿文集》卷十一《东莱政纪序》:"予自己未入朝,备官史局,熟闻天下督、抚姓氏,维时广抚东莱李公毅可名最著。盖吾乡士大夫游于四方者,往往束南越陆生装,归而述其政事,津津不去口也。每与制府吴公留村并称云。独予恨未识其为人。洎癸酉家居,有内部以织造至者曰李公莱嵩,予既交而善之,询其家世,知为东莱长君,问公之年,则七十有五,已致政悬车矣。无何,出一卷示予,为公政事纪略,乃幕中记室所编者。予受而读之,益知公生平功业,不止显于粤东也。"

是年粤、蜀、滇、黔等地蠲租,康熙帝闻知江南旱情,亦蠲免漕粮三分之一。四周仍盗多。

《圣祖实录》卷一六〇。《艮斋倦稿文集》卷六《有感》:"秋到江南草木愁,田家凶岁竟无秋。苞粮不救穷民苦,云汉空贻圣主忧。杳邈九阍谁叩叫,萧条万户费诛求。遥看粤蜀黔滇地,有诏蠲租满耳讴(原注:诏蠲广西、四川、贵州、云南四省钱粮)。"同卷六《诏蠲江南漕粮三分之一喜而有纪》云:"尧汤水旱犹难免,幸免春秋书大无。"同卷六《冬至》:"立冬无雨一冬晴,天暖还堪出手行。……朝廷有道方蠲赋,盗贼无知尚弄兵(原注:四境多盗)。但得加餐荒岁谷,闭关坐待一阳生。"

冒襄卒。

康熙三十三年　甲戌(1694)　七十七岁

春,寄书于京师访濂。

《艮斋倦稿诗集》卷七《寄怀访濂太史》:"自君之出巷无人,已过残冬及早春。东观风光应似旧,南园春色又重新。"

诸子于花溪集会,宴饮观乐,赋诗记之。

《艮斋倦稿诗集》卷七《花溪雅集》:"烧镫任醉玉东西,重唤红儿唱大堤。新教音声传小部,芳园早听乳莺啼。"

二月二十四日,诸子会集揖青亭举篚贰会,有怀访濂。

《艮斋倦稿诗集》卷七《二月廿四日,诸子集揖青亭,有怀访濂》:"新年宴会杂然陈,此日重寻篚贰樽。……古文斑驳闲同赏,时事艰难醉共论。却忆早朝彭学士,独骑瘦马出前门。"

王士禛收侗所寄都穆《南濠文略》抄本六卷及杨循吉杂著抄本卷数若干。

王士禛《居易录》卷二十三:"尤翰检悔庵寄都元敬《南濠文略》写本凡六卷,其后二卷即《金薤琳琅》诸碑跋也,又杨君谦杂著写本若干。"

按,都穆(1458—1525),字元敬,一作玄敬,人称南濠先生,明代诗人与金石学家,吴县(今江苏苏州)人。代表作有《南濠诗话》《金薤琳琅》等。

杨循吉(1456—1544),字君卿,又字君谦,号南峰、雁村居士,苏州府吴县(今江苏苏州)人,授礼部主事。善诗文,有《松筹堂集》《苏谈》等。

三月上巳,盛符升、徐乾学、徐秉义续举耆年会于遂园,与会者主要有侗、王日藻、许缵曾、秦松龄、黄与坚、钱陆灿、孙旸、何棅、周金然等十二人。饮三日,赋诗唱和,禹之鼎为图。

《艮斋倦稿诗集》卷七《上巳,玉峰徐健庵司寇、果亭中允、盛诚斋侍御再举耆年会,同诸公谦集遂园,拈"兰""亭"二韵》有句云:"太平扶杖老人安,兼有良朋修古欢。"又:"昆山之英草堂灵,春日江南聚客星。白发花间听乐句,紫衫竹下品茶经(原注:绀池在座)。"同卷七《即事叠韵二首》其一:"君恩许放返岩扃,窃比休休筑草亭。共泛扁舟载醹醳,闲骑小驷看盘铃。卧游画障形容古(原注:禹鸿胪写影图),坐隐棋枰意思泠(原注:弈客苏、沈)。"董含《三冈续识略·卷上》:"甲戌上巳,玉峰徐尚书乾学、中允秉义、盛侍御符升,续修禊事于遂园。执简而招者共十五人,赴者十二人,其三人期而未至,予其一也。"秦瀛《康熙己未词科录》卷三《传略》二:"康熙甲戌,昆山徐尚书健庵先生以三月三日修禊事于遂园,东南耆宿咸集,共十二人。鸿博诸公之与斯会者,先生(尤侗)暨黄公庭表与先宫谕凡三人,以'兰''亭'二字为韵,皆有诗纪事。先生挈诗僧宗渭至,时年八十有二矣,禹鸿胪尚基为之图。"同时,还有许缵曾《宝纶堂稿》卷三《柬徐健庵大司寇》《柬盛诚斋侍御》《柬徐果亭宫允》、徐乾学《憺园文集》卷九《甲戌三月三日,招同钱湘灵、盛诚斋、尤悔庵、黄忍庵、王却非、何涵斋、孙赤崖、许鹤沙、周砺岩、秦对岩诸公、舍弟果亭禊饮遂园,用"兰""亭"二字为韵》、韩菼《有怀堂诗稿》卷三《三月三日,玉峰北园谦集诗三首》《和诸公谦集北园诗》,不过据韩菼该诗所云,他并未参与聚会,仅赋诗和之。又释宗渭《芋香诗钞》卷四《上巳日,徐公健庵、果亭、盛公诚斋举耆年会,修禊北山遂园,即席限"兰""亭"二字为韵,各赋七律二首(原注:与会者为钱别驾湘灵、尤检讨艮斋、黄宫赞忍庵、王司农却非、何学使涵斋、许观察鹤沙、周洗马砺岩、孙孝廉赤崖、秦中允对岩、王编修素岩、徐侍御艺初、孝廉实均诸昆仲)》、许缵曾《宝纶堂稿》卷三《上巳谦集遂园(原注:时赴徐大司寇健庵、徐宫允果亭、盛侍御诚斋再举耆年之订,在座为王大司马却非、黄宫允忍斋、尤翰林悔庵、何学使涵斋、秦宫谕对岩、周洗马广庵、孙孝廉赤崖、钱孝廉湘灵与余,凡十二人,共八百四十二岁,即席各赋七律二首,以"兰"

"亭"二字为韵)》等,均记是年聚会事,叫确知此次耆年会由徐乾学、盛符升、徐秉义主持,诸公泛舟游玩,宴弈甚欢,图影留念。关于此次耆年会之参与人员,按徐乾学、许缵曾诗及董含所云皆为十二人,而且许缵曾该诗后还载"甲戌上巳耆年姓氏附后",将盛符升、徐乾学、徐秉义、尤侗、王日藻、许缵曾、秦松龄、黄与坚、钱陆灿、孙旸、何楷、周金然这十二人的名号及简介列其后,可以推测这十二人为耆年会的主要成员。至于宗渭及其诗中另外提及的王喆生(素岩)、徐树谷(艺初)、徐实均等未算作此耆年会成员。与此可证者,又如陈康祺《郎潜纪闻二笔》卷三:"昆山徐氏《遂园耆年禊饮图》,禹鸿胪笔也。图凡十二人:常熟钱陆灿、孙旸,昆山盛符升、徐乾学、徐秉义,长洲尤侗、何楷,太仓黄与坚,华亭王日藻、许缵曾,上海周金然,无锡秦松龄,通得年八百四十二岁。其修禊之日,则康熙三十三年甲戌三月三日也。"

禹之鼎(1647—1716),字尚吉,一作上吉或尚基,号慎斋,江南江都(今江苏扬州)人。康熙二十年(1681)供奉内廷,任鸿胪序班。尤工写照,秀媚古雅,当时号称第一。

钱陆灿(1612—1698),字尔弢,号湘灵、圆沙,又自号铁牛居士,常熟(今属江苏)人。顺治十四年(1657)举人,以奏销案褫革。著《调运斋集》、编《康熙常熟县志》。生平事迹见《江南通志》卷一六〇、《江苏诗征》卷三五、《清诗别裁集》卷五、《苏州府志》卷一百、《全清词钞》卷二、《海虞诗苑》、《清画家诗史》乙上。

何楷,字与偕,号涵斋,江南长洲(今江苏苏州)人。由崇明籍举顺治丁亥进士,后入为户部主事,历江西提学佥事。生平事迹见《江南通志》卷一五一、《(同治)苏州府志》卷八八、《(乾隆)长洲县志》卷二十五《人物四》《(民国)吴县志》卷六十八《列传六》。

是日,高士奇为《年谱图》作跋。

《西堂馀集》第一册有高士奇《尤悔庵太史年谱图咏跋》,末署云:"康熙甲戌上巳,江村年小弟高士奇拜手跋于简静斋。"

高士奇(1645—1703),字澹人,号竹窗、江村,浙江钱塘(今杭州)人。康熙初由监生供奉内庭,累擢至詹事府少詹事。后以母老陈情,不赴再起之召。著《清吟堂全集》。

其时,有洪生之女为人掠卖,涕泣不肯行,侗请与会诸老共醵五十金赎之。

《悔庵年谱》卷下。

其时亦值盛符升夫妇八十寿辰，赋诗祝之。

《艮斋倦稿诗集》卷七《盛诚斋八十双寿二首》有"疑从娄水通瑶水，好借兰亭作幔亭（原注：上巳日）。金母木公双驾处，灵台奏现老人星"句。尤珍《沧湄诗稿补遗》卷二《盛诚斋侍御八袠》、徐乾学《憺园文集》卷九《同诸公过诚斋宅，留饮，用亭字》："绣衣八十尚穷经，共说今时是岁星。"许缵曾《宝纶堂稿》卷三《柬谢诚斋侍御》"高会逢君添玉醴"句等皆记盛符升夫妇时八十初度事。

施何牧入京，赋诗送之。

《艮斋倦稿诗集》卷七《送施赞虞主事入京》有"上林喜听迁莺早，大路愁看折柳长"句，可知施赞虞上京时乃三四月间。

施何牧，字赞虞，号一山、觉庵，江苏崇明（今属上海）人。康熙二十四年进士，历官吏部稽勋司员外郎。著《一山诗选》《韵雅》《鉴磬》《明诗去浮》等。生平事迹见《国朝耆献类征》卷一四二、《清诗别裁集》卷十六、《（民国）吴县志》卷七十六《列传流寓二》。

宋荦修唐寅墓宅，与同人操文祭之。

宋荦《西陂类稿》卷四十八《漫堂年谱》、《艮斋倦稿诗集》卷七《吊唐解元墓，和怅怅词韵》、韩菼《有怀堂诗稿》卷三《暮春唐解元墓下作二首》均记有唐寅墓重修事。《（民国）吴县志》卷三十九："唐解元宅在桃花坞后，仅存六如古阁，又有桃花庵，改为准提庵。康熙中巡抚宋荦重加修葺。"

春尽日，得高士奇赠龙井新茶。

《艮斋倦稿诗集》卷七《竹窗学士贻龙井新茶，口占二绝报之，是日正春尽也》，一云："小园绿满晚红稀，绕户初看燕子飞。风雨连宵人病酒，独携茶具送春归。"

四月，携龙井茶与韩菼、何楷等莲社诸公集绀池芋香庵，观罂粟花，宴饮品茗。

《艮斋倦稿诗集》卷七《同诸公集绀池芋香庵，看莺粟花，茗饮，即用"芋""香"二字为韵》："昔日李邺侯，只食懒残芋。今来绀公房，嘉蔬无不具。浊酒过墙头，更适陶潜趣（原注：上依携酒来饮）。我亦携龙井，茗柯超玄箸。且饱樱笋厨，试参风旛句。"韩菼《有怀堂诗稿》卷三《夏初，同悔庵、涵斋、绎来诸先生集绀池和尚慕栖禅院，限"芋""香"二字二首》、释宗渭《芋香诗钞》卷四《初夏，莲社诸公过芋香，看莺粟花留集，即用"芋""香"二字为韵，各赋五言二首》等，均记此聚，知时为初夏四月。

五月,钱肃润为《西堂全集》题序。

《西堂馀集》卷首有钱肃润序,题款曰:"康熙甲戌夏又五月,锡山同学小弟钱肃润题于葑溪之玉照堂。"

钱肃润(1619—1699),字季霖,号礎日,别号十峰主人,后被笞折胫,自号跛足,无锡(今属江苏)人。明诸生,康熙十八年举鸿博不就。著有《十峰草堂集》《道南正学篇》等,生平事迹见《江苏诗征》卷三五、《国朝耆献类征初编》卷四七七、《全清词钞》卷五等。

尤珍四月以疾告假,闰五月十三日得旨南归。寄书至家,侗甚喜之。

尤珍《沧湄年谱》康熙三十三年:"四月告假,予在京七载,念先大人年高,久怀归志。兹春夏之交,忽患下血之症,病卧逾月,几殆,因决意请归。是时,上命翰林官于南书房轮班侍直,予以给假归,未与。闰五月,得旨南归。"尤珍《沧湄诗稿》卷十二《将归和昌黎韵》《移疾南归六首(原注:闰五月十三日得旨后作)》《出都》《舟中示内二首》《病仆舟中,家人唤醒,感而有作》《短歌二首》《舟中写闷》《归兴四首》等为归时及途中所作。劳之辨《静观堂诗集》卷十一《送尤慧珠宫赞省觐兼怀尊甫悔庵太史》为送行之作,有云:"先生辑前史,吾子读国书。馆阁鸿篇相照耀,老怀归梦石湖滨。终恋矶头旧时钓,林下于今逾十年。"按,尤侗乃于康熙二十二年离京,距此间尤珍告归确逾十年,与之合。《艮斋倦稿诗集》卷七《得家信示儿》:"散闷立檐下,忽闻喜鹊鸣。问鹊我何喜,家信来京城。上言儿病甚,久不直蓬瀛。颇为院长怜,许为奏朝廷。暂辞侍从职,请急返柴荆。早晚挈妻孥,扁舟趁水程。深秋拜家庆,晨昏慰趋庭。此愿果得遂,喜极涕纵横。忆自丁卯冬,离别七年赢。父子不相见,笑语谁为亲。况乃禄入薄,旅食常艰辛。千钱乞债主,百亩归他人。坐是日忧郁,疾痛缠其身。人生苦役役,白首求功名。热官岂不爱,命在力难争。富贵履危机,风波使人惊。……能与汝偕隐,庶惬闲居情。贤哉二大夫,千载可同行。"同卷七《得珍儿"移疾南归"诗有感于中,走笔和之六首》《珍儿将抵家,喜和前韵三首》《信至寄四绝句复和》皆作于时。

六月,武林国手徐远前来为棋会消夏。

《悔庵年谱》卷下。

徐远,字星友,钱塘(今浙江杭州)人。著《兼山堂弈谱》《弃马十八局钞谱》。生平事迹见《碑传集补》卷五六、《杭州府志》卷一五〇等。

七月十七日，徐乾学卒，年六十四。往昆山吊之。

《艮斋倦稿文集》卷十一《祭徐健庵司寇文》。

八月，韩菼为《西堂全集》作序。

《西堂全集·西堂馀集》卷首有韩菼序，末题款日期为："康熙甲戌秋八月。"韩菼《有怀堂文稿》卷三收《〈西堂全集〉序》。

高士奇、韩菼、徐秉义等将奉诏还朝，而访濂、珍儿将归，一往一来，有感作《杂言二十四首》。

《艮斋倦稿诗集》卷七《送韩学士内诏还朝》："吴苑秋风桂子丹，送君匹马度桑乾。十行黄纸征书重，万卷青编执笔难。"同卷《送高詹事内诏还朝》："江村高卧暂投闲，旋奉君恩许赐环。黄阁正宜开北墅，苍生久已待东山。"同卷《杂言二十四首》，一云："仕宦足当自止，著书多亦奚为。冠盖灰飞烟灭，纸张雨打风吹。"按，《（民国）杭州府志》卷一四五《文苑二·高士奇》："有旨令京外大臣荐长于文章学问超卓者，大学士王熙、张玉书等荐徐乾学、王鸿绪及士奇，三十三年召来京修书，士奇既奉命，仍直南书房。"据章培恒《洪昇年谱》康熙三十三年载，洪昇时作有《送高宫詹入都》一百韵，另徐昂发《乙未亭诗集》卷三《送韩慕庐学士还朝四首》、韩菼《有怀堂诗稿》卷四《将北征留别诸子》均载此别。

八月十五，虎丘将举耆年会，但因徐乾学殁而止。

《悔庵年谱》卷下。

九月，珍儿抵家，喜之。

《悔庵年谱》卷下。尤珍《沧湄年谱》康熙三十三年："九月抵家，和陶《归去来辞》，自号沧湄居士，盖取（王嘉）《白帝子歌》'沧湄海浦来栖息'之句，意欲终于事亲，不复出也。"《沧湄诗稿》卷十二《归家自和前韵》《谢客》等皆为是时作。

彭访濂自京师告归，八月出都，九月初还乡。侗得其归信，甚喜。

彭定求《南畇老人自订年谱》："闰端午，上试词臣于瀛台，作《理学真伪论》《丰泽园赋》。试毕，即欲告归，上疏得请。八月出都，九月抵里门。"《艮斋倦稿诗集》卷七《访濂归途寄三绝句，喜而和之》，一云："夫子单车早度关，吾儿取次刺船还。他年共践梅花约，题作何家大小山。"

九日，黄衮馈酒。

《艮斋倦稿诗集》卷七《九日，谢黄虚堂送酒二首》，一云："东篱正望白衣人,忽到阳山曲米春。庭下菊花相视笑,看他烂醉落头巾。"

黄衮乃黄庭之父,字山补,道号虚堂,江南长洲(今江苏苏州)人,明五岳山人省曾后。性至孝,精于道法修炼,入住浒墅太律微院,前来受戒者众。著有《景行集》《家范集》,生平事迹见《苏州府志》卷一三五、《(民国)吴县志》卷七十七《列传释道二》。

时彭访濂登大茅山,赋诗寄之。

《艮斋倦稿诗集》卷七《九日,谢黄虚堂送酒二首》,一云:"大茅峰上登高客,插尽茱萸少酒枪(原注:访濂登高大茅峰,故寄语之)。"

偶阅《家在江南杨柳村》图,有感赋诗。

《艮斋倦稿诗集》卷七《偶阅〈家在江南杨柳村〉图慨然有感,复题二绝》,一云:"家在江南杨柳村,天寒日落倚柴门。故人一半成黄土,邻笛休吹欲断魂(原注:卷中题诗如愚山(施闰章)、钝翁(汪琬)、其年(陈维崧)、閬公(倪灿)、蛟门(汪懋麟)皆为古人矣)。"

甪川张蛟为画《万峰探梅图》,题诗以赠。

《艮斋倦稿诗集》卷七《张雨升为予画〈万峰探梅图〉,题赠》:"君岂前身顾虎头,画予扶杖万峰游,来年呼出真模样,笑索梅花数酒筹。"

张蛟,字雨升,甪川(今属江苏苏州)人。善画,长于人物山水。

二十六日,劳之辨得子。

《艮斋倦稿诗集》卷九《贺劳书升生子二首》、劳之辨《静观堂诗集》卷十二《仲冬二十六日,喜得幼子,上家大人兼示铣儿》。

十二月二十日立春,次日大雷雨,又次日大雪,草木冻死。

《艮斋倦稿诗集》卷七《吊兰三首》,一云:"连宵风雨残冬寒,冻杀三间九畹兰。"同卷七又有《雷雨有作(原注:立春后一日)》《雷后大雪复次前韵》,记时情。

冬制幅巾布袍、芒鞋、竹杖,将访梅花于西山,不果。

乔莱卒。徐枋卒。郑重卒。

康熙三十四年　乙亥(1695)　七十八岁

元旦大雪,至元夕不止。

《艮斋倦稿诗集》卷八《元旦》有"白雪惊看遍地下(原注:是日大雪),

梅花借问几时开"句。又同卷八《春雪和昌黎韵(原注：正月三日)》《人日复雪》《雨雪不止,戏学欧公禁体,仍用坡韵》《再和前韵》,尤珍《沧湄诗稿》卷十三《乙亥岁朝,用坡诗起句写怀》《春雪,次昌黎韵》《雨雪不止,仿禁物体,次东坡聚星堂韵呈家大人》《次欧阳公对雪忆梅花韵》等,彭定求《南畇诗稿》卷一(乙亥诗)《四日,雪中斋居》《人日,雪中上穹隆,即事六首》《次昌黎春雪排律十韵,同艮翁作》《用东坡聚星堂雪禁体诗韵,同艮翁作》《叠前韵,再答艮翁》等均作于是时。

正月间,得京师韩炎来函,笑而赋诗答之。

《艮斋倦稿诗集》卷八《韩学士自京贻予书云：赋诗、饮酒、弈棋,三乐也。而得之高年,尤乐也。予笑曰：是奚足哉！戏为四乐诗,以答其意》,一云："吾本不作诗,聊尔未免俗。上仿三百篇,下摹九宫曲。钉铰打油腔,信口成歌哭。此乐谁知之？留与村童读。"此诗于同卷《人日,雪中上穹隆,即事六首》之后,又于正月十七日聚会咏诗之前,故推当作于此时。

正月十七,同里诸子会集访濂南畇草堂,十八日再集西堂。

《艮斋倦稿诗集》卷八《正月十七日,同里诸子南畇雅集。次日,再集西堂,追和欧公来燕堂联句韵》,有"况逢白雪辰,咏怀共欣赏。坐中谁大年,惟我压老榜。少长更咸集,交密何须广。本学鱼浮沉,稍同燕颉颃"句。尤珍《沧湄诗稿》卷十三《上元后,同里连日雅集,用欧阳公来燕堂联句韵》亦为时作。

自正月二十一惊蛰至二月六日春分,连日阴雨。探梅不成,有感赋诗。

《艮斋倦稿诗集》卷八《探梅稍迟,风雨大作,怅然口号八绝句》,其一："梅花时节家家雨,春雨山头处处花。花雨从来成一党,闲人枉自话周遮。"同卷八《又作古风一首,聊以解嘲》："今年元旦至元夕,雨水淋漓接惊蛰。正月曾无十日晴,二月犹然满天湿。"同卷八《又雨三绝》,一云："春分分得三分雨,小漏天成大漏天。可惜一生几两屐,此时只好雨中穿。"同卷八《花朝小集》："春分昼夜雨中平,十日难逢三日晴。"

正月二十六,宋荦初度,侗应同里诸公之邀作文祝之。

宋荦《西陂类稿》卷四十七《漫堂年谱》。《艮斋倦稿文集》卷十二《宋大中丞寿序》："宋大中丞商丘宋公来抚吾吴几三载矣,乙亥首春,值公初度,自郡太守下至州邑长皆愿称觥上寿,而征文于予。"

二月三日上巳,扫墓,感怀旧年玉峰谶集。

《艮斋倦稿诗集》卷八《上巳扫墓,有感去年玉峰谶集》:"旧年修禊仿兰亭,今日扶筇上墓茔。岁月去来难把玩,人生哀乐漫移情。松楸满目笙歌断,风雨连天雁影横。小泊灵岩山下路,樽前且听卖花声。"

收王渔洋来函之扇面四诗及《国朝谥法考》一书,有感奉答。

《艮斋倦稿诗集》卷八《王阮亭侍郎寄怀四诗,依韵奉答》,一云:"长安天尺五,不忘野人名。颠倒书频读,推敲韵未成。新谈思玉麈,旧梦忆金茎。珍重题襟日,桐华萍始生。"又一云:"借问中朝彦,琅琊才孰多。茂先司版部,太白在銮坡。妙笔书藤角,名香供曼陀。渔洋春水发,犹记散仙过。"诗后录王士禛来函及诗,来诗之一:"令子初休沐,趋庭乐事多。书名王大令,诗格小东坡。真诰通仙籍,名经礼佛陀。铜坑梅信早,定拟百回过(原注:并呈谨庸宫赞)。"王士禛《蚕尾集》卷八《寄尤悔庵太史》:"仆五年不作诗,忽于枕上得奉怀四章,即录便面寄上。诗虽不工,亦一奇也。近辑《本朝谥法考》一书,已寄牧老刻之,特乞大序。"

时尤珍亦收渔洋来诗,和来韵奉答。

尤珍《沧湄诗稿》卷十三《奉怀阮亭先生,即和来韵四首》。

郡博朱端及门,呈其祖玉瑠先生《文嘻堂集》请序。

《艮斋倦稿文集》卷十二《〈文嘻堂集〉序》:"今春有郡博朱子庄伯以及门来谒,呈其乃祖玉瑠先生《文嘻堂集》,曰:'将有刻也,请序一言。'予乃与之坐而问焉。"由于《艮斋倦稿文集》卷九后以时序编次,此文在同卷十二《〈开先语录〉序》之前,故可推其当作于前。

朱端,号庄伯,须江(今属浙江江山)人。能诗文,有《寸知斋序》。

春,庐山心璧禅师过吴门,示其《开先语录》请序。

《艮斋倦稿文集》卷十二《〈开先语录〉序》:"癸酉春,庐山心璧禅师过吴门,予读其诗而善之,未尝与之谈禅也。今春复至,则出《开先语录》一卷属予为序。"

心璧,法名超远,一作超渊,字心璧,昆明(今属云南)陈氏。天岳昼嗣。博学多识,工诗书。尝自庐山支身返滇,有《万里省亲图》,和者甚众。著《漱玉亭诗集》六卷。生平事迹见《云南通志》卷一九四、《同治南昌府志》卷六三、《晚晴簃诗汇》卷一九七、《清诗别裁集》卷三二等。

余怀和诗见赠,时仍雨,叠韵奉答。

《艮斋倦稿诗集》卷八《曼翁和诗见赠,叠韵奉酬四首》,其一:"天风吹好句,落我看云堂。忽遇苍髯叟,争雄翰墨场。空庭常閴寂,苦雨正淋浪。笔研荒凉甚,怀人何以将。"

春暮,同友人集小园送春。三月二十三日立夏,至陆上依斋赏牡丹。

《艮斋倦稿诗集》卷八《同诸子小园送春》:"新晴乍报迟双屐,首夏将临更夹衣。煮酒劝君同一笑,阿瞒梅子又青肥。"同卷八《立夏日,上依斋中看牡丹,用前韵》:"东君昨夜送将归,春色三分一片飞。两部鼓吹蛙闹吵,四围枕障树依稀。手闲正好翻棋局,耳热纵教覆酒衣。我本穷人看富贵,姚黄魏紫总轻肥。"

宋荦有《西陂鱼麦图》,时与诸公题之。

《艮斋倦稿诗集》卷八《题宋中丞〈西陂鱼麦〉图,即以四字为韵》四首、潘耒《遂初堂诗集》卷十五《题宋中丞牧仲〈西陂鱼麦〉图》等。

孙旸七十寿辰,以墨、胶、集三物为寿,赋诗二首。

《艮斋倦稿诗集》卷八《孙赤崖七十,以墨胶集三物为寿二首》,一云:"江东耆旧半晨星,吾子稀年存鲁灵。皂帽久经归瀚海,丹书犹记献彤亭。孝廉船向虞山隐,司马车来吴市停。却忆前春九老会,兴公佳句满兰亭。"因此诗于同卷《生日漫兴二首》之前,故推应作于四月二十四日之前。其时还有他人为孙旸赋诗祝寿,如王士禛《蚕尾续集》卷一《孙赤崖孝廉七十诗》、高士奇《清吟堂集》卷四《孙赤崖孝廉七十初度,寄诗怀之》等。

四月间,序王士禛《国朝谥法考》。

王士禛《国朝谥法考》卷首载尤侗序言,落款时间为"康熙乙亥首夏"。此序《艮斋倦稿文集》卷十二有载。

四月二十四日初度,赋诗以记。

《艮斋倦稿诗集》卷八《生日漫兴二首》,一云:"好景但凭诗撮合,愁怀全仗酒催科。不知来日馀多少,付与东风自揣摩。"

五月二日,观竞渡。五月四日,汪与图、立名父子招同侗、珍父子、彭访濂父子、吴秋士、绀池宴集,再观竞渡,赋诗唱和。

《艮斋倦稿诗集》卷八《五月二日,观竞渡》:"楚尾吴头风俗通,年年竞渡满江红。……只赢儿女纷相逐,老子犹然猎较同。"同卷八《五月四日,汪羲斋、西亭父子招同彭访濂父子、愚父子、吴在湄、筠上人竞渡宴集,次在湄韵二首》,一云:"一座谁宾主,三家恰七贤。更携方外友,同作饮中仙(原注:谓筠上人岁不饮酒,取足八数)。争看吴风盛,平分夏景妍。归来寻笔墨,尽可志夷坚(原注:在湄方修名山志)。"彭定求《南畇诗稿》卷一《竞渡行》有"我年五十端阳度,不逐水嬉观竞渡"句,按,彭定求生于顺治二年乙酉(1645),可知是年的确五十观渡。另释宗渭《芋香诗钞》卷四《汪西亭主政招同诸公胥江观竞渡限韵》、尤珍《沧湄诗稿》卷十三《午日,观竞渡,燕集,次韵二首》亦作于时。

汪与图(1633—1713),字河符,号羲斋,又号双梧老人,婺源(今属江西)人,后卜居苏州。生平事迹见彭定求《南畇文稿》卷七《诰封奉直大夫羲斋汪太翁墓志铭》《(道光)徽州府志》卷十一之四《人物志·文苑》。

汪立名,汪与图子,号西亭。官至工部主事。著《钟鼎字源》、辑有《唐四家诗》《白香山诗集》等。生平事迹见《四库全书总目》卷四三、卷一五一、《皇清书史》卷一等。可参见张鸽《清代汪立名生平诸事考》(《绥化学院学报》2010 年 4 月)。

吴秋士,字在湄(又作西湄),新安(今属安徽)人,有诗文名于时,著《天下名山记钞》。

端午节后,淫雨十日,田亩淹没,苏、松皆大水。是年四月起灾祸连连,平阳地震,海州冰雹,徽州雨雪,甘肃山崩。

《圣祖实录》卷一六六、一六七。《艮斋倦稿诗集》卷八《苦雨叹九首》,一云:"前年大旱今年水,天道循环岂可知。不信吾人当末运,成汤时过又尧时。"又一云:"一春天漏不曾停,更续端阳十日霖。我似杞人忧不已,恐防碧落变沧溟。"又一云:"天时人事每相应,举国皆狂召雨恒。更有平阳惊地震,徽州飞雪海州冰(原注:四月初六日,平阳地震。十一日,海州冰雹。十八日,徽州大雪)。"

五月二十七日,访濂约同里诸公斋集,相约为豆腐会,清谈赋诗,与者还有宋世滢、吴瞻(琇弁)、吴谌(慎旃)、尤珍。

《艮斋倦稿诗集》卷八《豆腐会诗四首》序云:"古人朋友宴会必有酒肉,近惟梁溪高子创为豆腐会,然亦荤素间设,吴下风俗日靡靡矣。前岁,予偕里中诸子立篚贰会,稍存真率之意,然作法于凉其弊犹奢,未尽善也。今葑南彭子与同志数人相约静坐,遂专以豆腐为名,或者疑其矫枉过正,而予欣然从之。"同卷八另有《又和八首》,其一:"借问先生馔,可供君子儒。敢云招隐逸,聊尔谢屠沽。观乐吴公子(原注:景南、后觉),悲秋宋大夫(原注:城南老人)。老彭吾窃比,合作竹溪图(原注:座共六人)。"尤珍《沧湄年谱》康熙三十四年:"五月,先大人与彭南畇侍讲定求、宋城南封翁世滐、吴景南进士瞻、慎旂孝廉谌轮举豆腐会,暨予共六人,有倡和诗刻。"尤珍《沧湄诗稿》卷十三《访濂约同里斋集,留题四首》,一云:"久苦黄梅雨,新晴小暑天(原注:小暑后一日)。比邻通问讯,长日许流连。彦会原非社,清斋不为禅。素心晨夕共,相对意悠然。"知此次聚会乃于小暑后一日。

六月初三,同诸子会揖青亭观水,赋诗记之。

《艮斋倦稿诗集》卷八《初三日,揖青亭再会,同诸公看圩田水,因用"田"字韵为诗》:"极目烟波满野田,杖藜来伴鹭鸥眠。桔槔一响老农喜,裯襫全抛热客怜。相对白头宜学道,恰存素口好谈禅。儿童不识腐儒乐,争怪天边谪水仙。"尤珍《沧湄诗稿》卷十三《诸公枉集揖青亭,限"田"字韵》亦记此次聚会。

有诗寄怀李文中。

《艮斋倦稿诗集》卷八《寄怀李文中处士》:"斜塘吾故里,有客在龙墩。种秫田园宅,观鱼水到门。云山入诗画,伏腊聚儿孙。思旧同衰老,何时共酒樽。"

六月十五日,再集宋文森自迩居,赋诗唱和。

《艮斋倦稿诗集》卷八《十五日,再会城南自迩居,座有冰拌,限排律"冰"字韵》:"北陆久藏冰,南城始出凌。修斋仍雅会,消夏共良朋。"尤珍《沧湄诗稿》卷十三亦有《城南自迩居斋集,即事限"冰"字韵》。

时患腰疼,又有腹疾。

《艮斋倦稿诗集》卷八《小病》:"晏坐久无病,病来亦晏如。折腰非斗米,破腹岂河鱼?且学消摩法,还寻方药书。愿邀三十二,同过净名居。"

天气转晴,访濂来函再招,赋诗答之。

《艮斋倦稿诗集》卷八《南畇主人五绝见招,依韵答之》:"恒雨恒风太闷生,喜闻钟鼓报新晴。明朝策杖巡田畔,也许农夫秧马迎。"可见天气已由阴雨转晴。尤珍《沧湄诗稿》卷十三亦有《次韵畴南畇招集五首》。

六月二十八日立秋,诸子赴集访濂南畇草堂,吟诗唱和。

《艮斋倦稿诗集》卷八《六月廿七日是夏尽日,再集南畇草堂,用"夏"

字韵》):"我辈幸休居,科跣颇闲暇。素心数晨夕,来往比邻舍。兹逢徂夏辰,重聚耆英社。"尤珍《沧湄诗稿》卷十三《南畇草堂斋集,限"夏"字韵》亦为当时作。

吴瞻来函,相约七月初八会集不动轩观荷。

《艮斋倦稿诗集》卷八《景南约初八日不动轩观荷赋诗,见招和答二首》。尤珍《沧湄诗稿》卷十三《次韵畴景南招集不动轩二首》,一云:"相约前期更后期(原注:是会因余病更期),病魔初退得良时。剧怜半月违言笑,不觉三秋感梦思。杨柳风来堪避暑,梧桐叶落正催诗。床头《周易》还携看,王湛当年本不痴。"

七月十七日,众人再集不动轩赋诗唱和,与会有绀池、应中二僧,宋世溁以病未与会。

《艮斋倦稿诗集》卷八《十七日,重集不动轩,即事成篇,用"荷"字韵》:"贫贱之交惟豆腐,故旧不遗有叵罗。老子于此兴不浅,上人观之是什么(原注:坐有二僧)。城南往问维摩疾,强起且听采莲歌(原注:城南有恙不至)。"尤珍《沧湄诗稿》卷十三《不动轩斋集,限"荷"字韵》:"欢情帀洽剧谈畅,两僧默坐无讥诃(原注:绀池、应中二上人)。来年偕访古名刹,打包行脚知谁何?……扁舟归去尚未晚,同里问病参维摩(原注:城南老人以病未至)。"

应中上人,生平不详。

二十七日,诸子集访瀍南畇草堂,吟诗唱和,宋世溁、吴谌二人因病未至。

《艮斋倦稿诗集》卷八《七月廿七日,集南畇草堂,分和陶诗归田园居五首》,其一云:"我友正印须,比闾只一曲。折简可相邀,豆羹亦已足。夫何二竖来,仆痡予马局。珍重金石躯,老年如炳烛。勿嗟霜露零,黾勉及朝旭(原注:城南、后觉俱病,故问之)。"尤珍《沧湄诗稿》卷十三《南畇斋集,分得陶诗,和刘柴桑一首》《又和陶移居二首》。

闻知宋世溁病愈,赋诗祝之。

《艮斋倦稿诗集》卷八《喜城南病愈,和其自拈韵三首》,一云:"天地为炉万物铜,人间劫火任烧空。老夫肺病今还愈,与尔同听众窍风。"可知宋文森时患肺病而愈。

八月,宋荦始重修沧浪亭,吟诗纪之。

《艮斋倦稿诗集》卷八《宋中丞重修沧浪亭,因和欧公长句纪之》:"商丘中丞今词伯,竭来献吊心相怜。亟命匠人新土木,俨然图画开青天。刍荛往焉宜种树,渔父过此时临渊。西堂老翁闻之喜,亦携杖履思高眠。桃花坞中呼伯虎,斗酒共醉羲皇年。寄谢使君真好事,绵津当与沧浪传。"

宋荦《西陂类稿》卷十四诗《沧浪亭》有"伐石作亭悬旧额,爱饬祠宇肃豆笾",记修葺事,另《西陂类稿》卷二十六《重修沧浪亭记》末云:"始以乙亥八月,落成以明年二月。"知宋荦始重修沧浪亭乃八月间事。《(民国)吴县志》卷三十九:"沧浪亭在郡学之南,积水弥数十亩,傍有小山高下曲折,与水相萦带。……由元迄明,废为僧居,嘉靖间知府胡缵宗于其址之妙隐庵建韩蕲王祠,释文瑛于大云庵旁复建沧浪亭。清康熙间巡抚都御史王新命建苏公祠,商丘宋冢宰荦抚吴时寻访遗迹,复构亭于山之巅,得文征明隶书'沧浪亭'三字揭诸楣。"

诸公集揖青亭秋望,赋诗以记。

《艮斋倦稿诗集》卷八《揖青亭秋望,同诸公作四首》,一云:"二簋欢生四座,一杯耐可千春。且任天骄老子,何妨宾戏主人。"

尤珍《沧湄诗稿》卷十三《诸公枉过沧湄小隐,和陶游斜川诗》《招客代简四首》《揖青亭小集二首》等均为其时所作。

八月二十四日,再举亦园集会,座上远道而来者有沈芜亭、余怀、朱端、卢伯宗、吴锡晋。

《艮斋倦稿诗集》卷八《八月廿四日,诸公枉集小园,限"烟""阳"二韵》:"计日将寒露,临风已夕阳。三秋千里客(原注:客为临湘沈芜亭、蒲田余曼翁、巢国朱庄伯、皖江卢伯宗、新安吴子山),四座百年觞(原注:以百年为令)。水落菱方熟,田稀稻更香。还呼苏子美,濯足共沧浪。"

吴锡晋,字子山,新安(今属安徽)人。能诗,《艮斋倦稿文集》卷十四《燕居草堂诗跋》:"吾门吴子山,吴下诗人也。"

沈芜亭,临湘(今属湖南)人。卢伯宗,皖江(今属安徽)人。二人具体事迹不详。

九月,为徐钒《南州草堂集》作序。

徐钒《南州草堂集》卷首有尤侗序,末署:"康熙乙亥秋九月,长洲尤侗悔庵拜撰。"《艮斋倦稿文集》卷十二有《〈南山草堂集〉序》。

重阳节前一日,赋诗记感。

《艮斋倦稿诗集》卷八《赋得"少壮几时奈老何"八首》,一云:"少壮几时奈老何,君看老子剧婆娑。避人渐觉衣冠远,谢事并嫌饮食多。几上闲书聊自遣,村中野鸟枉相过。来朝又是重阳节,为问黄花开几窠。"可知明日为重阳。

九月九日重阳,独登揖青亭,儿珍闭户读书未出。

《艮斋倦稿诗集》卷八《九日,坐揖青亭》:"重阳幸免风和雨,独自登高亦黯然。遥望西山如老屋,即看南陌半枯田。已无竹叶浮杯底,那有茱萸插帽边。鲈脍莼羹何处问,秋风空想步兵船。"可知是日并无聚会,侗独自登高。尤珍《沧湄诗稿》卷十三《重九日,闭户不出。是夜,梦树峰共得诗二首》,其一:"重阳不作登高计,闭户看书默坐时。岂有白衣来送酒,也无黄菊伴题诗。秋深天霁云容丽,地静人闲日影迟。俛卬之间更怀古,龙山未必胜东篱。"

十九日,曹令忌日,梦见亡妻,有感赋诗。

《艮斋倦稿诗集》卷八《亡妻忌日,梦见有感二首》,一云:"镜破琴亡十八年,尔容依旧我皤然。闲情久付吴江水,他日重逢忉利天。"

十月六日,过彭访濂南昀草堂观穫。

《艮斋倦稿诗集》卷八《十月六日,过南昀草堂观穫,和陶西田穫稻韵》:"十月纳禾稼,我稼满田端。不有作者劳,孰使居者安。绿畴皆已黄,铺菜殊可观。野老腰镰来,妇子负稿还。小春日色暖,西风亦微寒。……把酒对残菊,良友怡欢颜。坐卧一床书,穷冬长掩关。庶几追古人,一唱而三叹。"

友蒋之逵于去年三月卒,今年将于十一月下葬,为志墓。

《艮斋倦稿文集》卷十二《蒋云九墓志铭》:"予与云九式相好也,不幸去岁三月云九婴疾以卒,越今岁十一月将葬于阳抱山之阡,启原配沈孺人之柩而祔焉。其子文澜兄弟五人,衰服踵门,再拜请铭其石。予虽不文,然至亲也,曷敢辞乎?"《(民国)吴县志》卷六十六《列传四》:"蒋之逵,字云九,明副使灿孙。由郡庠生贡太学,授知县,以母节未旌,不赴选。至康熙己未,母盛氏年例既符,乃请旌表。巡抚慕天颜抚吴,重之逵文,行事必谘访,尝特疏题免吴中夫役,从之逵言也。之逵即捐赀勒疏于石建碑亭于胥关,吴氏至今赖之。以曾孙元益贵,累赠荣禄大夫。"

保宁府通判陈铎长子陈子心葬父,前来乞铭。

《艮斋倦稿文集》卷十二《保宁府陈别驾墓志铭》:"今乙亥十月,子心始得葬君牛首之阳,特踵吴门乞铭于予。"

陈铎,字本立,其先宁国(今属安徽)人,后徙江宁(今江苏南京)。官至保宁府通判。

顾䎗卒,十月二十日将下葬,其子前来乞铭。

《艮斋倦稿文集》卷十二《顾开林墓志铭》:"今乙亥开林亦溘逝矣,其子若孙人凤等于十月二十日葬君依仁乡之原,衰服踵门,乞予铭。"

顾䎗,字开林,号河渎渔人,江南长洲(今江苏苏州)人。明诸生。生平事迹见《(民国)吴县志》卷六十八《列传六》。

园僧智圆装佛像成,会同彭访濂等前往赴斋,并赋诗祝祷。

《艮斋倦稿诗集》卷八《园僧智圆装佛像成,同诸公赴斋,和南昀韵》:"良辰当北陆(原注:十月良月也),精舍傍南城。惠远能开社,维摩作主盟。"

王士禛寄函来言梦与侗共在一所,在座有星者云侗可活一百二十岁,侗闻而赋诗答之。

《艮斋倦稿诗集》卷八《阮亭先生寄语云:昨梦与尤先生同在一所,有星者在坐,予指问之曰"此公能活一百二十岁否?"星者笑而颔之"先生谦谢而已,此寿征也。"予闻之绝倒,戏答二绝》,一云:"曾记广成千二百,十分取一岂为奇。消磨岁月成何事,要待渔洋赠寿诗(原注:计予一百二十岁先生亦百馀岁矣)。"

张蛟去年曾为侗作《万峰探梅图》,又经茂苑高简补景,今赋诗以纪,众人和之。

《小影图赞·万峰探梅图》下注为"乙亥"所作,图后有宋荦、高士奇、余怀、孙旸、徐釚、潘耒、冯勖、宋实颖、释宗渭诸人和诗。宋荦题《万峰探梅图》云:"八十老翁一壶酒,梅花万树兴飞扬。"高士奇题诗云:"谁似西堂八十翁,探梅岁岁万山中。"

高简,字淡游,号旅云,自号一云山人,茂苑(今江苏苏州)人。山水画重简淡而布置深稳,风味清腴可爱。生平事迹见《清画家诗史》乙上。

是岁水灾,大无麦禾。朝庭蠲漕粮之七,又蠲五县大荒之三,民困稍苏,然窃事频繁。十二月,诏大赦天下。

《圣祖实录》卷一六九。《艮斋倦稿诗集》卷八《谕贼》:"昨夜贼叩门,今夜贼上屋。叩门人自喧,上屋狗相逐。腹无宿食身无衣,天寒霜冷不如归。一庭荒草难遮冻,四壁残书岂疗饥。语云贼不打贫儿,汝今过我亦奚为?贼虽不言吾知之,今年水潦田收薄。肩挑步担无力作,尚有妻孥掩面啼。更多逋负来追索,饥驱我去可奈何。万不得已为掏摸,恨我囊无十万钱。"同书卷八《岁暮三首,效老杜曲江体》云:"今年大水田半荒,庄家籴谷补上仓,饥民嗷嗷泣路旁。重门击柝不敢卧。恐防暴客来逾墙。"彭定求《南畇老人自订年谱》康熙三十四年:"五六月,水灾大发,南园俱成巨浸。"可知是年水灾严重,民事困窘。尤珍《沧湄诗稿》卷十四《元日立春,用坡诗起句》有"圣代声灵通卉服(原注:时将出师),清时恩敕到田莱(原注:蠲三十三年前逋赋)"句。

岁暮,以明春出师西征蒙古,朝廷有造甲养马之役。

《艮斋倦稿诗集》卷八《岁暮三首,效老杜曲江体》,一云:"朝廷晏安方讲武,新制铁衣千石弩,羽林养马猛如虎。明年二月大出兵,四十八部征蒙古。"

宋世滢往南涧扫塔度岁,赋诗送别。

《艮斋倦稿诗集》卷八《送城南老人南涧扫塔,和葑南韵四首》,一云:"君向明湖去,瓣香礼导师。孤踪寒日迥,密意晓霜知。借此离尘坌,因之得止持。莫愁佛法烂,春色正来迟。"尤珍《沧湄诗稿》卷五《送城南老人往南涧礼塔度岁,次韵四首》亦为时作。

除夕小雪,吟诗志感。

《艮斋倦稿诗集》卷八《除夕,送冬二首》,一云:"五九寒冬暖律饶,连宵雨雪忽瀌瀌。谁能作赋追梁苑,我欲吟诗想灞桥。问夜怕闻雷竹爆,迎春喜见彩毬飘。纵教坐尽孤灯冷,犹胜天街趋早朝。"

康熙三十五年　丙子(1696)　七十九岁

正月初一立春,初二大雪,赋诗记之。

《艮斋倦稿诗集》卷九《元旦立春,仍用俗语为起句二首》一云:"百年难遇岁朝春,十二年中又一巡(原注:乙丑岁朝立春,迄今一纪)。恰值子时当正夜(原注:立春夜子初刻),更逢午日是生辰(原注:是日戊午)。姓名将变鸥夷子,模样几同木偶人。但愿太平无一事,耕田凿井过闲身。"又同卷九《初二日雪》:"昨夜子时方立春,今朝青帝是元辰。土牛吐出丰年瑞,玉马飞来献节新。"

拜谒汤公祠,有感赋诗。

《艮斋倦稿诗集》卷九《谒汤公祠有感》:"十年不见睢州老,没后尤深去后思。堕泪尚看羊傅石,焚香争拜武侯祠。学宫俎豆宜同享,山鬼揶揄总不知。多少丹青图庙貌,行人过此不留诗。"

尤珍《沧湄诗稿》卷十四《谒汤尚书祠》亦作于时。

按,《大清一统志》卷五十五:"汤公祠在胥门外,祀本朝江南巡抚汤斌。后以巡抚张伯行、河道总督陈鹏年合祀。"《江南通志》卷三十八:"汤公祠在府学内西偏,祀巡抚汤斌。"《(民国)吴县志》卷三十三《坛庙祠宇》:"汤文正公祠在穹窿山藏书庙内,祀清礼部尚书前江苏巡抚汤斌。"

正月二十五日,顾嗣立北上应顺天乡试,赋诗送之。

《艮斋倦稿诗集》卷八《送顾侠君北上二首》,一云:"抱膝吟诗处,尝看秀野堂。偶然携小草,直欲上长杨。京路新车骑,家风旧辟疆。赠君古乐府,结客少年场。"顾嗣立《小秀野诗集》卷一《丙子正月二十五日,余束装入都,亲朋送别虎丘,放舟口号得四绝句》、宋荦《西陂类稿》卷十四《早春,送顾侠君应试入都,兼寄阮亭侍郎慕庐阁学二首》。

按,顾嗣立《闾邱先生自订年谱》:"康熙三十五年丙子,年三十二,春正月二十五日,自里门北上,亲朋送至虎丘,有口号诗二首。……是岁,海内名士云集,余广为结纳。……秋八月,试京兆,中副榜二十二名。"可知顾嗣立此次北上主要为应试交友,尤侗作为同里前辈,赋诗送行当于情理之中。又《艮斋倦稿诗集》卷九(丙子诗)有《和顾侠君小秀野诗四首》,一云:"一昔尝登秀野堂,几时移向帝京旁。归家却话巴山雨,翻忆长安是故乡。"又一云:"捶碎胡琴归去来,故园风景亦悠哉。题诗寄谢王摩诘,高卧终输裴秀才(原注:阮亭先生诗'寄语西堂尤老子,妒渠高卧太风流',并答之)。"亦当为送顾嗣立北上时所作。顾嗣立《小秀野诗集》卷二有《自题小秀野四绝》,其后还附其他同和者如王士禛、姜宸英、孙致弥、岳端等所作和诗。

顾嗣立(1665—1722),字侠君,江南长洲(今江苏苏州)人。予咸子。康熙五十一(1712)年进士,授知县,以疾归。著有《秀野集》《闾丘集》等。康熙时曾预修《佩文韵府》等。生平事迹见《清史列传》卷七一、《清诗别裁集》卷二十三、《(乾隆)长洲县志》卷二十五《人物四》、《(民国)吴县志》卷六十八《列传六》等。

二月,入山探梅,与绀池、尤珍俱至玄墓,入穹窿,经古草堂,历积翠、拈花诸寺,凡五日。

《悔庵年谱》卷下。《艮斋倦稿诗集》卷九《西山看梅杂诗十首》,一云:"吾家山畔路,万树倚高陵。狎客成群至,衰翁勇登。从林裙屐满,画舫鼓吹腾。我亦饶游伴,萧然携一僧(原注:谓筠上人)。"又一云:"已寻邓尉宅,更访已公房。松月今皇座,梅花古法堂。呗中出天籁,定里入湖光。何事探春使,空劳典客忙(原注:入圣恩寺晤慧上人)。"又一云:"此地累黄石,何年住赤松。泠然半山水,卓尔大茅峰。……却愁下坡路,险绝仗孤筇(原注:登穹隆上真观)。"又一云:"重吊草堂古,昔年灵照家。香岩看积翠,迦叶笑拈花。园叟多栽树,庵僧迭献茶。夕阳回首处,石塔叫乌鸦(原注:自古草堂至积翠、拈花二寺)。"可知游邓尉、穹窿、古草堂及积翠、拈花二寺等处。

尤珍《沧湄年谱》康熙三十五年:"春随先大人探梅,游玄墓、登穹隆,经古草堂,历积翠、拈花诸寺,凡五日,作诗以纪。"《沧湄诗稿》卷十四《将入邓尉探梅,招访濂不往,戏简二首》《山中看梅,寄访濂二首》《吾家山远眺》《董墓》《游圣恩寺》《藏经阁望湖中诸山》《登穹隆山》《积翠庵》《古草堂》等均为是游所作。

按,《(民国)吴县志》卷十九:"穹窿山在邓尉山东南二十里,距城西四十里。……有穹窿寺,梁天监中建,明改为拈花寺。"《(民国)吴县志》卷三十六:"积翠庵在穹窿山北,即皇驾庵,相传明建文帝逊国曾税驾于此。"

徐釚为先生《万峰探梅图》题诗。

徐釚《南州草堂续集》卷一《题四堂老人〈万峰探梅图〉》。

朱端招饮看梅,吟诗唱和。

《艮斋倦稿诗集》卷九《朱庄伯广文招饮看梅二首》:"把酒论文治事斋,吟风弄月是吾侪。纵教桃李盈门下,未若梅花清友佳。"

二月间,宋荦修葺沧浪亭成,邀诸公会之,作诗文以志。

《钦定四库全书总目》卷七十七:"《沧浪小志》二卷,国朝宋荦撰。……是编乃荦为江苏巡抚时,得宋苏舜钦沧浪亭旧址,重为修葺。因搜辑前人传记诗文,而附以所作记一篇、诗一首,及尤侗、范承勋诗各一首,共为一集,当时颇称其好事。"《艮斋倦稿诗集》卷九《沧浪六咏》、《艮斋倦稿文集》卷十三《〈沧浪志〉序》、宋荦《西陂类稿》卷二十六《重修沧浪亭记》、顾汧《凤池园诗集》卷二《宋中丞重建沧浪亭,和欧阳文忠原韵》和卷五《宋牧仲中丞重建沧浪亭,用苏子美原韵》、尤珍《沧湄诗稿》卷十四《沧浪亭诗,和欧阳公韵,为宋大中丞作》《和苏子美沧浪亭韵》、王锡《啸竹堂集》七古《沧浪亭次宋大中丞原韵》等均为是作。

春日,序沈时栋《古今词选》。

沈时栋《古今词选》卷首(康熙五十五年刻本)有尤侗题序,末署:"康熙丙子春日,年家弟长洲尤侗撰。"该序尤侗文集未收。

沈时栋,字成厦,一字城霞,又字焦音,别号瘦吟词客,江南吴江(今属江苏)人。著有《瘦吟词》、辑《古今词选》。生平事迹见《江苏诗征》卷一一九、《全清词钞》卷七等。

三月三日,逢上巳与清明重合,有感赋诗。

《艮斋倦稿诗集》卷九《清明上巳》:"清明上巳皆佳节,并作今春三月三。旧景灰堆兼懞懂,新声格磔又呢喃。但当长日加餐饭,那得闲人供坐谈。军马正看征塞北,烟花空自望江南。"

扫墓归,适门房有仆殴人,牵及侗家人入狱,宋荦以巡抚官力为解免,后侗杜门慎出。

《悔庵年谱》卷下。《艮斋倦稿诗集》卷九《丙子除夕,漫兴二十韵》有"里门莫救乡邻斗,室内谁怜儿女殇"句,载是年里间纠葛。

三月十八日万寿节,赋诗祝之。

《艮斋倦稿诗集》卷九《万寿节敬赋》:"闻道君王兴六师,亲征小丑向边陲。九重羽骑行方急,万国戈矛修敢迟。风雨洗兵应大胜,云霄献寿定深辞。微臣极望悬丹阙,私炷炉香愿祝厘。"

去年冬,福建林石友即欲离吴,侗力挽留之。今年四月,林石友始行,行前出其诗索侗跋之。

《艮斋倦稿诗集》卷八《留闽中林石友》云:"君卜归期尚可迟,长途况值岁寒时。春风且过梅花信,五月天南采荔枝。"《艮斋倦稿文集》卷十三《跋林石友诗笺》:"闽中林子石友薄游吴门,谒来晤对,彬彬乎可风可雅人也。岁暮将归,予作诗留之,有'春风且过梅花信,五月天南采荔枝'之句。今年孟夏,复理征棹,则将谢罗浮之梦,赴侧生之约矣。濒行,出其春尽言怀数诗,徘徊宛转,若有不胜情者。予既攀援无计,又恨无以赠处,重占断句以代骊歌,云:'送春才去送君归,独倚河梁怨夕晖。欲识离情何处是,酴醾花落燕交飞。'"

林石友,福建人,有诗名。生平不详。

五月二十一日夏至,访濂携酒与诸公前来揖青亭会饮。

《艮斋倦稿诗集》卷九《夏至日,访濂携酒揖青亭小集,追和癸酉中秋二韵》,一云:"久不窥园满径苔,今朝客至亦奇哉。风前杨柳犹长舞,雨后芙蓉恰小开。拔剑有心思斫地,杖藜无力倦登台。黄梅已过逢三至,喜看田家戴笠来。"彭定求《南畇诗稿》卷二《揖青亭小饮二首,用壬申秋游韵》:"蜡屐轻移破藓苔,主宾相视并忘哉(原注:十日余移酌)。"尤珍《沧湄诗稿》卷十四《南畇携尊过揖青亭,偕同里诸公小集,次韵二首》亦载此日饮事。

余怀殁,享年八十。次日,侗赋诗哭之。

《艮斋倦稿诗集》卷九《挽余曼翁八绝句》云:"江东耆旧已凋零,犹剩莆田一客星。昨夜少微天上落,青山重哭草堂灵。"因此诗介于前《夏至》与后《海啸纪异》之间,而诗中又有"昨夜少微天上落"句,故推余怀当卒于五月底。余怀(1616—1696),具体经历与著述可参见方宝川、陈旭东《余怀及其著述》(《福建师范大学学报》2006年第2期)。

六月初一,飓风骤起,崇明海啸,溺死数万人。

《艮斋倦稿诗集》卷九《海啸纪异》:"六月朔日飓风起,帝遣痴龙翻海水。孟婆震怒天吴骄,巨鳖修鼋纷走使。划然一啸五更天,疾卷长趋几百里。……海中闻有普陀岩,翘首竹林在尺咫。南无观世音菩萨,大悲救难斯可矣。"董含《三冈续识略·卷上》:"丙子六月初一日,大风,暴雨如注。时方忧旱,顷刻沟渠皆溢,欢呼载道。二更馀,忽海啸,飓风复作,潮挟风威,势汹涌,冲入沿海一带地方,几数百里。宝山纵亘六里,横亘十八里,水高于城丈许。嘉定、崇明、吴松、川沙、柘林八九团等处,漂没海塘五千丈,灶户一万八千,淹死者共十馀万人。"

冯勖六十寿辰,作文祝之。

《艮斋倦稿文集》卷十三《冯勉曾六十寿序》:"予行年八十,婆娑一老,而冯子于今六月亦举六十之觞。"

冯勖(1637—?),字方寅,号勉曾,江南长洲(今江苏苏州)人。康熙十八年举博学鸿儒。生平事迹见《江南通志》卷一五七、《(乾隆)长洲县志》卷二十五《人物四》。

七月五日,邵长蘅六十寿辰,作文祝之。

《鹤栖堂稿诗集》卷二《邵子湘六十长歌为寿》:"问君春秋花甲添,六十日耆休自谦。峭然灵光比彭聃,酌以大斗兴正酣。祝以俚言将无惭,老夫痴长二十三。"

邵长蘅(1637—1704),一名衡,字子湘,别号青门山人,江南武进(今属江苏)人。十岁补弟子员,后为奏销案牵误,以山人终其身。著《青门全集》。生平事迹见《四库全书总目》卷一八三、《清史列传·文苑》《清史稿·文苑》冯景传附、《江苏诗征》卷一四四、《清诗别裁集》卷十五、《杭州府志》卷一七〇、《全清词钞》卷三等。

根据宋荦《西陂类稿》卷三一《青门山人墓志铭》(《清代诗人文集汇编》第135册,影印民国六年(1917)宋恪寀重刻本,上海古籍出版社2010年)与邵长蘅《邵子湘全集》(《清代诗人文集汇编》第145册,影印清康熙三十九年(1700)毗陵邵氏青门草堂刻本,上海古籍出版社2010年)等既有材料得知,邵长蘅出生于1637年,尤侗《邵子湘六十长歌为寿》应作于1696年(康熙三十五年)左右,故而很可能实为《艮斋倦稿》所漏收之作,后被收入《鹤栖堂稿》。注:"鹤栖堂"因御赐得名(1699年即康熙己卯),《鹤栖堂稿》中诸作亦自此年始。又,尤侗生于1618年,本长邵长蘅19岁,此诗中所云"老夫痴长二十三",大概既有"俚言"之意,又有押韵之效。

七月二十三日,风雨大作,拔木发屋。

《艮斋倦稿诗集》卷九《风雨破屋歌(原注:七月廿三日)》:"海鸟爱居来大风,雷雨助阵轰天东。噫气怒号鸣万窍,净瓶倒泻骊龙宫。江湖泛滥入城市,人家半浸洪波中。吾家草堂仅十笏,床床漏湿无纤缝。骤闻瓦震鸱吻坠,旋见窗碎棂星空。水哉轩前跳鱼鳖,挹青亭畔打桅篷。四围缭垣几百丈,拉然崩应铜山钟。榆柳大树皆反拔,竹枝偃卧如蒿蓬。禽兽逃匿昆虫死,上落鹊巢下蚁封。园丁惊报咄怪事,此地得无天河通。自朝达夜雨少止,老夫扶杖看苍穹。……茅屋既破柟树拔,杜陵叹息将毋同。杞人隐忧不惶息,此岂天灾抑民穷。呜呼,秋霖偶然未为毒。君不见,崇川一劫万鬼思悲翁。"同卷九《又纪六首》一云:"穿隆陡出十三蛟,喝雨呵风喷怒涛。泉下陈人皆惊起,空山但听万松号(原注:墓木尽拔)。"彭定求《南畇诗稿》卷二《异哉行,为七月二十三日大风雨作》亦载是事。

七月,尤珍第四女淑嘉未出阁而殇,年十八,卒时曾诵佛号数声。淑嘉已许字王喆生次子王希正。

《艮斋倦稿诗集》卷九《哭孙女淑嘉二首》一云:"少长深闺秋复春,未曾出阁早亡身。小儿造化真颠倒,八十人哀十八人。"

尤珍《沧湄年谱》:"七月,四女淑嘉病亡。"尤珍《沧湄文稿》卷六《亡女淑嘉圹铭》:"呜呼,此为予第四女淑嘉之圹……女许字昆山王素岩编修次子希正,县学生……女年已十有八矣。"尤珍《沧湄诗稿》卷十四《悼第四女淑嘉诗十四首》,一云:"三伏炎蒸病未除,连朝雷雨碎琼琚(原注:是日大雷雨)。百季惭痛缘何事,不异昌黎悼女挐(原注:时有无妄之灾,病因受惊所致,昌黎诗云:致女无辜由我辜,百年惭痛泪阑干)。"可见是日雷雨大作。其二云:"膝下依依十八年,三生虚为觅姻缘(原注:许字王醇叔次子)。临危自说无牵挂,却怪慈亲涕泪涟。"其七云:"病深药饵不禁当,念佛声中闻妙香。庞老庞婆空碌碌,却输灵照往西方(原注:弥留时朗诵佛号数声)。"另尤珍同卷十四《题亡女遗像三首》亦为悼亡所作。

吴瞻、吴谌并丧爱子,赋诗慰之。

《艮斋倦稿诗集》卷九《景南、后觉并丧爱子,诗以慰之三首》,一云:"乌衣门第苕溪多,争羡延陵玉树柯。何意一朝亡二惠,西风吹泪满西河。"又一云:"不堪年少早埋名,兄弟依然携手行。我自哭儿还助哭,人生难遣是钟情。"尤珍《沧湄诗稿》卷十四《唁景南丧子三首》一云:"为伤亡女杜柴荆,怕听西河哭子声。虽是延陵能合礼,三号那得便忘情!"可知吴瞻、吴谌丧子当于尤珍丧女后不久。

八月十五,序《西游真诠》。

清文盛堂刊本陈士斌《西游真诠》卷首有尤侗序,末题:"康熙丙子中秋,西堂老人尤侗撰。"《艮斋倦稿文集》卷十三有《〈西游真诠〉序》。

二十七日秋分,赋诗记感。

《艮斋倦稿诗集》卷九《秋分》:"风风雨雨几时休?独对青山吟白头。为问井梧花落尽,十分秋作五分愁。"

秋,同里友人潘恬如卒,作诗挽之。

《艮斋倦稿诗集》卷九《挽潘克先生》诗注:"先生来书云:'生吾顺事没吾宁。今日方知真受用。'故用作起句云。"诗云:"生吾顺事没吾宁,潘子重题张子铭。一部通书能悟道,十年师说见传经。精神寂寞无遗累,笔墨端庄有典刑。只此全归大事了,何须参学问风铃。"

尤珍《沧湄诗稿》卷十四《挽潘克轩先生》:"生吾顺事没吾宁,全受全归八十龄。世上正传通德里,天边忽陨少微星。绍明绝学希千圣,补缀遗书继六经。叹息哲人今已逝,空从函丈想仪形。"由于尤珍《沧湄诗稿》以时序次,《挽潘克轩先生》一诗又在《秋日,过芋香庵,留赠绀池禅师》后、《九日,诸公过挹青亭,限登高为韵二首》之前,可推知潘恬如当卒于是年秋至九月初九之间。按,《(民国)吴县志》卷六十八《列传六》载潘恬如:"与彭定求、尤侗为友。"

九月初九,诸公过挹青亭饮酒赋诗。

尤珍《沧湄诗稿》卷十四《九日,诸公过挹青亭,限登高为韵二首》,一云:"小园亭子喜常登,况值重阳秋兴增。远树依依环聚落,嘉禾秩秩布丘塍。窗前绿竹清阴合,郭外青山爽气澄。良友忽来成彦会,急须索取酒三升。"

十二日,尤珍赴彭定求处小饮。

尤珍《沧湄诗稿》卷十四《重阳后三日,南畇小饮,次韵二首》,一云:"步屟春常健,邻居数往来。浅深杯共酌,清浊瓮同开。"

九月间,入山经营生圹,为先妻窀穸。

《悔庵年谱》卷下。《艮斋倦稿诗集》卷九《入山省墓三首》,一云:"秋老空山万木凋,百年黄土总萧条。西风一夜无消息,尽卷松涛入海涛。"

十月,宋荦过沧浪亭,寄诗于侗。

宋荦《西陂类稿》卷十四《初冬过沧浪亭,寄尤悔庵》有"寄语西堂八十叟,石栏点笔待追陪"句。

十一月八日,先妻始克葬,十九日,并葬瑞儿及郑、金二媳。

《艮斋倦稿诗集》卷九《葬先妻作三首》,一云:"明冥暌违十九年,今朝临穴倍凄然。并无华表归辽鹤,似有深山哭杜鹃。抛汝黄肠只独寐,剩予白发更谁怜。何当解脱人间世,携手同登忉利天。"又一云:"尧妃坞里淑人丘,荒草茫茫松柏愁。一片石封金井口,四围沙裹土馒头。宝钗绣袄竟何在?蚕薄鱼灯总不留。指点穹隆山色好,佳儿佳妇可同游(原注:并葬瑞儿及郑、金二媳妇)。"

尤珍《沧湄年谱》康熙三十五年:"十一月,鹨子坞新阡成。初八日,先大人封寿圹,葬先母曹孺人。十九日,葬亡弟弘璧暨弟妇郑氏、金氏。"《沧湄文稿》卷六《告亡弟弘璧文》:"自吾弟殁后,弟媳金氏继之,侄女又继之,并前弟妇郑氏,共有四丧。吾弟何罪于天,罹此荼毒,每一念及,不禁涕泗之横溢也。"

林玉山来访,因得知其甥方鸿殁信,赋诗哭之。

《艮斋倦稿诗集》卷九《莆田林玉山来,得方翀霄凶问,诗以哭之五首》,一云:"亲老家贫事可伤,生离死别总茫茫。最怜酷似何无忌,颠倒西州哭渭阳(原注:方即林之甥也)。"又一云:"旧游曾记在三山,回首青春已盖棺。叹息才人终不遇,何年赐第及方干。"忆当年与方鸿同游福建之事。

俞培为侗绘《梦游三山图》,侗自题之。王士禛、韩菼、劳之辨、宋荦、周金然、朱彝尊等有和诗。

《艮斋倦稿诗集》卷九《自题〈梦游三山图〉》《赞五先生像》。其中《自题〈梦游三山图〉》序云:"海宁俞体仁为予写《梦游三山图》,而以蒙庄、曼倩、渊明、太白、东坡五君配焉,亦犹赵歧寿藏陪位子产、叔向、季札、宴婴意也。图成戏笔题此,并赠俞子。"图后附有王士禛、韩菼、劳之辨等众人题诗。

俞培,字体仁,号厚斋,浙江海宁人。善画,尤以写真闻名。生平事迹见《清画家诗史》乙上。

曾于曹寅处得观御书翰墨"敬慎"二字等,因作《御书赞》颂之。

《艮斋倦稿文集》卷十三《御书赞》:"壬申冬,玺子寅复司织造于江宁,尝启家笥观之,荧光四照,翰墨如新。间以示检讨臣侗,相与赞叹,侈为盛事焉。"

按,尤侗未明言于何时得观曹寅家所藏御书,但以此文作于是年,姑置于此。

是年,应邀序劳之辨《静观堂诗集》;冬,尤珍为劳之辨《贺生子册》作题。

劳之辨《静观堂诗集》卷首有尤侗序,落款为:"康熙丙子,长洲尤侗谨题。"《艮斋倦稿文集》十三亦载《〈静观堂诗集〉序》。尤珍《沧湄诗稿》卷十四有《石门公命题前岁贺生子册二首》,此诗置于是年末,可推知为时年冬所作。另,尤侗是文亦作于是年,很可能的情况是当年劳之辨同时各邀侗、珍父子二人题序,二文亦可能作于同时。

康熙三十六年　丁丑(1697)　八十岁

元旦,作寿诗自祝。

《艮斋倦稿诗集》卷十《元旦漫兴二首》,一云:"行年八十尔何知,白发依然一小儿。不欲乞人五斗米,未能免俗七言诗。……笑杀磻溪姜老子,装枪上马太心痴"。韩菼《有怀堂诗稿》卷四《敬和西堂先生丁丑元旦八十自寿之作二首》为是时作。

正月，送宗渭住香严禅院。

《艮斋倦稿诗集》卷十《送绀池大师住香严禅院二首》："树间三宿一浮屠，又向盘江问折芦。白草便为新坐具，青山犹是旧门徒。拈花自足供诗料，煨芋还堪入画图。击竹何尝惊出定，但寻弥勒工跏趺。"绀池《芋香诗钞》附《芋香赠言》中亦载此诗，题为《丁丑正月，送绀池和尚住香严禅院二首》，可知时为正月事。

过访潆南昀草堂，遇杜登春，话旧对弈。

《艮斋倦稿诗集》卷十《过南昀草堂，喜遇杜让水，话旧却赠》："老杜既没小杜来，杜陵家世本多才。忆昔曾逢玉局史，鸾书游戏黄金台。尔时同官有吾子，羁旅过从常衔杯。无何予归吴山老，君方捧檄飞狐道。目断双凫殆十年，北风塞马南枝鸟。及今奏最待迁除，乘兴翩然返故庐。南昀草堂旷复面，相看须发各何如。我已籑冠拖藜杖，君自驱车闾阖上。人生出处不相妨，达官岂学渔人唱。不然偕我西山游，邓尉梅花满屋头。扁舟五湖聊自适，何必干谒东诸侯。此事休谈饮亦已，漫卷湘帘斗棋子。一胜一负兵家常，且喜夫椒报携李（原注：君自夸前年胜予二局，今三败矣）。"

无锡尤衮墓为他姓盗葬，树木皆遭毁坏，往无锡宪府诉之，得直。又率珍儿谒道南祠，至西孔山拜扫而归。

《艮斋倦稿诗集》卷十《锡山谒道南祠拜先文简公神主》："振衣来谒道南祠，先辈威仪俨在兹。此日果然不再得，千秋常自系三思。"同书卷十《至西孔山拜文简公墓》："不见松楸朝暮拱，惟闻樵牧唱歌还。自伤封树多残缺，柳季坟教盗跖删（原注：时方讼他姓盗葬者）。"可知文简公尤衮墓因他姓盗葬受到了毁坏，侗为此诉之官府，尤桐纂《尤氏宗谱》卷四十三《苏州莳门支》对此有载。

尤珍《沧湄年谱》康熙三十六年："春，随先大人至无锡谒道南祠，拜先文简公神位。"《沧湄诗稿》卷十五亦有《谒道南祠拜先文简公神位》。

十二日惊蛰后与十五花朝前，天降大雪，应宋文森邀同诸子集城南草堂观雪宴饮。

《艮斋倦稿诗集》卷十《春雪阻风望亭》："大雪春弥盛，东风倍觉寒。村墟开店少，野渡划船难。墨冻诗怀减，香消酒兴阑。明朝花发否，五出好同看(原注:十二日花朝,梅花五出,春后雪花亦五出)。"同书卷十《城南草堂看雪放歌》云:"惊蛰以后花朝前,东风吹老同云天。一夜雪飞积三尺,我来锡山阻行船。竭归枯坐寒刺骨,炉无活火突无烟。城南老人真好事,邀我看雪层楼颠。扶杖拖泥一过此,南园四望如披绵。……亡何宾客于兹至,大有吴质同彭宣。广平子弟多杰出,撒盐飞絮皆翩翩。玉川先生解觅句,毗耶居士喜谈禅。穿隆道人偶入座,亦能参论核玄玄。"尤珍《沧湄诗稿》卷十五《看雪谦集,和东坡雪中游西湖韵》亦为是时所作。

宋荦示《学诗图》,侗赋诗题之,得宋荦馈花果狸、固始鹅、糟鲥鱼、木瓜酒为润笔之资。

《艮斋倦稿诗集》卷十《学诗图歌》:"漫堂示我学诗图,当中居者宋大夫。天与道貌何清癯,背后有节操军符。却入学舍搜书厨,旁有公子倚座隅。谷也丰下美且都,手披万卷供畋渔。"同书卷十《宋中丞饷四物润笔,率题奉谢》,四诗下各有花果狸、固始鹅、糟鲥鱼、木瓜酒之注,其一云:"霜毛玉羽肉如酥,五水关前漾白渠。横被弋人一网打,缚来犹换右军书(原注:固始鹅)。"

寄信宋既庭。

《艮斋倦稿诗集》卷十《寄怀宋既庭二首》,一云:"几时骑鹤上扬州,白发盈颠不掉头。日月看来空把玩,风尘历尽复何求。故乡浊酒堪泥饮,遍处名山好漫游。遮莫剪灯同夜话,人生难得是归休。"

三月,偕珍儿赏梅过玄墓、灵岩等处,拟营丙舍。

《艮斋倦稿诗集》卷十《入山见雪二首》,一云:"雪与梅争出,雪开梅未开。不闻香拂拂,但见白皑皑。古墓无人到,空山一鸟回。春风何处去,寒气逼衣来。"其中"古墓"即指玄墓。又同书卷十《山中杂兴二十八首》,一云:"乘兴聊为玄墓游,梅花片片委山丘。"同书卷十《苦雨二首》,一云:"泥滑行人少,村荒买酒难。几时万峰顶,花下杖藜看。"知时留山中。同书卷十《山中杂兴二十八首》有"一春风雨树槎枒,梅蕊初开三月花""又是三春三月三,流觞旧事更休谈"句,知时值三月。又一云:"拟营丙舍两三间,斸土诛茅即小山。他日吾庐堪独卧,不劳车马叩柴关。"又一云:"新筑荒丘青草生,一杯聊荐旧藜羹。团圞子妇相随否,应听泉台笑语声。"知时乃操建丙舍。是年清明为三月十三日,由"落花细雨近清明,扫墓家家陌上行"可知清明乃于山中度过。尤珍《沧湄年谱》康熙三十六年亦载。

至圣恩寺，观乐。

《艮斋倦稿诗集》卷十《山中杂兴二十八首》，一云："圣恩寺里万僧斋，钟鼓齐鸣大会垓。何意佛堂陈女乐，错疑天女散花来。"

至灵岩贯休寺，访超揆不遇。

《艮斋倦稿诗集》卷十《山中杂兴二十八首》，一云："偶到灵岩访贯休，寺门深锁故宫秋（原注：访文和尚不值）。朅来怀古涵空阁，双井依稀似梦游。"

闰三月，丙舍落成，题曰"草草山房"。

《悔庵年谱》卷下。《艮斋倦稿诗集》卷十《草草山房落成，漫兴四首》，一云："吾年四十草堂成，八十平头屋又更。昔日看云倚藜杖，今朝听雨借茶铛。"又一云："草草经营一草堂，劳人此后好停忙。便将白地为新宅，得近青山即故乡。"

杜登春将入都门，临行前来话别，并示以《金门橐笔图》。

《艮斋倦稿诗集》卷十《题〈金门橐笔图〉二首》序云："杜子让水入都门，过予话别，出示此图，随题二绝以代赠处。"诗一云："谁画《金门橐笔图》，十年关塞久驰驱。只今重上长安道，犹记瀛台旧事无。"

四月二十四，值八十初度，诸公讼祷纷然，伺避客礼佛香严禅院。

尤珍《沧湄年谱》康熙三十六年："四月，先大人寿登八袠，庆贺成礼。"《艮斋倦稿诗集》卷十《八十老翁何有哉四首》，又同书卷十《戏谢寿客》有云："西堂老子剧婆娑，劳重诸公车马过。酾酒不堪三爵义，称诗更比九如多。大家拜揖流连醉，小部音声宛转歌。白发掉头成一笑，小园风日正清和。"潘耒《遂初堂文集》卷十《尤悔庵八十寿序》为贺寿所作。

五月，诸子会集揖青亭观荷，赋诗唱和。

《艮斋倦稿诗集》卷十《夏五，揖青亭斋集观荷，分和陶诗答庞参军一首》："良朋相与俱，业在逍遥篇。素餐亦复佳，把酒时悠然。"尤珍《沧湄诗稿》卷十五《揖青亭斋集，和陶西田获蚤稻韵》亦为时作。

值兰、荷、菊并开，诸子会集访濂南昀草堂，举豆腐会。

《艮斋倦稿诗集》卷十《南昀腐会即事（原注：时兰、荷、菊并开）》："草堂何有荷与兰，朝露既饮夕英餐。春兰秋菊各争长，不许红莲称夏官。素食能令便腹满，清谈直逼炎风寒。带醉出门尚馀兴，田畴禾黍绿堪看。"

宋嘉芑赠百花酒，赋诗谢之。

《艮斋倦稿诗集》卷十《宋嘉芑守府贻予百花酒，赋谢四绝句》，一云："人言京口酒可饮,况复双坛酿百花。可惜陶潜方止酒,北窗高卧只清茶。"

宋嘉芑,生平不详。

六月二十一日立秋,登揖青亭纳凉观景。

《艮斋倦稿诗集》卷十《立秋日揖青亭》:"梧桐一叶早惊秋,犹见当天大火流。乍起浮云似车盖,竭来曲水少莲舟。微风老树蝉声咽,落日荒村草色愁。愧我凭栏尚挥扇,农夫辛苦满田畴。"

七月八日,董麒招饮众人,集城南草堂,赋诗唱和。是日吴瞻、吴谌未至。

《艮斋倦稿诗集》卷十《七夕后一日,董观三先辈招集城南草堂,用范石湖七月二日上沙夜泛诗韵二首》,一云:"明河乍没月初斜,步自田间傍水涯。曲院梧桐才落叶,小池菌苔胜残花。联诗略比耆英会,选佛还依居士家。我独解衣成坐稳,软尘犹胜踏东华。"尤珍《沧湄诗稿》卷十五《董孝廉招饮,和石湖上沙夜泛韵》:"南园野径任欹斜,小隐衡门秋水涯。独坐薰修香作字,群居讲论舌生花。筵开四座如联社,斋集三人似一家(原注:彭、宋与予同斋)。苦忆延陵两居士,毗尼不用战纷华(原注:是日二吴俱不至)。"

时吴有烈女吞金自缢,赋诗挽之。

《艮斋倦稿诗集》卷十《挽吴烈女二首》《又挽烈女叠韵二首》《三叠前韵》、尤珍《沧湄诗稿》卷十五《吴烈女挽歌四首》、彭定求《南畇文稿》卷二《吴烈女挽诗序》《南畇诗稿》卷三《吴烈女挽词,次韵四首》均为是作。

七月二十一日,宋嘉蕤再招诸子集饮城南草堂,下棋聊天。

《艮斋倦稿诗集》卷十《七月廿一日,宋嘉蕤招集城南草堂,用放翁秋晓韵》:"才说茶经又酒经,田园聚议任纷更。愁时怕见梧桐落,懒甚惊闻蟋蟀鸣。佛手送香鼻观透,鸡冠斗色眼花明。如何一枕松风梦,忽入丁丁棋子声。"尤珍《沧湄诗钞》卷五《宋嘉蕤招饮,和放翁秋晓韵》亦为时作。

宋嘉蕤,生平不详,然应与宋嘉芑同宗。

秋,门人吴锡晋与阮南枝来访。

《艮斋倦稿文集》卷十四《〈燕居草堂诗〉跋》:"(阮南枝)今秋同子山访予山间,出《燕居草堂诗》相质。"

阮南枝,有诗名,著《燕居草堂诗》。生平不详。

八月,入山浚沼池,墓门栽竹百竿、梅百株、松柏千章。始更山人之服,幅巾鹤氅,丝带芒鞋,扶杖而行,自名西堂老人。

《艮斋倦稿诗集》卷十《山房续咏四首》《又和八首》《三和八首》《山中遇雨》《种竹》《种竹偶成》。其中《山房续咏四首》一云："深山之内我何求，木石同居鹿豕游。廿载孤栖悲牧犊，一身流浪羡眠鸥。移家合就松楸地，逸老偏宜禾黍秋。好把杯盘摒挡了，倘然有客住扁舟。"《种竹偶成》："去冬种松春种梅，今秋又把竹枝栽。岁寒三友联翩至，大夫君子处士陪。"

中秋，在山中度过。

《艮斋倦稿诗集》卷十《中秋》："山中无历记中秋，只看团圞月满头。"

九月二日，诸子集访濂南畇草堂举真率会，饮宴唱和。

《艮斋倦稿诗集》卷十《九月二日，南畇草堂雅集，用放翁秋光及行饭二诗韵》："闲居常举真率会，老去浑吟漫兴诗。出户便逢旧雨客，入林正及晚秋时。……一斗更加三五斗，饮中笑倒八仙痴（原注：是夕行饮中八仙令，李白一斗，焦随三斗，汝阳五斗）。"尤珍《沧湄诗稿》卷十五《南畇小集，和放翁秋光行饭韵二首》亦为是时作。

彭孙遹自京师告归还乡，九月四日，王士禛为之饯别。

王士禛《蚕尾续文》卷二〇《跋集古录》末署："丁丑岁重九前五日，渔洋山人书。是日饯彭羡门少宰归浙西，怆恨移日。"王士禛《蚕尾集剩稿》之《与彭公子曾》："乃（丁）丑秋九月，先公遂取急归田，不佞祖道东便门。"《（光绪）海盐县志》卷十六载彭孙遹："丁丑，致仕归，出都之日，行李萧然，惟图书数辆而已。"

曹寅四十初度，寄诗祝之。

清史委员会编《清代人物传稿》上编第五卷。《艮斋倦稿诗集》卷十《寄寿曹荔轩司农》："不见曹公久，金陵云气中。……问年方四十，一倍让渔翁（原注：予年八十）。"

九月六日，复入山。九月九日，与彭访濂、黄庭、释大宗等登穹窿大茅峰，时正值霜降。

《艮斋倦稿诗集》卷十《叠韵二首》，一云："重九登高便当去，早闻猿鹤唤人还（原注：六日将复入山）。"又同书卷十有《重阳日，同访濂、蕺山登穹隆山，限茅峰登高韵作四首》《登官山顶》等，其中《重阳日》诗有云："济胜原知力不胜，偶然贾勇试登登。风吹旷野初回雁，霜降高天正放鹰（原注：是日霜降）。木渎村前黄稻熟，洞庭湖底白波腾。漫游谁许三人共？两个黄冠一个僧（原注：三人，予与彭、黄黄冠胡履，淳家建七，一僧拈花，亦可也）。"

释大宗(1664—?),号亦可,浙江桐乡人,住海藏庵。尤珍《沧湄诗稿》卷二十一(康熙癸未1703年诗)有《亦可禅师四十》,可逆推亦可上人生于康熙三年(1664)。

重九,珍儿邀诸公集揖青亭,登高小饮。访濂、始乾等送菊、木瓜。

尤珍《沧湄诗稿》卷十五《重九不出,遣怀和放翁韵》《同里诸公过揖青亭,登高小饮,和放翁樊江韵》《访濂送菊》《力仁送菊》。《艮斋倦稿诗集》卷十《有送木瓜、菊花者漫成》亦为是时所作。

时将立冬,赋诗送秋。

《艮斋倦稿诗集》卷十《送秋》《迎冬叠韵》。

洪昇抵苏州,时值宋荦任江宁巡抚,力主传奇《长生殿》的演出。

王锡《啸竹堂集》五律《闻吴门演〈长生殿〉传奇,一时称盛,不得往游与观有作》,诗之二有"宋璟梅花赋,何嫌铁石肠"句,后注云:"宋大中丞命梨园演《长生殿》,水陆观者如蚁。"关于洪昇生平事迹及此次观演之事,章培恒《洪昇年谱》有详录,可参见。

应洪昇之请,为《长生殿》作序。

《艮斋倦稿文集》(丁丑杂文)卷十四《〈长生殿〉题词》:"洪子持此传奇要予题跋,予八十老人,久不作狡狯伎俩,兼之阿堵昏花,坐难卜夜,虽使艳姬踏筵,亦未见其罗袖动香,香不已也。"

十月初一,郡中延请饮酒,辞焉。

《艮斋倦稿诗集》卷十《十月朔,郡中延予乡饮,谨辞以诗五首》,一云:"尝云古礼重宾筵,顾我何人亦与焉。为问春秋今八十,枉蒙太守礼高年。"

十月间,序杜首昌诗选。

杜首昌《绾秀园诗选》(乾隆刻本)卷首有尤侗序,落款云:"康熙丁丑孟冬,长洲同学弟尤侗书于沧浪亭。"

杜首昌(1632—1698),字湘草,江南山阳(今江苏淮安)人。布衣,好交游。著《绾秀园诗选》《词选》《杜稿编年》。生平事迹见《江苏诗征》卷一○一、《国朝书人辑略》卷一、《(乾隆)山阳县志》卷二十一《文苑》、《淮安府志》卷二十二下等。

宋荦寄诗,和之。

《艮斋倦稿诗集》卷十《和漫堂中丞寄诗》:"放衙胜有壶觞在,对客何妨弦管开。老去空囊无一字,新诗且让古人陪。"

闻高士奇奉旨归养,喜而赋诗赠之。

《艮斋倦稿诗集》卷十《高詹事奉旨归养,喜而有赠二首》,一云:"才见征书下帝京,便闻北阙表陈情。只因将母依乌屋,遂尔辞朝出凤城。春日正堪娱寸草,秋风不为恋莼羹。新恩许作宫僚长,圣教应知在孝经。"尤珍《沧湄诗稿》卷十五《平湖高公陈情归养,晋秩宫詹,奉贺二首》、庞垲《丛碧山房诗·户部稿》卷八《送高江村詹事得请侍母归平湖》、王顼龄《世恩堂诗集》卷十四《送高江村詹事请养归里》等亦作于是时。

闻年友张永庚当年任齐河令时甚为廉洁,九月九日,有人馈赠五色菊亦却之,作诗以赠。

《艮斋倦稿诗集》卷十《年友张倬庵作令齐河,九日有馈五色菊者,君固却之,他可知矣。山左人士皆作却菊诗纪其事,予有慕焉,亦赠二绝》。

考《(民国)齐河县志》,于卷二十一《职官》之"知县"条中,能称得上尤侗年友且为"张"姓者仅张永庚一人,其名下注云:"辽东人,贡生,康熙元年任。"又同书卷二十二《宦绩》:"张永庚,字斗枢,辽东人,贡士,湖广总督长庚弟也。康熙元年授邑令,风节矫然,不避权要,出令无反,判牍无留,于正赋外除民一切杂役。上有文移,即刻为给办,坐催守提之劳,无烦焉。尤重恤驿传,不以丝毫累民,凡有大差,悉自为供应,一清须索折乾之弊……以调任补广西思恩县,又补江南虹县,后升福建福州府同知。"可推知,张永庚很可能即尤侗所说年友张倬庵,姑置于此,且待旁证。

汪泰来贻诗、画,赋诗答之。

《艮斋倦稿诗集》卷十《汪陛交贻诗画却赠》:"汪伦诗句云间笔,亦写青山仿白阳。他日与君游览处,小船书画满钱塘。"

汪泰来,字陛交,安徽休宁人,占籍钱塘。康熙五十一年(1712)进士,官授广东潮州府同知。著《后山文集》《半舫诗》《晚唐诗钞》,生平事迹见《浙江通志》卷一六七、《杭州府志》卷一三五、《清画家诗史》乙下、《歙县志》卷六《人物志》等。

亦可上人往住夕阳村,为其题云卧庵、山山阁,赋诗送别。

《艮斋倦稿诗集》卷十《送亦可上人住夕阳村,庵曰"云卧",阁曰"山山",皆予题名》、释宗渭《芋香诗钞》卷四《次韵送亦可法侄住夕阳村云卧庵》。

冯勖招集蓺水园，宴饮唱和。

《艮斋倦稿诗集》卷十《冯勉曾招集蓺水园，分和何将军山林二首》，一云："已届冰霜节，空阶剩野花。一村少车马，四壁满龙蛇。画舫斋容卧，横街酒肯赊。居然城市隐，何必买山家。"尤珍《沧湄诗稿》卷十五《蓺水园雅集，用少陵游何将军山林韵，分赋得二首》亦作于是时。

值冬，小女尤琼莹寄来狐裘。

《艮斋倦稿诗集》卷十《秦中小女寄狐裘有作》："远寄狐裘陕半天，御寒真可赛重绵。从今一著能长寿，晏子曾经三十年。"其时，女尤琼莹夫婿陆德元在秦中任职。

访濂赠惠仙药酒，谢之。

《艮斋倦稿诗集》卷十《访濂分惠仙药酒和谢》："庞公漫采延年药，刘寄虚传续命汤。应向岳阳三醉后，龙宫别乞疗愁方。"

是岁，门生徐发中进士。

《艮斋倦稿文集》卷九《〈古文晨书〉序》云："衮侯从予游久，屡试为高材生。"《艮斋倦稿文集》卷十三《徐衮侯诗序》："吾门徐子衮侯，所谓南州孺子角立杰出者也。自其童年，苕华颖秀，掉鞅文坛久矣。"《艮斋倦稿文集》卷十五《徐进士文稿序》谓："徐子十三岁从予游，即有'圣童'之目。今年甫壮，登丁丑榜成进士，有名。忆予少时攻举子业，为时文，徐子从而学焉。及其老也，好为诗歌古文词，徐子又从而学焉，步亦步也，趋亦趋也。"

徐发，字衮侯，长洲（今江苏苏州）人。康熙三十六年（1697）进士，官户部主事。著有《古文晨书》《灵壁轩杂书》《庚寅吟稿》《雪蕉文稿》。

是岁，康熙三征噶尔丹，作《平朔颂》贺之。

《圣祖实录》卷一八三。《艮斋倦稿文集》卷十四《平朔颂》、顾汧《凤池园诗集》卷七《亲征噶尔旦大捷凯歌》、尤珍《沧湄文稿》卷一《圣德神武荡平朔漠颂》等皆为颂贺之作。

康熙三十七年　戊寅（1698）　八十一岁

元旦，赋诗志感。

《艮斋倦稿诗集》卷十一《元旦二首》《又作二首》。其中《元旦二首》一云："日月居诸往复来，今年九九又相催。"又一云："宾客到门同赛社，儿童拜节学排衙。南巡未降苍龙驾,先迟春王第一花。"

正月二十三惊蛰,与珍儿、访濂等入山探梅,遇雨。

《艮斋倦稿诗集》卷十一《惊蛰日,入山遇雨,和访濂韵》:"邻舟有客诗先就,野渡无人酒未空。何似西湖林处士,携妻挈子六桥中。"尤珍《沧湄诗稿》卷十六《探梅遇雨,舟中即事,次南畇韵》,可知珍儿、访濂均同此行。

偕珍儿连宿草草山房,访濂携酒菜来饮,又集汪与图、汪立名、汪泰来、闻曦同酌,座客共七人。

《艮斋倦稿诗集》卷十一《草草山房小集,和访濂韵(原注:是日,访濂携具来饮,洎晚汪河符、西亭、陛交过访留酌,并闻首章、珍儿座客七人)》:"连宵风雨歇,蓬径偶然开。谁载行厨至,兼逢佳客来。五言同叶韵,七子并衔杯。更有梅精在,呼之亦许陪。"彭定求《南畇诗稿》卷四《草草山房小饮》:"半坞云雨挥手去,隔溪曙鸟唤人来。开轩镇日供清坐,懒索新诗取次裁。"尤珍《沧湄年谱》康熙三十七年:"春,随先大人探梅,连宿草草山房,彭南畇、汪羲斋、西亭、陛交亦至,同游元墓、董坟、茶山、石壁、万峰诸胜,并登穹隆,凡五日。"《沧湄诗稿》卷十六《山房听雨二首》《访濂携尊过山房小饮,是晚汪羲斋、西亭、陛交亦至,次韵》亦为时所作,如后一首云:"宿雨忽新霁,浮云四面开。故人具肴酌,特命笋舆来。山鸟惊棋局,庭花映酒杯。翩翩佳客至,秉烛更追陪。"

闻曦,字首章,建昌(今属江西)人。生平不详。

与珍儿、访濂由石壁至万峰台。

《艮斋倦稿诗集》卷十一《由石壁至万峰台》:"偶然看石壁,即上万峰台。访旧仍双屐(原注:予与访濂、珍儿再至),冲寒只一杯。"彭定求《南畇诗稿》卷四《山游看梅纪游五首》之《朝元阁》《查山》《万峰台》《石壁》《柴庄岭》等皆记游。

二月二十四日清明,上鹞子坞祭扫。

《艮斋倦稿诗集》卷十一《清明日》:"春阴惨淡食犹寒,独上荒阡祭扫还。谁放风鸢鹞子坞,空飞纸蝶蚂蟥山。"

寒食过后入山看梅,访亦可上人于夕阳村。

《艮斋倦稿诗集》卷十一《访亦可上人于云卧庵,追和前韵》:"也似阿兰也似园,孤僧合住独家村。春花小落雨犹湿,寒食方过烟乍温。"可知为寒食节后事。

三月三上巳独居山房,不赴城中聚会,适逢潘未来访。

《艮斋倦稿诗集》卷十一《上巳日,山房漫兴》:"佳节重逢三月三,好风吹雨自东南。虚传曲水非公谦(原注:城中有会不赴),苦忆兰亭是旧谈(原注:忆玉峰耆年会)。乱插黄花铺野岸,新挑白笋满筠篮。故人停棹来相访,错认山房作草庵(原注:吴江潘稼堂见过)。"

亦可上人送胡饼,以偈答之。

《艮斋倦稿诗集》卷十一《亦师送胡饼并偈,戏答三首(原注:来偈:"云门不会禅,有问但答饼。举示老维摩,一笑春山冷")》有云:"昨日才吃饭,今朝又说饼。若问是什么,上堂待普请。"

久居山中,思家而还,三月十六日与诸君会集赏花,宋嘉苣饷京口酒。

《艮斋倦稿诗集》卷十一《三月》有"晚来独上高丘望,何处白云是我家"句。又同书卷十一《十六日诸君花前小集》:"丙舍高眠久,思家访菜花。陇云黄未歇,池柳绿方斜。春色愁将别,故人喜到家。试尝京口酒,可胜本山茶(原注:宋嘉苣饷京口酒)。"

为织造李煦小像赋诗题赠。

《艮斋倦稿诗集》卷十一《题李莱嵩织部小像二首》一云:"葑溪带水作衙门,锦绣堆中丘壑存。更有胜情兼胜具,扁舟时过小渔村(原注:娄关外有渔村,莱公尝构别墅)。"此诗排在《十六日,诸君花前小集》之后,故系于此。

黄道周降乩,赋诗纪事。

《艮斋倦稿诗集》卷十一《黄石斋先生降乩,命和阳明公壁间诗,自述四首》《赠石斋先生》《读石斋讲习录有作》、彭定求《南畇诗稿》卷四《得石斋先生讲习录,敬和壁间王文成公墨刻诗韵四首》均为是时作。

三月二十五日立夏有雨,赋诗志感。

《艮斋倦稿诗集》卷十一《立夏日坐雨》:"昨日春归今朝夏,虎丘石上聚千人。……风送杨花争入幕,雨零芳草欲沾巾。家家早起先尝麦,幸甚衰翁又食新。"

闻彭孙遹已归里,赋诗寄怀。

《艮斋倦稿诗集》卷十一《闻彭羡门少宰归里,寄怀二首》一云:"待诏曾同金马门,公今少宰独称尊。便应班剑开新阁,何事抽簪返故园。暇日闲情馀翰墨,暮年乐志在儿孙。锦堂竞进笙箫曲,讵识庄生正鼓盆(原注:

时少宰悼亡)。"尤珍《沧湄诗稿》卷十六《彭羡门少宰予告归里,奉寄二首》作于是时。

建昌闻曦返归江右,赋诗赠别。

《艮斋倦稿诗集》卷十一《送闻首章归江右》:"孤忠云梦令,化碧至今存。殉国无遗业,传家有愍孙。招魂追楚泽,弹铗向吴门。归去耕还读,途穷且莫论。"彭定求《南畇诗稿》卷四《闻生曦来自建昌,假馆四月,于其归也,诗以送之》亦为送别之作。

四月初八,乃六十年前新婚之日,悼念亡妻,又怀诸友人。

《艮斋倦稿诗集》卷十一《思旧二首》题下注云:"崇祯戊寅四月初八日,予新婚,迄今戊寅,已六十年矣。"同卷十一又有《闲居有怀诸友人》《自念》,其中《自念》题下注:"曹子桓云:'既痛逝者,行自念也。'"又同书卷十一《感怀金冶公,寄信辽阳》题下注云:"庚寅冶公至吴,有十子之盟:缪子长、彭云客、章素文、宋既庭、右之、畴三、吴敬生、汪苕文及予也。今诸子并亡,惟存既庭与予耳。"

吴谌司教高邮,赋诗以送,并屡寄信问之。

《艮斋倦稿诗集》卷十一《送吴慎旃司教高邮》《戏柬吴慎旃广文》《又劝慎旃饮酒》及尤珍《沧湄诗稿》卷十六《送吴慎旃任高邮广文二首》。按,《(道光)高邮州志》卷八《宦绩》:"(慎旃)康熙戊寅掌教高邮,学殖深厚,于书无不通晓。"

四月七日,宋荦游香严寺,㑊以腰疾未至。四月十日,与顾汧至香严寺看罂粟花,与绀池对弈,信宿。

《艮斋倦稿诗集》卷十一《小满前一日,香严看莺粟花,追和前韵二首》,一云:"幕府公多暇,毗耶病亦禅。来游虽不次,相赏各悠然。小满千家麦,盘塘万树烟。野人无个事,重和白云篇(原注:先三日中丞过此看花,予有腰疾)。"同书卷十一又有《咏莺粟花二首》《信宿香严禅院二首》,后一首云:"手谈亦率尔,无事话三车(原注:时与绀公弈)。"尤珍《沧湄诗稿》卷十六《宋大中丞过香严禅院,看菜花,次韵二首》、顾汧《凤池园诗集》卷三《和宋中丞香严寺看菜花原韵,兼示绀池上人》《绀池上人招看罂粟,用前韵》、释宗渭《芋香诗钞》卷四《大中丞宋公过看菜花,留赠二律,敬和呈谢》《中丞公再过香严看罂粟花,仍用前韵》等均为是时所作。其中释宗渭《中丞公再过香严看罂粟花,仍用前韵》诗有"已食中丞福,还参学士禅(原注:次日尤侗梅庵太史、顾芝岩宗伯过话)",可知尤侗与顾汧是日同游香严寺。

顾汧(1646—1712),字伊在,号芝岩,别号凤池芝叟,江南长洲(今江苏苏州)籍,顺天大兴(今属北京)人。康熙十二年(1673)进士,官至礼部侍郎、河南巡抚,后降大理寺少卿,调奉天府丞,宗人府府丞。著《凤池园诗集》《文集》。生平事迹见《国朝耆献类征初编》卷三八一、《苏州府志》卷八八、《(民国)吴县志》卷六十八《列传六》。

四月二十四日,生日有感。

《艮斋倦稿诗集》卷十一《生日偶成》:"借问老翁年有几,前三三与后三三(原注:文殊语:九九八十一也)。通明方眼吾何敢,景伯长头人不堪。"

施震铨送云南棋子,赋诗记之。

《艮斋倦稿诗集》卷十一《施稼村送云南棋子有赋》:"老子惟知守黑白,先生谁问出青蓝(原注:稼村为珍儿门生)。"

故人徐枋卒后,家贫仅遗孤孙,其友戴易卖字为之营葬,有感吊之,赋诗以记。

《艮斋倦稿诗集》卷十一《有感吊徐俟斋先辈四首》一云:"仅存寡妇与孤儿,珠坞荒坟乏主祠。闻说门生来祭扫(原注:吴江潘稼堂),佣书更有戴南枝(原注:会稽山人,曾写字助丧)。"关于徐枋卒后"仅存寡妇与孤儿"事,罗振玉辑《徐俟斋先生年谱》后附徐枋门人潘耒《致庄静庵先生书》云:"上沙徐俟斋先生前詹事勿斋公(徐汧)之长子,登壬午贤书,自詹事公殉节后,隐居不出,匿影深山……高风苦节闻于海内。身没之日,四壁萧然,子嗣早亡,惟一孤孙,今甫九岁,寡妇抚之……。"

戴易(1621—?),字南枝,清初山阴(今浙江绍兴)人。七十余岁寓苏州,售字自给,以所得为老友徐枋营葬。《(民国)吴县志》卷七十六《列传流寓二》:"易卖字为枋营葬,常冬月衣葛,终日不再食,积连岁卖字金,卒葬枋于真如坞,时人义之。"

同访濂、文森集揖青亭赏景清谈,对弈助兴。

《艮斋倦稿诗集》卷十一《同城南、南畇坐揖青亭即事》:"短衫并坐揖青亭,亭下田畴新绿盈。助我清谈惟拄杖,消人残梦有棋枰。"

秋,云卧道人来访,同坐揖青亭。

《艮斋倦稿诗集》卷十一《云卧道人过揖青亭,仍和前韵》:"荒荒三径不成园,前有茅庵后有村。南亩方华已就实,西风乍冷尚馀温。清斋淡泊和诗瘦,晦雨冥濛增眼昏。对尔万缘都放下,山河大地一空门。"由"南亩方华已就实,西风乍冷尚馀温"句可知时应入秋。

云卧道人,生平不详。

中秋,序宋荦《沧浪亭诗》。

宋荦《绵津山人诗集》卷首有《〈沧浪亭诗〉序》,落款云:"康熙戊寅中秋,西堂九九老人尤侗序。"

顾汧招游虎丘,歌舞游乐,宴饮观月。

《艮斋倦稿诗集》卷十一《中秋有感》:"萧然此夕是中秋,乍敛阴云月出头。书卷香炉伈独擅,歌樽舞扇竟谁收。"同书卷十一《中秋,顾芝岩招览虎丘,即事二首》一云:"几年不看虎丘月,依旧秋风士女思。十部笙歌载酒地,两街灯火斗茶时。谈经谁点生公石,吊古空吟山鬼诗。老去自嗟行乐晚,夜游休笑虎头痴。"顾汧《凤池园诗集》卷五《中秋,谦集月驾轩,次尤悔庵先生韵》亦记此次聚会事。

庞垲赴建州任太守,途中舟泊苏州,侗与之小聚,并赠以诗文集。

庞垲《丛碧山房诗四集》收诗末为《戊寅三月三日,寄园谦集》,其后《丛碧山房诗五集·建州稿》卷一有《前赴建州任出都日作》《中秋,伴城村看月》等,可推知这几首诗所载应同为戊寅年事,又《中秋,伴城村看月》诗后即有《泊姑苏,喜晤尤展成老友》,亦可知庞垲与尤侗此会当于中秋之后。《丛碧山房五集·建州稿》卷一《泊姑苏,喜晤尤展成老友》一云:"间道姑苏郡,贪寻仲蔚庐。幽禽隐高树,秋草上前除。各喜瞻颜色,交携致起居。同时献赋客,情好自相於。"又一云:"忆作长安别,悠然十载还。当时已华发,近日转童颜。静者气恒实,劳人分不闲。余生后君子,相对丑衰孱。"又一:"返顾坚相谢,通舟一板横。还应防蹭蹬,不是懒逢迎。睽隔憎秋水,瞻依恋友生。幸饶投著作,吟诵慰前程(原注:承赠所著诗古文全集)。"

庞垲(1641—1725),字霁公,号雪崖,晚号牧翁,直隶任丘(今属河北)人。康熙十四年举人,康熙十八年应鸿博,授检讨。后出为福建建宁知府。著《丛碧山房集》。生平事迹见《清史稿》卷四八九、《清诗别裁集》卷十一等。

庞垲顺道访冯勗不遇,又往会宋荦,饮于沧浪亭。

庞垲《丛碧山房诗五集·建州稿》卷一《访冯方寅不遇》《道经姑苏,过侯宋中丞牧仲,留饮沧浪亭,纪兴五首》《沧浪亭上有怀宋山言,即用宋春晚沧浪亭四绝句韵》)。

九月,宋既庭已自维扬归,侗招同孙旸、宋文森、彭访濂、吴瞻、顾汧、朱典等小集挹青亭。

《艮斋倦稿诗集》卷十一《既庭自维扬归,招同赤崖、城南、景南、恕庵、访濂、芝岩、天叙挹青亭观禾小集》:"此日平畴交远风,新苗秀色满南东。数行白鸟斜阳外,几点青山罨画中。千里故人骑鹤至,十年旧雨把杯同。京华车马知多少,甘作吴趋田舍翁。"尤珍《沧湄诗稿》卷十六《挹青亭观禾小集次韵》:"丛桂开时任好风,告轩幸过茆溪东。田间早稻三秋里,池上残荷九月中。节序暗催容鬓改,交情深喜酒杯同。漫言行乐须年少,逸兴争看矍铄翁(原注:时家大人招老友宋征君在座)。"顾汧《凤池园诗集》卷五《重阳前,悔翁招集挹青亭观禾,叠前韵》等亦记此次聚会之事。按,吴鼎雯辑《馆选爵里谥法考》:"朱典,字天叙,号即山,江南吴县人。授检讨,官至侍读学士。"

患疟疾,重阳登高不得,九月二十霜降日乃愈。其间,访濂为之蓍卦祈福,汪翁惠赠人参,时儿珍及友绀池道人亦病。

尤珍《沧湄年谱》康熙三十七年:"九月,先大人疟疾甚危,赖名医胗治得愈。"《艮斋倦稿诗集》卷十一《九日,病中,仍用重阳登高四字韵》一云:"去年曾上大茅峰,此日空床卧短筇。丛菊茱萸两不见,柴胡甘葛日相逢。"又一云:"楚国亡猿祸林木,塞翁失马及缄縢。何如掩室毗耶叟,一炷清香话二楞。"同书卷十一《霜降日病愈》:"霜降天高杀气陈,惊闻大蠹百雷振。旄头一举黄尘落,虎尾低垂白草春(原注:南畇为我蓍得'履'卦,其繇曰'履虎尾,不咥人')。"同卷十一《四浆颂(原注:予于病中饮此而愈,故颂之)》《病后口占五绝句》亦为此时所作。尤珍《沧湄诗稿》卷十六《家大人及予病,俱以服蓑而愈,痛念亡女,追录旧作悼诗二首》,知侗、珍父子时皆患疾。又《艮斋倦稿诗集》卷十一《病后口占五绝句》一云:"酒杯已歇茶铛罢,苦口朝朝咒药王。愧荷故人羊叔子,人参一束赛长桑(原注:汪翁惠参)。"一云:"绀池同病何为者,一水相望秋老时。坚闭毗耶休问疾,默然无语是吾师。"可知友汪翁惠参、绀池时亦有恙。汪翁所指不详,然同里知其病且颇有交游并与之同辈者,最有可能者即为汪与图。

访濂鼓棹前往洞庭游览山水,流连三日,归以诗文示侗、珍父子。

彭定求《南畇诗稿》卷四有《西洞庭游草》,其中收录《胥口夜泊》《谒伍相庙》《从东山泛舟至西山》《入林屋洞四首》《访毛公坛四首》《宿包山寺二首》《游洞山》《游石公山》《山亭坐眺二首》《宿石公庵》《过大小龙渚,入消夏湾四首》《登缥缈峰》《再宿石公庵》《太湖归舟蚤泛二首》等,均为此游所作。《艮斋倦稿文集》卷十五《〈洞庭游稿〉序》:"今南畇彭子背秋涉冬,乘兴鼓棹,偕二上人、一道士揭而往,揭而归,不过三日,流连已遍,得游记一篇,古今诗若干首,过而诧予,予读之爽然若有失焉,恍然若有得焉。"同书卷十又有《〈洞庭和诗〉序》。尤珍《沧湄诗稿》卷十六有《题访濂〈洞庭游稿〉》,知是时其亦得览访濂之《西洞庭游草》。

经冬未出游,造止止窝,偃息其中,偶与诸君小饮。

《艮斋倦稿诗集》卷十一《止止窝诗二首》序云:"予病后畏寒,以意造窝一所。用木格十六扇,贯以铁钩加顶,四面六尺,高相等,施青布围幔如墨,惟前虚纸窗二,开之见日光,封之如故。中设一几,可凭;一榻,可卧;二蒲团,可供客坐。……尝慕邵尧夫安乐窝,故以窝名之。其曰'止止'者何?予号'艮斋'久矣。艮,止也,止其所也。时止而止,止也时行,而行亦止也。"同卷十一《自和二首》一云:"草草山房止止窝,无冬无夏任婆娑。"又云:"不论行窝与止窝,影形赠答唯同阿。"尤珍《沧湄诗稿》卷十六《家大人新成止止窝,敬次原韵二首》亦载是事。

访濂失盗,赋诗讯之。

《艮斋倦稿诗集》卷十一《南畇失盗,诗以讯之四首》,一云:"吾家屡次遇偷儿,偷食偷衣总听之。近来一事更奇怪,偷到陶诗并杜诗。"

十二月二十二日,访濂携暖锅同宋文森、吴瞻、侗、珍父子小饮止止窝中。二十六日,诸公再聚。

《艮斋倦稿诗集》卷十一《廿二日,南畇携暖锅同城南、景南、愚父子小饮窝中》,有云:"吾爱吾庐添一窝,恰容老子此婆娑。不妨冬日如泥醉,也许邻家相和歌。有友五人岂恨少,携来二篚已嫌多。谁知病后心犹壮,张我三军必小罗。"同卷十一《廿六日,诸公过止止窝再和》:"老去宁愁岁聿暮,闲居莫问夜如何。宵来一枕华胥梦,相伴还须唤脚婆。"此诗后又有《又和二首自遣》《又和二首》《除夕二首》,可知时及岁末,值十二月底。

时值除夕,小女琼莹复寄狐裘。小曾孙痘殇,时孙世求在京。

《艮斋倦稿诗集》卷十一《除夕二首》一云:"三月支床剩此身,萧然四壁伴承尘。无端老泪悲殇子(原注:小曾孙痘殇),有限馀年号幸民。"又一云:"枕上关心忆山坞,樽前翘首望京师(原注:求孙在京)。御冬尚愧狐裘暖,岂曰无衣谁赋之(原注:秦中复寄狐裘)?"此处康熙间金阊周氏刻《西堂馀集》本作"泰",然《艮斋倦稿文集》卷十有《秦中小女寄狐裘有作》,推知本乃"秦"而误作"泰"。

康熙三十八年　己卯(1699)　八十二岁

二月三日,康熙帝南巡,阅视河工。

《圣祖实录》卷一九二。

江南诸公纷至锡山接驾。

《悔庵年谱》卷下、宋荦《西陂类稿》卷四十九《漫堂年谱》、彭定求《南畇老人自订年谱》等等均有记载。

三月十四日,圣驾驻跸苏州府。值三月十八日万寿节,江南士民拜跽称觥,内外诸臣皆诗文以献,卷轴盈箱,侗亦赋排律四十韵并录《平朔颂》进呈。

《圣祖实录》卷一九二。《鹤栖堂稿诗集》卷一《杂诗十二首》描绘了苏州当时的胜景,一云:"喧传皇帝到苏州,无数巢由拜马头。何事宫门争杂沓,百官齐献万年讴。"又一云:"万民排宴满长街,各出东西献寿杯。更有梵宫并道院,释迦老子一齐来。"《鹤栖堂稿》录有《恭献皇帝南巡万寿诗排律四十韵》《艮斋倦稿文集》卷十四收《平朔颂》。又尤珍《沧湄诗稿》卷十七《恭迎圣驾南巡诗十二首》、宋荦《西陂类稿》卷十五《三月十九日,上驻跸吴门,命臣荦恭进诗集,并蒙天语垂问臣子至,恭纪二首》等均为时作。

四月初一,康熙自杭州回銮至苏。初五,召耆年士子文人赐以酒食,侗以年高八十二得列,康熙帝挥宸翰书"鹤栖堂"三大字赐侗。

《圣祖实录》卷一九三。宋荦《西陂类稿》卷四十《迎銮日纪》。关于尤侗受赐之荣,朱彝尊《曝书亭集》卷七十六《翰林院侍讲尤公墓志铭》、潘耒《遂初堂文集》卷十八《尤侍讲艮斋传》等中均有记载,如朱彝尊《翰林院侍讲尤先生墓志铭》:"岁己卯,天子南巡,先生入见,御书'鹤栖堂'扁额以赐,时先生年八十有二矣,犹康强善饭。"尤珍《沧湄文稿》卷四《御书亭记》:"皇帝御极之三十有八年,己卯春三月,圣驾亲阅河工,巡幸江南,驻跸于吴,庆万寿圣节。臣父侗年八十有二,献《平朔颂》一篇、《万寿诗》四十韵,皇上垂念老臣,特书'鹤栖堂'三大字扁额以赐。"宋荦《鹤栖堂说》(《鹤栖堂稿》有附):"康熙三十八年春三月,皇帝阅河南,巡至于苏州,适届万寿节,群臣百姓稽首称觥,大江南北进献嘏词者,至多不可计。而太史尤西堂先生时年八十有二,亦献《万寿诗》一章进行在所及,法驾幸浙回銮,复驻信宿,召见故老。方是时,西堂太史承顾问神明不衰,应对娴雅,天子嘉焉,御书'鹤栖堂'三大字以赐之,盖异数也。"《(民国)吴县志》卷六十八《列传六》:"己卯,上南巡至吴,侗献《平朔颂》《万寿诗》,御书'鹤栖堂'三大字赐之。"钱泳《履园丛话·丛话一·旧闻》:"(己卯)十八日,恭逢万寿圣诞,凡百士庶献康衢谣若干帙,颂圣诗若干帙,万寿诗若干帙,分天、地、人、和四册,以祝万年之觞。又于诸山及在城名刹广列祝圣道场,百姓欢呼涂(途)路。十九日,召苏州在籍官员翁叔元、缪曰藻、顾汧、王原、祁慕琛、徐树谷、徐升入见,赐赏各有差。又赐彭孙遹、尤侗、盛符升御书扁额。二十日辰刻,御驾出葑门,登舟幸浙江。"孙静庵《栖霞阁野乘》卷上:"(康熙)第三次南巡,是在三十八年己卯,奉慈圣太后以行。三月十四日,驾抵苏州,在籍绅士耆老接驾,俱有黄绸幡,上标明籍贯姓名,恭迎圣驾字样。自姑苏驿前,虎丘山麓,凡属驻跸之所,皆建锦亭。联以画廊,架以灯彩,结以绮罗,备极壮丽,视甲子、己巳逾十倍矣。十八日,逢万寿圣诞,凡百士庶,献康衢谣若干帙,颂圣诗若干帙,万寿诗若干帙,分天、地、人、和四册,以祝万年之觞。又于诸山及在城名刹,广列祝圣道场,百姓欢呼涂(途)路。十九日,召苏州在籍官员入见,赐赏各有差。又赐彭孙遹、尤侗、盛符升御书匾额。二十日辰刻,御舟出葑门,登舟幸浙江。"上述材料中关于尤侗受赏的具体日期有所不同,据《鹤栖堂稿·御题鹤栖堂记》:"康熙三十八年春二月,皇帝南巡,至于苏州,适逢三月十八日万寿圣节。群臣百姓拜手稽首,献诗称觞,天子领之。既历杭州,览西湖之胜,四月初一日回銮,复驻行宫,召问耆老之高年者,臣侗今年八十有二,亦得自陈上前。至尊亲挥宸翰,题'鹤栖堂'三大字以赐,臣捧持踊跃。"又尤珍《沧湄年谱》康熙三十八年:"三月,圣驾南巡……十六日,进万寿筵宴。十八日,朝贺。十九日,送驾幸杭州。四月初一日,接驾自杭州回行宫。初五日,赐先大人御书'鹤栖堂'扁额。初六日,送驾回銮。"因尤侗、尤珍等身经此事,其言应该可靠,可知此次康熙南巡乃于四月初一由杭州返回苏州之后才召见诸位耆老,初五日对侗等行赏赐。

时值春尽立夏,圣驾离苏,侗送至浒墅关而返。

《鹤栖堂稿诗集》卷一《杂诗十二首》一云:"为送君王并送春(原注:四月初六日春尽),春光尚逐属车尘。只看吴苑青青柳,尽倚南风望北辰。"又一云:"为送春皇遂送君,君恩处处话新闻。此身恨不如飞鸟,绕遍江南万里云。"

四月十五日,与珍儿、诸公会香严寺赏罂粟花。

《鹤栖堂稿诗集》卷一《四月十五日,同诸公过香严看花二绝》一云:"又看香严莺粟花,恰逢生日鬓添华。山僧为我施清供,蚕豆樱桃谷雨茶。"一云:"同游喜有两三人,扶杖追随并率真。闲话君王巡狩事,銮舆已到大江滨。"可见此次赴香严所赏为罂粟花,尤珍《沧湄诗稿》卷十七《过香严禅院看罂粟花二首》亦为同行所作。

四月间,徐嘉炎请告还乡。

王顼龄《世恩堂诗集》卷十六《送同年徐华隐阁学请告还里,即次留别原韵八首》《华隐治装未发,再叠前韵八首》等为时所作,由于王顼龄此送别诗前有《四月望后二日,沈东田庶子招同人泛舟东便门,新河雨阻,汪东川祭酒作诗索和,即次来韵》,故可推知徐嘉炎四月间请归。

四月二十四日寿辰,悬书高堂,宴以落之,众人恭贺。

《鹤栖堂稿》中收录其自作《御赐鹤栖堂匾额,恭纪四律》及尤珍《御题鹤栖堂匾额赐家大人,恭纪二律》、尤世求《御题鹤栖堂匾额赐家大父,恭纪二首》,同时还有诸公和作《御赐鹤栖堂诗》,如时江宁织造郎中曹寅(子清)、苏州织造内部郎中李煦(莱嵩)、詹事府詹事高士奇、原任河南巡抚顾汧(芝岩)、原任翰林院检讨徐钛(虹亭)、松陵山人顾樵(樵水)、吴江教谕夏声(秦重)、长洲孝廉张大受(日容)、顾嗣立(侠君)、常熟孝廉孙旸(赤崖)、青门山人邵长蘅(子湘)等。

姜实节于虎丘祠旁造生圹,遂赋诗以赠。

《鹤栖堂稿诗集》卷一《姜学在造生圹于虎丘祠旁,题赠二首》一云:"艺圃当年载酒游,赋诗犹记旧风流。不知此地埋文冢,亦有壶觞醉客不?"由于同卷一前《即事二首》中有"已过夏至立时初"及"麦子方收秧种栽"句,又后有《六月二首》,可知此诗作于夏至(五月二十四日)之后及七月之前。

姜实节(1647—1709),字学在,号鹤涧,山东莱阳人。父埰以建言谪成宣州,随侍流寓吴中。好古畏荣,终老布衣,门人私谥"孝正"。著《鹤涧先生遗诗》《补遗》《焚馀草》。生平事迹见《国朝耆献类征初编》卷四七一、《江苏诗征》卷六九、《清诗别裁集》卷二十一、《全清词钞》卷六、《清画家诗史》乙下、《国朝画识》卷四等。

偶读徐元文遗稿,颇有感慨。

《鹤栖堂稿诗集》卷一《读昆山相公遗稿有感二首》一云:"当年束发趋函丈,他日登朝近至尊。阅世倏如历块马,宦游常作问津人。家门朱紫全非故,相业丹青岂是真。惟有一编遗墨在,半销烟火半埃尘(原注:立斋遗稿前编已毁于火,后编尚未刻也)。"因同卷前有《六月二首》,其后又有《中伏日揖青亭》,可推知此诗作于其间。

七月中伏,家中作佛事,登揖青亭纳凉。

《鹤栖堂稿诗集》卷一《中伏日揖青亭》:"杖藜独步草堂阴,中伏初交暑气深。七月观荷才露叶,三年种竹已成林。远山不改蛾眉色,小院时闻鱼鼓音(原注:家有佛事)。更喜青苗新得雨,丰年仰报圣皇心。"尤珍《沧湄诗稿》卷十七《酷暑》亦记是夏炎热之事。

梦与先父同游南园。

《鹤栖堂稿诗集》卷一《梦先君子同游南园》:"秋风乍起暑方回,三径依然归去来。黄鹤仙人天外至,白云亲舍梦中开。田多禾黍宜扶杖,池满芙蓉可泛杯。还指沧浪亭畔路,某丘某水共徘徊。"

云卧可上人来访,登揖青亭饮茶话旧。

《鹤栖堂稿诗集》卷一《云卧可上人过揖青亭茶话,偶拈池平二韵同作》,一云:"即景思元亮,吟诗得道生。禅心花雨落,幽意草虫鸣。扶杖行犹懒,烹茶眼暂明。问君云卧处,一望暮山平。"因诗前有《闰七月》,后有《八月七日,王巨山招友泛舟虎丘即事》,故推知此为闰七月与八月之际事。

闰七月,入山重修祖坟,徘徊生圹,有终焉之志,遂作《西堂老子生圹志》以代遗命。是时,穹隆胡道士、云卧可上人来访草草山房。

《悔庵年谱》卷下。《鹤栖堂稿诗集》卷一《官山修墓,憩草草山房,穹隆胡道士、云卧可上人来访》:"山房一别半年馀,秋到柴门景翳如。泥岭雨深生木菌,沼池风大走金鱼。茅峰道士寻棋局,云卧禅人检韵书。却向荒坟修古道,松枝自剪埽阶除。"《鹤栖堂稿·西堂老子生圹志》其末题为:

"康熙己卯闰七月鹤栖老人笔。"可见时为闰七月。

八月七日,王巨山招诸友人泛舟虎丘。

《鹤栖堂稿诗集》卷一《八月七日,王巨山招友泛舟虎丘即事》:"早见篙师催荡桨,更闻山鸟唤提壶。……刻烛归来月未上,不知短簿笑人无。"

王巨山,生平不详。

是日,遇徐柯于虎丘舟中,握手叙怀,赋诗赠之。

《鹤栖堂稿文集》卷二《东海一老传》:"己卯中秋,忽遇贯时于虎丘舟中,握手对面,恍如梦寐,追话畴昔,慷慨伤怀,因赋五言二律赠之。君亦再过鹤栖堂,作记赠予。"《鹤栖堂稿诗集》卷一《喜遇徐贯时率赠二首》一云:"三千六钓叟,三十二外臣。岂同算博士,聊学谪仙人。孤竹空黄土(原注:谓俟斋先辈),南村尚葛巾。与君昨占梦,东海几扬尘(原注:贯时自称东海一老,三十六帝外臣,三千六百钓台,俱用太白诗句)。"

徐柯(1626—1700),字贯时,号东海一老,别号白眼居士,长洲(今江苏苏州)人,明诸生。父为明少詹事徐汧,国变殉难,谥文靖公。入清后闭门不出,家境贫寒,然胸怀澹荡。著《一老庵文钞》《一老庵遗稿》等。

吴之昌于康熙乙亥夏卒,本年秋,其子前来求作传文。

《鹤栖堂稿文集》卷一《吴隐君小传》:"(公)曰之昌,字公全,晚而自号鹿民。君少孤,奉其寡母,朝夕承欢,没而尽哀,白鹤助哭,有君家隐之遗风焉。……往年予友徐石兄馆于东山,与公全相善也。邮其诗稿,索予序言,读之泠然……不意乙亥之夏,君已谢世。至己卯秋,其子中龙、中凤踵门请谒,乞予作传,以传不朽。"

吴之昌,字公全,晚号鹿民,江南吴县(今属江苏苏州)人。著有《东轩小草》。

八月八日,汪与图双梧小筑落成,招尤侗、彭访濂及与图子汪立名等会饮。

《鹤栖堂稿诗集》卷一《八月八日,汪羲斋双梧小筑招饮,用南昀韵四首》一云:"八月天高秋气澄,杖藜许我此登凭。十千买酒何妨醉,三百称诗可以兴。写景未逢江海客,谈禅且迟水云僧(原注:香严和尚、海宁画师是日未至)。趋庭喜有佳儿在(原注:西亭令子),趁韵宁须呼老朋。"《鹤栖堂稿文集》卷一(收己卯年文)《双梧小筑记》:"新安汪翁羲斋卜居吾苏,宅后有隙地可为别墅,乃命人坎土为池……(己卯)八月中秋,翁既招予与彭太史会饮其中,赋诗以落之矣。海昌俞子重绘是图,属予作记。"

释宗渭《芋香诗钞》卷四《汪羲斋中翰双梧小筑落成,次韵纪胜》亦为其时和作。

八月十日,表侄郑钺奉侗之意将《鹤栖堂稿》前往徐柯处请作记文。

徐柯《一老庵文钞·鹤栖堂记》云:"今八月七日遇先生(侗)于虎丘舟次,握手道畴昔,旋辱赠诗,感夕追往,不能竟读,涕零如雨。越三日,先生表侄郑钺将先生命,捧示《鹤栖堂稿》,属为之作堂记。"可知尤侗与徐柯于八月七日遇于虎丘,八月十日邀徐柯为作记。

郑钺,字季雅,江南长洲(今江苏苏州)人。著《括囊居士集》《唐律多师集》《昭代清音集》。生平事迹见《清诗别裁集》卷二六、《(乾隆)长洲县志》卷二十五《人物四》、《(民国)吴县志》卷六十八《列传七》。

八月间,严二维、严三徵兄弟来游吴门,得览二人《鸿雪》《昆山》诗集,并为之序。

《鹤栖堂稿文集》卷一《二严诗序》:"二严者,长二维,次三徵也。今岁中秋,薄游吴门,出示新诗,有《鸿雪》《昆石》两集。"

严二维、严三徵,生平不详。

重阳前后,家中无菊,有人送之,作诗志感。

《鹤栖堂稿诗集》卷一《无菊自嘲》:"人家皆有菊,何为我独无。菊花笑我俗,我笑菊花愚。"同卷一《有人送菊三十本,复作解嘲》:"无菊固欣然,有菊亦乐乎。何来三十本,其种短而粗。……相见虽恨晚,相遇幸未疏。把杯浇其下,一笑抨髭须。菊开即重阳,尝闻之大苏。"

十月十五日,葬孙女淑嘉于鹬子坞,珍儿为撰墓铭。

《鹤栖堂稿诗集》卷一《葬孙女淑嘉于墓旁有感二首》,一云:"儿女团圞聚夜台,陇头挑土又成堆。可怜新鬼年尤小,作飨重添酒一杯。"尤珍《沧湄年谱》康熙三十八年有载女卒事,《沧湄文稿》卷六还有《亡女淑嘉圹铭》:"康熙三十八年冬十月十五日,葬于鹬子坞,实附吾弟弘璧墓侧。"

年近除夕,揖青亭失窃,亭中设施遭损。

《鹤栖堂稿诗集》卷一《揖青亭再被穿窬,戏作四首》一云:"拆散屏风拗折栏,仅存枯树伴荒园。夜深小犬牢牢吠,问客胡为不惮烦。"又一云:"偷儿大半是穷民,无衣无食来乞邻。安得彼苍家户给,路旁不见拾遗人。"

康熙三十九年　庚辰（1700）　八十三岁

二月十六日清明节，年、月、日、时皆值庚辰，谓之"天元一气"，百年仅见。

《鹤栖堂稿诗集》卷二《元旦》："一声爆竹梦中惊，八十三年又建正。天子当阳开殿阁，野人谢客掩柴荆。举觞何敢夸长寿，扶杖犹能咏太平。闻说春官新报喜，清明恰遇大横庚（原注：二月十六日清明节，年、月、日、时皆庚辰，谓之'天元一气'）。"

二月间，为褚人获《坚瓠秘集》作序。

褚人获《坚瓠秘集》卷首有尤侗序，末署："时康熙庚辰仲春，鹤栖老人尤侗撰。"

褚人获（1635—？），字学稼，号稼轩，一号石农，别号鹤市石农，江南长洲（今江苏苏州）人。负诗文名，著有《坚瓠集》《隋唐演义》《读史随笔》《鼎甲考》等。生平事迹见《坚瓠》各集序言及《通俗小说书目小传》等。

营生圹、立墓门风水误入辰局，识者谓犯煞炁，遂择日重建正之。

《悔庵年谱》卷下。

其时许定升、吴苑先后殁世，其中吴苑卒年六十三，自安徽迁苏未及一月。

《鹤栖堂稿诗集》卷二《挽许香谷四首》一云："昔年曾读禹城行，政绩犹存人已亡。亭柳依依今尚在，长看遗老祀桐乡。"同卷二《挽吴楞香祭酒二首》一云："向识君名氏，宜为吾地人（原注：祭酒名苑）。果然同百里，曾不满三句（原注：至苏止廿八日）。去国成长假，移家未即真。黄山归路近，魂魄且逡巡。"尤珍《沧湄诗稿》卷十八《哭吴楞香祭酒四首》一云："宦游逾十载，尔我乞归同。久怪音书阻，行看步屧通。寻山追谢朓，卜宅拟梁鸿。风土吾乡薄，无缘著巨公（原注：自徽迁至吾郡不及一月）。"另彭定求《南畇诗稿》卷六《挽吴楞香祭酒二首》《挽许升年先生二首》亦为悼二人之亡所作。

许定升，字升年，号香谷，江南长洲（今江苏苏州）人。中顺治甲午副榜，授禹城县令，为官多有政绩。著《香谷林文集》《清荫阁诗集》，生平事迹见《（民国）吴县志》卷六十八《列传六》。

吴苑（1638—1700），字楞香，号鳞潭，晚号北黟山人，江南歙县（今属安徽）人。康熙壬戌进士，累官至国子监祭酒。有《北黟山人集》。生平事迹见《（民国）吴县志》卷七十六《列传流寓二》、《（乾隆）长洲县志》卷二十六《流寓》、《（道光）徽州府志》卷十一之四《人物志·文苑》。

自山中归,得知友徐柯讣闻。柯卒年七十五,临终前寄函于侗,请为作传。

《鹤栖堂稿文集》卷二《东海一老传》:"今(庚辰)春二月,从山中归,客来告我曰:'先生逝矣。'为之惊叹失声,问其时为初七日,问其年正七十有五。"《(乾隆)长洲县志》卷二十四《人物四》:"(柯)临死以藏墨二函寄尤检讨侗,属作佳传。侗因比其昆季为首阳之清、柳下之和云。"

时有谭惠昭饷酒,甚佳,值绀池同来。

《鹤栖堂稿诗集》卷二《谭子惠昭饷酒甚佳,口号二绝,时绀池同来,故戏及之》,一云:"平生最爱南浔酒,此水疑来莺脰湖。幸有云亭称好事,床头瓮尽不须沽。"又一:"谭生了不异桓谭,读破玄经醉二参。却笑远公逃米汁,一壶只合让陶潜。"

四月,汉阳张叔斑前来拜访,为其《郄啸集》作序。

《鹤栖堂稿文集》卷二《〈郄啸集〉序》:"庚辰四月,予休夏闲居,有客通谒为张子方客,自言汉阳人也,因与坐而问焉。"《(光绪)汉阳县志》卷三《人物略上》:"(张子)讳叔斑,字方客,号鹄岩。幼颖特,十一龄以县试首选入庠。乡荐不售,由明经官徽州同知甫。……有《汉诗音注》《郄啸轩文集》……若干种。"

陆婿德元自秦中任满,携帑南还。小女先归家,德元以河工事迟之。

《鹤栖堂稿诗集》卷二《秦中小女自任归有感》:"忆汝西征日,睽离十五年。红颜亦老矣,白发尚依然。话旧增流涕,归宁羡锦旋。挑灯犹怅望,河畔草绵绵(原注:时陆婿赴河工未归)。"可知时小女先还,陆婿德元河工之事完后乃回。

得庞垲所寄武夷茶,赋诗谢答。

《鹤栖堂稿诗集》卷二《庞雪厓太守寄武夷茶二首》,一云:"建州刺史坐官衙,罗合新贻北苑茶。凤饼龙团谱不尽,一旗又喜出莲花。"另一云:"平时最爱松萝茗,此日还将石乳分。阳羡书生久不见,幔亭重拜武夷君。"庞垲《丛碧山房诗五集·建州稿》卷五《次韵答尤展成见怀,并寄武彝岩茶》:"一别西堂改岁华,真惊白日似翻车。归曾无计空怀土,病不离身强上衙。老友关心偏有忆,新诗出手自成家。武彝信美乏奇产,寄尔旗枪岩上茶(原注:武彝茶生岩上者味清而香,生洲间者少逊)。"

得门人郑彤友书,感怀旧友郑重之东溪草堂。

《鹤栖堂稿诗集》卷二《门人郑彤友广文寄书问讯,有感山公司寇东溪草堂二首》,一云:"侍郎门第剩青毡,鸟石分携又几年。遗我月团三百片,一时梦到凤凰泉。"

前砚台失窃,绀公又赠以新砚,亦可上人赠以磨墨之铤。

《鹤栖堂稿诗集》卷二《失砚》:"沈生贻我老坑砚,其质深紫小而圆。……无何忽攫偷儿手,大索不知落谁边。我欲捕贼贼窃笑,一砚能值几文钱。"同卷二《绀池贻予小端砚二首》一云:"昨宵失砚无寻处,此日贻来似即真。更得廷珪两丸璧,任人磨墨墨磨人(原注:亦可上人送予方于、鲁墨二铤)。"

七月,为高士奇《清吟堂集》作序。

《鹤栖堂稿文集》卷二有《〈清吟堂集〉序》:"及其暂归北墅,犹号山中宰相,与予辈赠答往来亦多斐然之作。甲戌冬,奉召还朝……既而承恩侍养,将母南归,拜花诰之荣,享板舆之乐。乃搜箧衍,汇前后四年之诗,刻成九卷,间以示予,予受而读之。"高士奇《清吟堂集》(康熙刻本)卷首亦收尤侗此序,署云:"康熙庚辰秋七月鹤栖八十三叟年弟尤侗拜撰。"

宋荦时任江苏巡抚,驻节吴中,因历数宦游已三年,令乌目王翚补写《六境图》,侗为之和诗。

《鹤栖堂稿诗集》卷二《和六境图咏》,中有《洗墨池》《忘归岩》《潞亭》《鹊华秋色堂》《烟江叠嶂堂》《沧浪亭》六境咏作。

陆婿德元河工事毕,得以暂归相见(已别十八年)。应陆婿之请,为其父寿名《芝瑞堂遗集》作序并加以删定。

《鹤栖堂稿诗集》卷二《陆婿俨庭秦中解任归,过揖青亭话旧有感》:"十七年来不到此,今朝同我杖藜看。西山依旧喜苍翠,南亩此时愁旱乾。暂且抽身归故里,更休回首望长安。正思日暮倚修竹,亭上已无十二栏(原注:亭上栏杆被贼窃去)。"《鹤栖堂稿文集》卷二《〈芝瑞堂遗集〉序》(庚辰文):"有子俨庭嗣起甲科,历官秦中学使,任满言归。扫先人之丘墓,因搜遗箧所存《芝瑞堂稿》若干首,属予删定,版行于世。"

张尚瑗自岭南归,贻以方竹杖,赋诗答谢。

《鹤栖堂稿诗集》卷二《张弘蘧馆丈贻方竹杖酬之》:"君自岭南归,贻我方竹杖。握手仅三分,过头几一丈。携之及阶席,可当师冕相。借问此杖何处来,大夏种传张博望。岂比桃枝赐杨彪,殊胜青藜照刘向。"

闻王日藻卒于永定河工事,赋诗悼之。

《鹤栖堂稿诗集》卷二《闻王却非尚书殁于河上,感旧有作》:"人生如寄倏亡何,来日常赊去日多。仕宦易驰驿路马,流年难挽鲁阳戈。琴樽尚记梁王苑(原注:公抚豫日,予尝访之),畚锸空劳瓠子河(原注:公方有事河上)。屈指耆英半星散,萧萧白发独悲歌(原注:甲戌上巳,玉峰耆年会凡十二人,作者五人矣:钱湘灵别驾、何涵斋学金、许鹤沙观察、徐健庵司寇及公也)。"《(光绪)重修华亭县志》卷十六《人物》:"康熙三十八年,上南巡召见(日藻),褒赏有加,旋以永定河工起用,卒于工所。"

八月十四日,与婿德元、珍儿同往冯勖园中赏景会饮。

《鹤栖堂稿诗集》卷二《八月十四日,同陆婿、珍儿过冯勉曾园小饮》:"已届中秋暑未收,偈来别墅暂夷犹。清风不用持钱买,细雨还堪秉烛游。三径正开八月桂,一池如泛半塘舟。与君指点园中景,百二秦关有此不(原注:陆婿初从陕归)?"

八月,访濂第三子彭日乾夭丧,赋诗安慰。

彭定求《南畇诗稿》卷六《第三子日乾幼而好学,能受余训,年十四,患病八月而亡,哭之十九首》。《鹤栖堂稿诗集》卷二《南畇丧其爱子,慰之》:"玉树生埋涕泪横,昔人孩抱尚钟情。劝君且读檀弓记,子夏何为丧尔明。"尤珍《沧湄诗稿》卷十八《访濂丧其爱子,进修奉慰二首》亦作于是时。

重九后,彭孙遹卒,享年七十,作诗挽之。

王士禛《居易录》卷三十四:"吾友彭少宰羡门以康熙丁丑假归。己卯九月,率子姓侄甥辈登秦驻山,赋诗云:'平生几两中郎屐,更不登临奈老何?'明年庚辰重九后遂下世,殆谶也。"《鹤栖堂稿诗集》卷二《挽同年彭羡门少宰二首》、彭定求《南畇诗稿》卷六《羡门叔父丧,适余第三子病革。驰寄诔文,未及会吊,腊初方行赴哭忆旧言哀作诗四首》均为悼亡所作。《(光绪)海盐县志》卷十六:"己卯,御赐(彭孙遹)'松桂堂'匾额。家居三载,门无杂客,惟以书卷自娱,年七十卒。"

九月十九日,适妻令忌辰,赋诗志悼。

《鹤栖堂稿诗集》卷二《九月十九日,先妻忌辰,今年八十矣,有感口号二首》,一云:"二十三年长别离,至今颜色系人思。假饶此日齐眉在,正是华堂上寿时。"按,曹令卒于康熙十七年,至此康熙三十九年,恰值二十三年。

十月,宋既庭自兴化解任归,时值其八十寿辰。

《鹤栖堂稿诗集》卷二《既庭兴化解任归,适值八十寿辰,赋祝二首》,一云:"总角之交久比肩,忽成二叟发皤然。我方遁世师陶令,君亦辞官老郑虔。书卷堆床渔猎富,儿孙绕膝鼓吹喧。长筵进酒堪行乐,岂必安车羡锦旋。"彭定求《南畇诗稿》卷六《寿送既庭先生八袠二首》一云:"讲舍归来大耋年,紫芝眉宇故依然。……会当识取南华义,一任春秋度八千。"按,《(咸丰)重修兴化县志》卷六载宋实颖为兴化教谕时:"终无干请,惟蘁饭自甘,惟与士子以经术相砥砺,人益贤之。邑叠遭水患,前后寓书于汤、宋两中丞,屡获蠲赈,民赖以苏。年八十以老疾归,士人建祠祀之。"《(民国)吴县志》卷六十八《列传六》载宋实颖:"……授扬州兴化教谕,课士尚经术,斥浮夸,历十六年告归,诸生祀之学宫旁。"

有小伶来投,笑答之。

《鹤栖堂稿诗集》卷二《有小伶来投,戏示二绝》,一云:"久谢烟花放管弦,阿谁醉客问琼筵。倘能唱我《钧天乐》,胜有缠头当酒钱。"

十二日,高士奇季子轩卒,年仅二十三,侗应高士奇之请为作墓志铭。

《鹤栖堂稿文集》卷二《高季子墓志铭》:"高季子者,吾年友江村学士之郎君也,其行三,故称季子。……子生康熙戊午七月十二日未时……抱洗马之疾,渐入膏肓,医药无效,遂于庚辰十月十二日辰时溘焉长逝,年止二十有三。"尤珍《沧湄诗稿》卷十八《挽高吕鸿二首》亦为悼亡而作,有云"燕许家声大笔传,翩翩弱冠最芳年。……应知夭寿原天定,勘破彭殇总脱然。"按,高兆瀛《高氏家谱》云:"(高轩)康熙十七年戊午七月十三日未时生,康熙四十年辛巳十月十二日辰时卒,年二十四岁。"这与尤侗所云有异,但根据康熙四十年(1701)高士奇跋文征明《画竹》一册,"轨儿于去冬夭折,每阅旧题,则胸次惘惘"。(参见故宫博物院编《钦定石渠宝笈续编》第五册,海南出版社 2001 年。还可参见张晨霖《高士奇生卒及其子嗣考》《中国书画》2015 年第 1 期)可确认高轩于康熙三十九年去世。

十八日,郑驷卒,享年五十五岁。

《鹤栖堂稿诗集》卷二《有感》:"对此茫茫可奈何,弥天昏黑艾张罗。官如牛马交游少,岁在龙蛇灾厄多。末世人情消雨雪,少年梦境邈山河。

不堪迟暮伤摇落,一部诗编半挽歌(原注:时又闻董观三、郑汉崔凶信)。"诗中所云"岁在龙蛇灾厄多",乃用汉代郑玄典故,与郑驷卒于庚辰年相符。彭定求《南畇文稿》卷六《郑汉崔进士闽中病归,殁于钱塘,挽词二首》亦为悼亡之作,又同卷六《进士郑汉崔传》:"言既竟,整饬衣履,寂然长瞑,时为庚辰十月十八日,得年五十有五。越二日,丧至苻郊,就殡于吴山丙舍,里中人士无不叹息失声,以为乡党失一贤友云。"

郑驷(1646—1700),字汉崔,号骥村,长洲(今江苏苏州)人。年五十余始中科第。生平事迹见彭定求《南畇文稿》卷六《进士郑汉崔传》。

十一月,盛符升卒,作诗挽之。

《鹤栖堂稿诗集》卷二(庚辰诗)《挽盛诚斋侍御二首》一云:"生平白头友,存殁几何人。官罢犹骢马,文成竟获麟。耆英春宴旧(原注:甲戌,玉峰禊饮),大耋御书新(原注:己卯,上赐'年登大耋'四字)。起起何嗟若,今年岁在辰。"王士禛《居易录》卷三十三:"九月,海盐彭少宰羡门卒。十一月,予门人昆山盛珍示卒,真有凋谢之叹。"

除夕前一日,宋荦馈以酒、米、海参、燕窝等物,赋诗答谢。

《鹤栖堂稿诗集》卷二《小除,忽蒙商丘抚公有酒、米、海参、燕窝之赐,走笔报谢》:"闭门积雪卧袁安,馈岁惊传自上官。米桶出头先觉饱,瓦炉烘手已忘寒。天厨甘毳宁容腹,海错琼瑶忽满盘。便拟来宵供烂醉,须知一饭古人难。"

先祖尤袤《梁溪遗稿》久失无传,年友朱彝尊搜辑诸书,得诗文若干首,重为锓版。

《悔庵年谱》卷下。

是年,上谕翰林官差各省督学,并增月俸,以示优恤之意。时在籍者多进京谢恩,侗与家人亦劝珍儿赴补,珍以父年高为拒,弗出也。

尤珍《沧湄年谱》康熙三十九年。

尤珍《沧湄存稿》付梓,收作品计八十馀首。

尤珍《沧湄文稿》卷二《存稿自序》:"予自乙丑给假归,梓稿五十首。甲戌,再给假归,迨今庚辰,复梓稿八十馀首,非欲问世,聊以示后人耳。"

是年许缵曾、吴瞻亦卒。

张维屏《国朝诗人征略》卷一、陈垣《华亭许缵曾传》。尤珍《沧湄诗稿》卷十八《伤逝》:"春夏彭吴逝(原注:瞻庭、楞香),秋冬董郑亡(原注:观

三、汉崔)。西庵(原注:景南别号)复相继,共有五君丧。岂是龙蛇厄,还疑劫火殃。挽诗吟不就,阁笔黯神伤。"

董麒卒。

康熙四十年　辛巳(1701)　八十四岁

读岳端贻顾卓书,并得其所寄诗画。

《鹤栖堂稿诗集》卷三《读红兰主人贻顾生尔立书,感成二绝》,一云:"千里王门寄尺书,七言佳句胜双鱼。画中更爱忘忧草,好与幽人伴隐居(原注:书中并寄余诗、画)。"

岳端(1671—1704)皇宗室岳乐子,又名蕴端、玄端,字兼山,又字正子,号玉池生,别号红兰室主人、东风居士、长白十八郎。曾封勤郡王,康熙二十九年降为贝子,八年后夺爵。著《玉池生稿》《南词定律》、传奇《扬州梦》,选注唐贾岛、孟郊《寒瘦集》等。生平事迹见《清史稿》卷四八九、《清诗纪事》康熙朝卷、《清画家诗史》乙下、《清诗别裁集》卷二十、《全清词钞》卷二等。

顾卓,字尔立,号砚山,江南吴江(今属江苏)人,布衣。有《云笥稿》。生平事迹见《江苏诗征》卷一三二、《清画家诗史》乙上等。

同年徐嘉炎来访留诗,时徐患舌疾。

《鹤栖堂稿诗集》卷三《同年徐华隐学士南归,过访留诗,依韵奉答》:"君从北地返江南,顾我衰翁七不堪。箧里短歌犹剩九,园中荒径已无三。乍离东阁朝仪在,久直西清天语含(原注:御赐'直西清'三字)。剧欲问君辇上事,子云口吃勿多谈(原注:学士近病舌謇)。"《圣祖实录》卷一九二:"康熙三十八年二月,内阁学士徐嘉炎以老病乞休,允之。"知徐嘉炎乃为乞休南归后来访。

官山祖坟自万历壬子葬先曾祖及先祖、先父,已九十年矣,春忽有陆姓人家穿穴其旁,大伤风水,止之不可。遂率子孙走诉中丞宋荦,逐而迁之,勒为禁约。

《悔庵年谱》卷下。《鹤栖堂稿诗集》卷三《官山扫墓纪事》:"佳城郁郁号官山,三代相传尤氏阡。夜雨每听龙跳跃,春风时见草芊绵。只应孙子围炉守,那许他人借榻眠。凭借山灵永呵护,还浇杯酒告重泉。"

寒食后,重至鹞子坞扫墓。

《鹤栖堂稿诗集》卷三《重至鹞子坞扫墓时,陆家仲女设祭,感而赋此》:"扫墓已过寒食天,偶携儿女泛楼船。闲花野草犹如故,剩雨残云倍黯然。"

春暮,游沧浪亭,同行有朱端广文载酒,弹琴者无弦沙弥。

《鹤栖堂稿诗集》卷三《偶至沧浪亭二绝句》一云:"久欲看花去稍迟,残红零落绿盈枝。犹有一分春意在,小桥流水夕阳时。"可知时为春暮。又一云:"广文先生携樽至,扬州小师抱琴来。咄嗟子美竟高卧,埼西草堂开不开(原注:载酒者朱庄伯,弹琴者无弦沙弥也)。"可知同行者有朱庄伯与无弦沙弥。

四月初五,庄朝生卒,享年七十二岁。

《鹤栖堂稿文集》卷四《庄静庵学使墓志铭》。

庄朝生,字玉墀,号静庵,先世由镇江迁武进(今属江苏)。顺治己丑进士,授翰林院检讨,累升刑部郎中。《(民国)吴县志》卷七十六《列传流寓二》载庄朝生告归后:"杜门不与户外事,闲与尤侍讲侗、宋孝廉实颖、彭长宁珑为耆年会,优游林下二十馀载卒。"

门生徐发至容县赴任,赋诗以赠。

《鹤栖堂稿诗集》卷二《送徐衮侯之容县二首》一云:"南望苍梧杳霭间,八峰遥接大容山。郁林自昔传廉吏,耐可扁舟载石还。"

四月,王士禛乞假归,四月二十二日寄书于侗,并赠以《陇首集》《边华泉集选》。五月十三日启程,京师诸公赋诗与士禛别之。

《圣祖实录》卷二〇四。王士禛《赐沐纪程》、《居易录》卷三十四、《渔洋山人自撰年谱》卷下均载假归事,《载书图诗》收有《请假疏》,并录京师诸公送别之诗。王士禛《蚕尾集剩稿》之《寄尤悔庵太史》,末尾署云"辛巳孟夏廿二日"。《鹤栖堂稿诗集》卷二《阮亭司寇假归,有书寄讯,赋此奉怀》:"江东耆旧吾何敢,山左风流君独名。驷马高车暂休沐,水边林下且闲行。有时西墅摊书坐,何日渔洋载酒迎(原注:阮亭有西城别墅,自号渔洋山人)。奇绝笔峰华不注,雪楼压倒济南生。"

暑中,洞庭友人馈赠西瓜,上海友人赠以蜜桃,吴序商赠冬青酒,汪牧拜送佛手酒。

《鹤栖堂稿诗集》卷三《洞庭友人馈西瓜二首》《上海友人馈蜜桃二首》

《冬青酒(原注:吴序商送,云丙子年造,已六年矣)》《佛手酒(原注:汪牧拜送)》。

七月十四日,顾藻卒。中秋节前后始得讣闻,颇生感慨。

《鹤栖堂稿诗集》卷三《中秋口号三首》一云:"东家歌舞几时休,又听西家薤露讴(原注:时闻顾观庐侍郎之讣)。留取一分明月在,五更还照北邙头。"劳之辨《静观堂诗集》卷十九《挽顾懿仆十首》一云:"歌骊当禁火,跨鹤届盂兰(原注:中元前一日逝)。暂别成长别,填胸痛万端。"彭定求《南畇诗稿》卷七《挽同年顾观庐侍郎三首》,其一云:"忆昔初通籍,惟君旅馆同。寝门今日恸,交道此生终。梦断离尊后,情馀短札中。喈喈稀旧雨,零落又秋风。"尤珍《沧湄诗稿》卷十九《挽顾观庐侍郎二首》亦作于是时。

顾藻,字懿仆,号观庐,江南无锡(今属江苏)人。官至侍郎。

陆婿德元忙于河工事,侗书信慰之。

《鹤栖堂稿诗集》卷三《寄怀陆俨庭河上有感》:"久历秦关又大河,劳于王事岂三过。春风望断桃花信,夜雨愁闻瓠子歌。"

应徐元文子徐树本之请,为徐元文遗著《述归赋》题词。

《鹤栖堂稿文集》卷三《述归赋题词》:"立斋相国自辛未谢世,迄今辛巳已越十年矣。令子道积太史始以所著《述归赋》草稿示予,追寻往事,邈若山河,而感念平生,如在初殁。"

时年沈德潜馆于族人尤鸣佩家,侗见其诗文称赞不已。

沈德潜《沈归愚自订年谱》康熙四十年辛巳年:"馆尤鸣佩家。太史西堂先生,鸣佩世父也,见予《北固(山)怀古》《金陵咏古》及《景阳钟歌》等篇,谓令嗣沧湄宫赞曰:'此生他日诗名不在尔辈下。'予闻之窃自恧也。"沈德潜《归愚诗抄》卷八有七言古诗《景阳钟歌》、卷十五有七言律诗《北固山怀古》《金陵咏古》。

时诏免康熙四十一年江南地丁钱粮。

《鹤栖堂稿诗集》卷三《诏免江南四十一年地丁钱粮志喜》:"天王有诏下江南,八郡黔黎阊泽沾。千里大田蠲甲赋,一年小户免丁男。顿教妇子欢康息,益令臣工励法廉。莫叹浮粮遗胜国,新朝今已赦之三。"同卷三《又绝句四首》:"小人逢赦喜多田,老子无田也自宽。含哺岂知蒙帝力,青词愿写拜斋坛。"同卷四《元旦,仍用"元"字韵》:"四十一年复建元,蠲租新喜拜皇恩。"彭定求《南畇诗稿》卷七《诏免明年地丁钱粮,作纪恩口号四首》亦作于是时。

康熙四十一年　壬午　（1702）　八十五岁

时康熙帝年半百,星家言其宜调护,各处祝厘法事甚盛。

《鹤栖堂稿诗集》卷四《又记事十六首》一云:"至尊万寿圣躬安,佛殿仙宫并建坛。十二街头钟鼓闹,香炉影里走千官。"尤珍《沧湄年谱》康熙四十年:"春,往北寺斋宿,祝厘行香。"

因连日阴雨,上山探梅不果。

《鹤栖堂稿诗集》卷四《探梅不果》《久雨》等均为时所作,其中如《倒韵》:"石壁津谁问,包山盟复寒(原注:去冬有约予包山看梅者,已而中止)。只留鹁子坞,报与故妻看(原注:坞中有梅百树)。"

送亦可上人往住海藏禅院。

《鹤栖堂稿诗集》卷四《送亦可上人住海藏禅院》:"甪川风景今奚若,可与高阳旧话同。击竹轩前天籁发,梅花墅前下众香通。"因该诗在《花朝》与《上巳》之间,知此很可能为二月间事。按,《(民国)吴县志》卷三十八:"海藏禅院在甪直镇十九都里人许元祐梅花别墅,清顺治三年,子元溥舍建。"

春,亡友何棅次子何煜出诗作以示,为之作序。

《鹤栖堂稿文集》卷四《何章汉诗序》:"畴昔之岁,予归田闲居。与年友何涵斋为手谈之戏,每遇四照亭看花饮酒,子丁丁不休。其长君倬云、次君章汉递代侍侧,棋品略相上下,从旁点筹相乐也。既而倬云第进士,官京师,章汉亦登贤书公车去。亡何,涵斋即世,岁月忽忽,遂成古人。……今春,章汉忽出笥稿示予,读之渢渢乎大雅之音。"

何煜,字章汉,江南长洲(今江苏苏州)人。官南阳知府,有诗名,著《四照亭诗钞》。生平事迹见《(同治)苏州府志》卷八八等。

二月,珍儿侍妾丁氏病卒;四月,珍复纳妾同里归氏。

尤珍《沧湄年谱》康熙四十年。

五月,李国亮遣人寄书,请为其西溪草堂作文以记。

《鹤栖堂稿文集》卷四《西溪草堂记》:"三韩李朗庵先生,昔为吾吴大方伯,予尝奉教左右矣。既而移辖中州,旋进开府致仕以归,不相闻问久之。今岁夏五,忽遣一介以书来云:'近者卜居涿鹿,城西北隅名百尺竿,有闲地三亩,予顾而乐之,筑屋其上,题曰:西溪草堂,一丘一壑,聊自怡也。子盍为我记之?'予闻之欣然喜。"

李国亮,号郎庵,奉天海城(今属辽宁)人,隶镶红旗汉军,阿桂等纂《盛京通志》卷七十九载其:"康熙三十五年由河南布政史升任巡抚,首务教化,建修书院,延名宿以训课士子。严饬武备,禁除一切陋规……时称贤大吏云。"

江西抚州通判陆辂捐俸重修汤显祖玉茗堂于旧址,赋诗贺之。

王士禛《居易录》卷十四:"门人常熟陆辂次公昔为恩县令,迁东昌别驾,适补抚州。"同卷二十四云:"汤若士先生玉茗堂乱后久毁兵火,门人常熟陆辂次公通判抚州,捐俸钱即堂址重新之,落成日遍召太守以下诸同官洎郡中士大夫大集堂中,令所携吴伶合乐演《牡丹亭》传奇,竟夕而罢,自赋二诗纪事,一时江右传之,多属和者。"金埴《不下带编》卷三:"常熟陆次公辂,康熙中判抚州,重建玉茗堂于故址,大会府僚及士大夫,出吴优演《牡丹亭》剧二日,解帆去。辂自赋诗纪事,江以南和者甚夥。时阮亭王公官京师,闻而艳之,寄诗云:'落花如梦草如茵,吊古临川正莫春。玉茗又开风景地,丹青长忆绮罗人。瞿塘迴櫂三生石,迦叶闻筝累劫身。酒罢江亭帆已远,歌声犹绕画梁尘。'如许风致,耐人吟咏。"《鹤栖堂稿诗集》卷四即有《陆次公别驾抚州重葺汤若士玉茗堂,歌以美之》:"朅来虞山陆使君,翱翔半刺吊前人。手辟荆榛布堂庑,几筵榱桷一时新。小部梨园将进酒,清歌妙舞重横陈。先生一笑蹶然起,四梦一曲好迎神。"因同卷前有《立秋苦热》,可知此诗当作于入秋之际。尤珍《沧湄诗稿补遗》卷三《陆次公别驾重建汤临川玉茗堂为祠二首》亦为是时作。

陆辂,字载商,以例授阳曲县丞,擢知恩县,再擢东昌通判,移抚州。重建玉茗堂于故址,落成,集僚友及名士张乐宴饮,一时传为美谈。生平事迹见《(光绪)常昭合志》卷三十一《人物十》。

何煜往福建,归赠宋树茶。

《鹤栖堂稿诗集》卷四《何章汉闽归,贻宋树茶二首》一云:"君向闽南啖荔枝,饱时浇腹正相宜。吴侬相见犹嫌晚,昔日斗茶今补遗。"

有人以书、画等古董来售,戏答之。

《鹤栖堂稿诗集》卷四《有以古董来售者,戏书示之》:"市上争开书画船,如何古董尚新鲜。千行钩画赵松雪,百轴云山沈石田。墨版尽镂南宋字,铜壶犹制大唐年。但持夫子一条杖,好乞太公九府钱(原注:见宋人小说)。"由于此诗后有诗《初秋》,可知时约六七月间。

邵深研少而好学,题《涤砚图》以赠。

《鹤栖堂稿诗集》卷四《邵子深研少而好学,亦工法书,尝于扇头写太白庐山谣贻予,因题〈涤砚图〉二首赠之》:"白也昔作庐山谣,君书亦与庐山高。欲识庐山真面目,香炉水帘在挥毫。"因此诗前有《初秋》、后有《中秋三五夜》,故推知当作于七八月间。

邵子,字深研,本名不详。

八月,同乡友人黄庭(蕺山)之子黄师琼童子科中试,赋诗贺祝。

《鹤栖堂稿诗集》卷四《贺黄愿弘童子科秋荐二首》一云:"金门羽客有虚堂,定向元皇乞侍香。赢得班超投笔笑,从今不赋射雕行(原注:虚堂其祖,乃父蕺山,武孝廉也,予尝作《射雕行》赠之)。"《(乾隆)长洲县志》卷二十四:"黄师琼,字愿弘,省曾八世孙。刻苦自励,思以文学显。中康熙壬辰进士,任徽州教授,建'敬业''日新'两堂,与诸生讲课其中。……艰归。服阕,补镇江教授,升云南广通县。……积劳成疾,殁于官。"

九月,宋世濴夫妇卒,卒前宋有"海阔天空"之语。

《鹤栖堂稿诗集》卷四《挽城南老人夫妇并逝二首》一云:"朝来扶病起匡床,惊报城南双悼亡。忉利天边应共去,菩提树下可同行。广平相业传三代,燕桂家声有五郎。满座貂蝉都不恋,只将支手见空王。"彭定求《南畇诗稿》卷八《城南宋翁挽词二首》、尤珍《沧湄诗稿》卷二十《挽宋城南二首》亦为时作,其中尤珍《挽宋城南二首》一云:"我爱城南老,长斋礼净名。寿原非有相,悟本是无生。藕悴三秋冷,霜寒万象清。天空兼海阔,撒手此时行(原注:临终有'海阔天空'之语)。"由"藕悴三秋冷,霜寒万象清"句,可知宋世濴卒于三秋九月间,且尤侗该诗前有《九日揖青亭》、后有《九月廿八日,先君三十周年,香严寺追荐志感》,更可证时为九月间。

送酒于朱彝尊,并诗以赠。

《鹤栖堂稿诗集》卷四《送酒与竹垞》:"秋风每忆小长芦,消夏依然在太湖。不为扁舟愁道远,只因短杖病难扶。几年修史犹高阁,此日删诗得竟无。遮莫提壶同一醉,天涯征雁盍归乎。"

九月二十八日,先君去世三十周年,与七弟尤偁至香严禅院礼忏。

《悔庵年谱》卷下。《鹤栖堂稿诗集》卷四《九月廿八日,先君三十周年,香严寺追荐志感》:"读诗久废蓼莪篇,弹指春秋三十年。遗老已无双白发,孤儿只剩两青毡(原注:七子惟侗与偁在)。亦园松菊犹如故,萧寺钟鱼空杳然。自叹崦嵫逼暮景,几时杖履侍重泉。"按,《西堂杂组三集》卷七《先考远公府君暨先妣郑氏行述》载尤父瀹卒于康熙十一年壬子(1672),至本年康熙四十一年(1702)正三十周年。

岁末天寒,患病,赋诗遣怀。

《鹤栖堂稿诗集》卷四《病中大雪》《病起漫兴二首》。其中《病中大雪》诗云:"何事空床独枕书,那堪破灶犹衔药。朝餐稀粥欲忘饥,夜眠败絮终嫌薄。须臾五九报春回,穷汉阶头舞韶濩。"由诗中"须臾五九报春回"句可知时为岁末,又《鹤栖堂稿诗集》卷五《癸未元旦二首》中有"且喜病夫无恙在,春风又到小门前"可推知元旦乃病愈。

年近除夕,家中又失窃,感慨赋诗,并怀亡友汪安公编修及同乡沈朝初学士。

《鹤栖堂稿诗集》卷四《除夕偶书二首》,一云:"一年世事已三变,末劫人情更屡迁。鹤禁郎君玉匣化(原注:沈东田学士),羊城使者锦衣旋(原注:汪安公编修)。鲁公只剩乞米帖,庄子空存胠箧编(原注:室中被窃)。所见所闻今若此,老夫啼笑两茫然。"

沈朝初(1649—1703),字洪生,号东田,江苏吴县人。康熙十八年(1679)进士,改庶吉士,授翰林院编修,官至侍读学士。曾分撰《明史》《大清一统志》等,有《不遮山阁稿》。生平事迹见《国朝耆献类征初编》卷一一七、《全清词钞》卷五、《(乾隆)长洲县志》卷二十四《人物四》。

盘门塘岸久圮,有长者王顺山独立成之,洞庭吴序商并筑草亭,是年作文纪事。

《鹤栖堂稿文集》卷四《般塘行乐亭碑记》:"自胥关万寿亭东至盘门张公桥,约三里而遥,沿塘一带厥土涂泥,未有砖石之砌……有花洲长者王顺山慨然独任,自挑一畚,筑之登登,不日告竣,遂成康衢,行人便之。惟途中尚少草亭以憩行旅,旁盖把茅以住老僧,广施茶姜,以济饥渴。土木虽繁,又恶可以已哉!于是洞庭吴序商居士经始鸠工,孤亭四角遂落成焉。"《鹤栖堂稿诗集》卷四《又记事十六首》,一云:"河工旁午百官奔,竭力输将尚苦烦。怪底南濠王长者,自挑粪土到盘门(原注:纪王顺山修盘塘事)。"

亡友蒋德埈有德于甫里,乡人祠而祝之,是年为文以颂。

《鹤栖堂稿文集》卷四《蒋进士祠堂碑记》:"蒋公讳德埈,字公逊,长洲人。顺治戊戌进士,未仕而卒。吾家与蒋氏世为中表,而予与公逊尤相爱也。……又越二十馀载,乡人感而思之,相与建祠,祀君于甫里,以其死所,魂魄犹恋此也。呜呼,异哉!今之乡先生殁而可祭于社者,吾见亦罕矣。"《苏州府志》卷八八载蒋德埈:"康熙乙卯岁大饥,德埈倾家赈济,全活者数千人,月给育婴堂缗钱为乳哺费,施絮施棺埋胔掩骼……人感其义,请之有司建祠,春秋祀享。"蒋德埈著有《錞庵诗钞》《公逊文稿》,生平事迹见《江南通志》卷一五七、《苏州府志》卷八八、《(民国)吴县志》卷七十《列传忠义二》。

是年,孙世求以教习考授知县。

尤珍《沧湄年谱》康熙四十一年。

康熙四十二年　癸未　(1703)　八十六岁

正月二十六日,宋荦七十初度,作文寿之。

宋荦《西陂类稿》卷四十七《漫堂年谱》。《鹤栖堂稿文集》卷五《宋大中丞七十寿序》:"皇上万寿在三月,而公古希之辰即在春王正月,有君臣相悦之象焉。以天寿平格推之,皇上之寿如天,公之寿亦如冈、如陵、如川之方至矣。然不敢先臣于君者,人事毕然后敢治私事也。今而后,吾侪小人愿跻公堂而献一觞,而予尤有进焉。"

正月,因河工告成,康熙帝复南巡。水陆并进,銮仪车马甚盛,百姓聚观迎送。侗接驾至锡山驿亭,上岸登独木桥,得过。

《圣祖实录》卷二一一。《悔庵年谱》卷下、尤珍《沧湄年谱》康熙四十二年、《鹤栖堂稿诗集》卷五《迎銮纪事十首》等均有载。

二月,康熙帝抵苏,驻跸织造衙门。二十日,谕升侗翰林院侍讲、晋阶承德郎,并赐米贴一卷、赐尤珍古诗一幅。时还复内阁学士卢琦、谕德秦松龄、检讨潘耒、徐釚、冯勖、御史吴震方等原官。

《圣祖实录》卷二一一。《鹤栖堂稿诗集》卷五《迎銮纪事十首》,一云:

"起居未列讲筵旁,忽降新衔侍讲章。宣旨不离虎拜地,谢恩仍上鹤栖堂。掌麻视草虽无分,洛诰豳风有几行。陛下大呼奇绝事,微臣敢学米颠狂(原注:侗奉旨特升侍讲,并御书临米一幅)。"一云:"大田多稼水多鱼,犹念遗贤旧石渠。宣室鬼神思贾谊,茂陵封禅问相如。十年丘壑重簪笔,三径蓬蒿又出车。争看帝王书第一,家家供奉尚方书(原注:诏复秦松龄谕德、冯勖、潘耒、徐釚检讨等官)。"尤珍《沧湄年谱》康熙四十二年:"(二月)十一日,驻跸于苏州行宫……二十二日,召诸臣至行宫,写诗进呈,特加先大人翰林院侍讲,赐临米芾五言古诗一幅,赐珍御制《雨中望吴山》诗一幅。二十三日,送驾回銮。"《沧湄诗稿》卷二十一《迎驾纪事三首》《二月二十二日,召至行宫,赐御书一幅恭纪》亦为时作,其中后一首有云:"十年归隐伴渔樵,回收觚棱清梦遥。忽觐天颜依日月,还瞻御笔下云霄。羲皇画字乾坤定,虞帝歌诗律吕调。从此小亭夸胜景,青山槛外许相召(原注:结用御笔诗中语)。"尤珍《沧湄文稿》卷四《御书亭记》亦载父子受赏之事。另,《(民国)吴县志》卷六十八《列传六》:"癸未,驾复南巡,(侗)即家晋侍讲。"《词林典故》卷四:"四十二年春,圣驾南巡,至吴,又赐在籍检讨尤侗字幅,即于其家擢授侍讲。"潘耒《遂初堂文集》卷十八《尤侍讲艮斋传》:"癸未春,驾复幸吴,赐先生御书一幅,即家拜侍讲,实异数也。"王士禛《香祖笔记》卷二:"(癸未)上南巡畿辅,在籍诸臣迎驾,诏复原任礼部右侍郎田种玉、国子监司业刘芳喆、御史戈英原官;至江南,诏起用原任河南巡抚侍郎顾汧、翰林编修杨瑄,加检讨尤侗侍讲,复内阁学士卢琦、谕德秦松龄、检讨潘耒、徐釚、冯勖、御史吴震方等原官。"

三月,赴官山扫墓。

《鹤栖堂稿诗集》卷五《官山扫墓》:"才向郊关送至尊,朅来山坞拜先亲。……流莺正熟黄花烂,检点韶光又暮春。"

五月十六日,王士禛写书于侗,请为其"带经堂""信古斋"作记,并寄示《古欢录》《池北偶谈》。

王士禛《蚕尾集剩稿·寄尤悔庵侍讲》:"长夏遥承起居清健,诗笔之兴,弥更矍铄。弟庚辰蒙御书'带经堂'之赐,客岁壬午又蒙御笔为书'信古斋',敬求先生一记传之将来,当不靳也。近著《古欢录》《池北偶谈》二书就正,《偶谈》中载先生语数则,亦可见古人倾倒之至。"《鹤栖堂稿》卷五《迎銮纪事》之后收录《王阮亭大司寇手札》全文,落款云"五月望后一日弟士禛顿首",可知此信作于五月十六日。

六月三十日,高士奇卒,年六十。其时,励杜讷亦卒,年七十。

《清史稿》列传五十八、王利器《李士桢李煦父子年谱》、清史委员会编《清代人物传稿》上编第八卷。《鹤栖堂稿诗集》卷五《高江村、励近公两侍郎同时报讣,感哀有作》:"吾丘司马久相依,夕侧朝婴孰是非。本意紫宸常伴直,岂知白首竟同归。"尤珍《沧湄诗稿》卷二十一《病中杂诗四首》一云:"梦绕西州春复秋,伤心华屋忽山丘。两朝元老骑箕尾(原注:宛平),一代词臣赴玉楼(原注:江村)。"

励杜讷(1628—1703),字近公,一字澹园,直隶静海(今属天津)人。初冒杜姓,生员,精楷书。康熙二年(1663),廷选善书之士,以应试第一被录取,得以参加缮写《世祖实录》。康熙十八年举博学鸿词,授编修,充日讲起居注官。康熙二十一年复励姓,后官至刑部侍郎,卒谥文恪,赠礼部尚书,加太子太傅。著《杜乔堂集》。生平事迹见《清史稿》列传卷五十三等。

秋,珍儿患疾。

尤珍《沧湄诗稿》卷二十一《病中杂诗四首》《病起》。其中《病起》云:"病起秋光好,闲庭缓步时。盆中看水畜,檐际听刍尼。小雨沾林薄,残阳挂树枝。阴晴关旱潦,对景不胜思。"

世求北上,赋诗祝之。

《鹤栖堂稿诗集》卷五《送求孙北上》:"老年离别最销魂,况复衰翁送憨孙。胪唱竟传新甲第,弹冠犹记旧金门。驱车邈邈愁长道,折柳依依惜故园。安得身如双燕子,衔泥巢屋报君恩。"

九月,七弟倬人之妻二十六年忌日,为之悼亡。

《鹤栖堂稿诗集》卷五《为倬人七弟悼亡二首》,一云:"鹝鸠七鸟各分飞,丧马求林更式微。二十六年哀绝日,至今血泪染麻衣(原注:亡妇殁于戊午九月)。"

世求归,喜而赋诗。

《鹤栖堂稿诗集》卷五《喜求孙北归》:"汝行河朔十旬馀,便累衰翁日倚闾。千里宾鸿书未到,一年谢客出无车。江南幸喜田多稼,山左危成海大鱼。野老只贪乡里好,在东何似赋归与。"可知世求离家三月有余。

十月十一日,康熙帝西巡始,闻讯赋诗祝祷。

《圣祖实录》卷二一三。《鹤栖堂稿诗集》卷五《闻圣驾西巡有纪》、宋莘《西陂类稿》卷十八《上幸秦晋,由中州回銮。臣疏请迎驾于大梁,祗候旋奉旨免迎。返辔过里门,信宿而行,赋诗纪事,时康熙癸未仲冬十二日也》。

除夕,有人馈葡萄。婢女产一孙女。

《鹤栖堂稿诗集》卷五《除夕口号》,有"床头虽乏三千瓮,幸有葡萄当酒杯(原注:是夕有送葡萄者)"句,又一云:"空房何意泣呱呱,弱女非男犹胜无。独恨青山血食断,庭坚岂遂忽诸乎(原注:瑞儿尚未立嗣,是夕儿婢产一孙女)。"

王熙卒。

康熙四十三年 甲申(1704) 八十七岁

春日未出户,春暮,珍儿招友集惜阴轩小饮。

尤珍《沧湄诗稿》卷二十二《送春日,惜阴轩小集,以"惜""阴"为韵二首》,一云:"春风一何驶,去如远行客。屈指三春时,花信半狼藉。献岁多阴寒,雪飞屡盈尺。连绵两月雨,水潦渐伤麦。上巳方清和,家累苦相迫。老亲不出户,坐卧在床席。未曾一窥园,何暇办游屐。今兹送春去,韶光竟虚掷。俛卬感慨生,此日足可惜。"二云:"繁红既以萎,庭中多绿阴。乌雀时往来,嘤鸣遗好音。……棋局相閒设,坐隐无嚣心。盘餐幸粗具,旨酒各自斟。把杯征雅令,凝思深且沉。酒阑击鼓戏,豪兴殊不禁。虽云一饷乐,毋乃近湎淫。作诗还自警,庶几当酒箴。"

五月初九,访濂六十初度。

尤珍《沧湄诗稿》卷二十二《次韵和访濂六十感怀四首》。

六月二十五日,以疾卒。十二月十九日,与妻令合葬于官山后姚姊河。

尤珍《沧湄年谱》康熙四十三年:"六月二十五日,先大人以疾终于正寝。八月初七日,治丧,始共五日。十五日,奉先大人柩权厝于草草山房。十二月十九日,启先母穴合葬。"《沧湄文稿》卷六《翰林院侍讲先考艮斋府君行述》亦载有尤侗卒事。彭定求《南畇诗稿》卷十《尤艮斋先生挽词二首》,一云:"国老称人瑞,天何不憗遗。冥冥观化日,默默解驳时。禄命更陶铸,文章纵指麾。浮休还悟得,底事隙驹悲。"又一云:"情亲陪杖屦,荏苒岁时辰。旅馆传琼检,乡园伴羽骖。同人多賷谢,夫子始归藏。若问钧天奏,前因未渺茫。"朱彝尊《曝书亭集》卷七十六《翰林院侍讲尤先生墓志铭》:"甲申六月日以疾卒,距生明万历四十六年闰月日,享年八十有七。"王豫《江苏诗征》卷八十五引《江苏诗事》语:"(尤侗)甲申六月卒,年八十七。"潘耒《遂初堂文集》卷十八《尤侍讲艮斋传》如是记。《苏州府志》卷八八道尤侗:"癸未,驾复南巡,即家晋侍讲,明年卒,年八十七。"《苏州府志》卷四九《冢墓一》道:"尤侗墓在官山后姚姊河。"《(民国)吴县志》卷四十:"翰林院侍讲尤侗墓在官山后姚姊邬,近韩襄毅公墓。"

吴谌卒。洪昇卒。吴雯卒。韩菼卒。邵长蘅卒。

参考文献

一、基础文献类

尤侗:《西堂全集》《西堂馀集》《鹤栖堂稿》,康熙丙寅周君卿刻本。

尤珍:《沧湄诗文稿》《晬示录》《静啸词》《介峰札记》《沧湄年谱》,康熙刻本。

尤世求:《南园诗钞》,清刻本。

毛奇龄:《西河合集》,清刻本。

徐元文:《含经堂集》,清刻本。

宋琬:《安雅堂集》《安雅堂未刻稿》,清刻本。

汪琬:《尧峰文抄》《钝翁类稿》,康熙间刊本。

施闰章:《施愚山先生学馀诗文集》,乾隆间刻本。

陈维崧:《湖海楼诗集》《陈迦陵文集》《迦陵词全集》,康熙刻本。

丁耀亢:《丁野鹤遗稿》,康熙刻本。

王崇简:《青箱堂文集》,康熙十五年刻本。

周亮工:《赖古堂集》,康熙间刊本。

杜濬:《变雅堂遗稿》,光绪二十年黄冈沈氏刊本。

顾贞观、纳兰性德:《今词初集》,康熙原刻本。

聂先、曾王孙:《百名家词钞》,康熙绿荫堂刻本。

王士禛、邹祗谟:《倚声初集》,康熙刻本。

王士禛:《渔洋山人合集》,康熙刻本。

冒辟疆:《同人集》,道光间冒氏水绘园刊本。

高士奇:《清吟堂全集》,清刻本。

朱彝尊:《曝书亭集》,康熙刊本。

彭孙遹:《松桂堂全集》,乾隆刻本。

毛先舒:《潠书》,康熙刻思古堂十四种书本。

徐釚:《南州草堂集》,康熙刻本。

吴伟业:《吴伟业全集》,上海古籍出版社,1990 年。

李渔:《李渔全集》,浙江古籍出版社,1991 年。

陈廷焯:《白雨斋词话》,人民文学出版社,1959 年。

《古本戏曲丛刊》编辑委员会:《古本戏曲丛刊三集》,文学古籍刊行社,1957 年影印本。

赵尔巽等:《清史稿》,中华书局,1976 年。

巴泰等:《清世祖实录》,中华书局,1985 年。

钱仪吉等:《清代碑传全集》,上海古籍出版社,1987 年影印本。

李桓:《国朝耆献类征初编》,光绪十年李氏刊本。

李铭皖等修、冯桂芬等纂:《(同治)苏州府志》,光绪九年刊本。

王豫:《江苏诗征》,清刻本。

吴修:《昭代名人尺牍》,光绪三十四年上海集古斋石印本。

纪昀:《四库全书总目提要》,海南出版社,1999 年。

卓尔堪:《明遗民诗》,中华书局,1961 年。

毛奇龄:《文华殿大学士太子太傅兼刑部尚书易斋冯公年谱》,康熙五十九年刻本。

王崇简:《王崇简年谱》,民国间抄本。

王熙自编:《王文靖公年谱》,民国间抄本。

沈起编、张涛、查榖注:《查东山先生年谱》,民国间刻本。

顾轼编、顾思义订:《吴梅村先生年谱》,清光绪三年重刻本。

周在浚编:《周栎园先生年谱》,民国间硃丝栏抄本。

归曾祁编:《归玄恭先生年谱》,民国七年蓝格稿本。

赵经达辑:《汪尧峰先生年谱》,民国间刻本。

方苞考订、杨椿重编:《汤文正公年谱定本》,清乾隆八年重刻本。

彭定求编、彭祖贤重编:《南畇老人自订年谱》,清光绪七年刻本。

杨谦:《朱竹垞先生年谱》,清刻本。

沈德潜:《沈归愚自订年谱》,清乾隆二十九年刻本。

翁方纲:《莲洋吴征君年谱》,清乾隆三十九年刻本。

丁传靖编:《张文贞公年谱》,清光绪三十一年刻本。

吴怀清编:《天生先生年谱》,民国十七年刻本。
顾嗣立:《闾邱先生自订年谱》,民国二十五年铅印本。
陈垣编:《吴渔山先生年谱》,民国二十六年刻蓝印本。

二、工具书、研究著作类

郑鹤声:《近世中西史日对照表》,中华书局,1980年。
震华法师编:《中国佛教人名大辞典》,上海辞书出版社,1999年。
杨廷福、杨同甫编:《清人室名别称字号索引》(增补本),上海古籍出版社,2001年。
李灵年等主编:《清人别集总目》,安徽教育出版社,2000年。
上海图书馆编:《中国丛书综录》,上海古籍出版社,1982年。
柯愈春:《清代诗文集总目提要》,北京古籍出版社,2002年。
董康等校订:《曲海总目提要》,人民文学出版社,1959年。
北婴:《曲海总目提要补编》,人民文学出版社,1959年。
傅惜华:《清代杂剧全目》,人民文学出版社,1981年。
庄一拂:《古典戏曲存目汇考》,上海古籍出版社,1982年。
齐森华、陈多、叶长海主编:《中国曲学大辞典》,浙江教育出版社,1997年。
赵景深、张增元:《方志著录元明清曲家传略》,中华书局,1987年。
唐圭璋:《词话丛编》,商务印书馆,1933年。
《中国古典戏曲论著集成》(十册),中国戏剧出版社,1959年。
郑振铎:《清人杂剧初集》,1931年长乐郑氏影印。
郑振铎:《清人杂剧二集》,1934年长乐郑氏影印。
卢前:《明清戏曲史》,商务印书馆,1935年。
青木正儿:《中国近世戏曲史》,商务印书馆,1936年。
郑振铎:《中国俗文学史》,作家出版社,1958年。
蔡毅:《中国古典戏曲序跋汇编》,齐鲁书社,1989年。
吴毓华:《中国古代戏曲序跋集》,中国戏剧出版社,1990年。
施蛰存主编:《词籍序跋萃编》,中国社会科学出版社,1994年。
吴梅:《顾曲麈谈·中国戏曲概论》,岳麓书社,1998年。
钱仲联主编:《清代文学家大辞典》,中华书局,1996年。
薛若邻:《尤侗论稿》,中国戏剧出版社,1989年。

谭帆、陆炜：《中国古典戏剧理论史》，中国社会科学出版社，1993年。
邓长风：《明清戏曲家考略》，上海古籍出版社，1999年。
周贻白：《中国戏剧史长编》，上海书店出版社，2004年。
周妙中：《清代戏曲史》，中州古籍出版社，1987年。
郭英德：《明清文人传奇研究》，北京师范大学出版社，1992年。
郭英德：《明清传奇史》，江苏古籍出版社，2001年。
李玫：《明清之际苏州作家群研究》，中国社会科学出版社，2000年。
张敬：《明清传奇导论》，华正书局，1986年。
陈芳：《清初杂剧研究》，学海出版社，1991年。
曾影靖：《清人杂剧论略》，台湾学生书局，1995年。
杜桂萍：《清初杂剧研究》，人民文学出版社，2005年。
张发颖：《中国家乐戏班》，学苑出版社，2002年。
刘水云：《明清家乐研究》，上海古籍出版社，2005年。
张仲谋：《清代文化与浙派诗》，东方出版社，1997年。
刘世南：《清诗流派史》，人民文学出版社，2004年。
严迪昌：《清诗史》，浙江古籍出版社，2002年。
严迪昌：《清词史》，江苏古籍出版社，2001年。
李康化：《明清之际江南词学思想研究》，巴蜀书社，2001年。
王兆鹏：《词学史料学》，中华书局，2004年。
谢正光：《清初诗文与士人交游考》，南京大学出版社，2001年。
汪龙麟：《中国20世纪文学研究·清代卷》，北京出版社，2001年。
刘麟生：《中国骈文史》，东方出版社，1996年。
姜书阁：《骈文史论》，人民文学出版社，1986年。
卢前：《八股文小史》，商务印书馆，1937年。
张慧剑：《明清江苏文人年表》，上海古籍出版社，1986年。
章培恒：《洪昇年谱》，上海古籍出版社，1979年。
蒋寅：《王渔洋事迹征略》，人民文学出版社，2001年。
孟森：《心史丛刊》，辽宁教育出版社，1998年。
孟森：《明清史讲义》，中华书局，1981年。
谢国桢：《明清之际党社运动考》，上海书店出版社，2004年。
赵园：《明清之际士大夫研究》，北京大学出版社，1999年。

人名索引（按姓氏拼音排序）

B

白胤谦　21,39

本晳　147

C

曹尔堪　18,24,31,63,66－68,71,96,
　　98,119

曹广端　109,110,112

曹鉴平　96

曹鉴章　96

曹亮武　158

曹令　4,30,54,105,107,108,110,121,
　　125,139,155,192,227

曹宜溥　113,133,134

曹寅　50,103,160,161,163,165,166,
　　168,169,202,207,220

超揆　159,175,205

超远　186

陈炉　26

陈豉永　103,104

陈铎　192,193

陈棐　31

陈维崧　66,71,76,97,99,107,109,
　　110,113－115,117,118,121－126,
　　128,129,135,184

程芳朝　36,37

程康庄　67

程梦筒　57

程义　163,164

程邑　43,61

褚人获　224

D

戴易　214

道忞　49,53,71,147

邓汉仪　71,109－111

丁澎　46－48,63,78,94,98

丁与玉　60

丁允元　16,85

董麒　161,206,230

董俞　71,110,112

都穆　178

杜登春　108,136,203,205

杜濬　71,84,89,152

杜首昌 208

F

范骧 18

方鸿 141,202

方象瑛 94,109,113,124,143,154

冯静容 57

冯六皆 9,10

冯溥 1,20,37,115,121,126—131,165

冯勖 10,113,114,193,198,210,215,227,237,238

G

高辅辰 34,118

高珩 27,121

高简 193

高士奇 107,134,159,168,180,181,183,187,193,209,220,226,228,239

高晫 97

耿介 139

龚鼎孳 40,56,61,91

顾铧 193

顾彩 98,99

顾镡 165

顾大申 18

顾濂 165

顾汧 128,134,196,210,213—216,219,220,238

顾嗣立 68,195,220

顾予咸 57,58,80

顾藻 232

归庄 1,78,91

H

韩世琦 59,83

韩菼 38,52,53,58,59,123,128,166,173,177,179,181,183,185,202,203,241

郝杰 36

何棅 179—181,233

何煜 233,234

弘壁 42,43,80,81

洪昇 17,69,129,183,208,241

侯七乘 89

侯玄汸 5,7

侯元涵 5

黄淳耀 5,6

黄裳 183,184

黄机 27,28

黄迁 63

黄师琼 235

黄庭 136,137,184,207,235

黄与坚 52,108,113,118,131—133,135,136,159,179,180

黄之翰 102,103

黄周星 78,81,120

J

计东 24,25,41,47,57,58,73,84,87,97

季式祖 115

简上 85

姜埰 75,89,90

姜实节 20,220

姜图南 48,49

蒋超 20,25,26,62,74,83,88

蒋德埈 82,237

蒋玉立 26,27

蒋之逵 192

蒋埴 79

金铉 23,70,141

金秉宽 77

金俊明 90

L

赖方度 174,175

劳之辨 101,102,104,152,158,182,184,202,232

雷腾龙 55

李长科 52

李澄中 108,110,113,114,117,127—130,134—137

李凤雏 167,168

李国亮 233,234

李煌 35

李际期 26

李明睿 18,19

李绍闻 143

李煦 169,171,175,177,212,220,239

李因笃 108,110,111,113—115,169

李潆 70

李渔 46,84,254

李振裕 151,152

李作楷 17

俍亭 86

梁化凤 52—54

梁清标 71,74,75,108,165

林鼎复 99

林麟焻 128,129,142

林云铭 144

刘芳声 35

刘逸民 46,47,51,76

龙燮 109,113,114,133

娄维嵩 75

卢伯宗 191

陆炽 147

陆次云 110,111,149

陆德元 62,95,140,210

陆铬 234

陆圻 5,6,24,48

陆庆曾 46,47,76

陆寿国 3,4,8—10,16

陆寿名 3,13,28,29,62,67,79,82,86,112

吕崇烈 21

罗廷玙 34,35,44

M

马光辉 37

马鸣銮 57,63

马耀曾 26,27

毛际可 47,109,124,154

毛奇龄 24,37,94,108,113,114,118,125,126,130,131,136,154,158,159,167

冒襄 66,101,178

梅庚 118

梅鼎 160

弥鞏　117,118,126

缪慧远　23,74,75

N

倪璠　159,160

聂先　159,160

P

潘耒　17,40,109－111,113,114,117,122,125,126,128,130,131,134－136,187,193,205,212,214,218,237,238,241

潘恬如　70,200,201

潘宗洛　153

庞垲　109,113,114,129,130,135,136,152,209,215,225

彭宾　26,27

彭定求　13,17,23,58,63,82,83,85,86,92,95,108,115,116,118,119,132,148,151,155,161,165－167,170,176,177,183,185,188,194,198,199,201,206,211－213,216,218,224,227－229,232,233,235,240

彭珑　23,24,38,57,158

彭宁求　108,131

彭始乾　85,165,167

彭孙贻　55

彭孙遹　55,57,58,63,71,107－111,113－118,121,122,125,128,130,132－136,207,212,219,227

Q

钱塽　145

钱安修　5,6

钱澄之　160

钱德震　55

钱陆灿　179,180

钱肃润　182

钱中谐　76,77,113,159

乔莱　109,113,136,137,184

钦兰　1,2,43,98,101

秦生镜　137,138,157

秦松龄　3,73,113,114,179,180,237,238

秦祖襄　27

庆祐　51,70

丘园　82,90

丘之蕃　60,70

裘用贞　149,150

R

阮南枝　206

S

邵长蘅　57,58,114,116,134,135,198,199,220,241

沈朝初　236

沈德潜　6,20,76,232

沈珩　98,109,113,154

沈开进　174

沈磐　5,6,9

沈虬　106

沈荃　67,68,74,76,108

沈时栋　197

沈芜亭　191

沈以曦　16,20,21,34,50

盛符升　57,179－181,219,229

施何牧　181

施敬先　29,112

施闰章　1,18,21,22,29,42,51,78,88,94,108,109,113,114,117－119,122,128,132,135,184

施震铨　153,214

石申　34

史大成　54

释大宗　207,208

书玉　149,150

宋曹　82,90

宋德宏　23,24,28,62,177

宋德宜　23,24,28,43,47,76,77,109,152,164

宋定业　170－173

宋广业　82,83,138

宋荦　63,102,109,110,122,124,126,136,150,152,154,167,171,181,185,187,190,191,193,195－197,199,201,202,204,208,213,215,218,219,226,229,230,237,239

宋宓　92

宋绍业　171

宋实颖　13,23,24,28,29,57,58,78,87,88,94,108,109,113,115,147,193,228

宋琬　1,18,20,29,43,49,56,61,63,66,67,69,71,81,112

宋文森　163,189,190,203,216,217

苏昆生　92

苏铨　20,78,79

苏仁　61

孙默　71,72,110

孙旸　46,47,51,76,179,180,187,193,216,220

孙一致　99,100,108

孙枝蔚　100,101,108－110,120,128,152

孙致弥　105,195

T

汤斌　102,113,114,135,141,146,148,151,195

汤传楹　3,5,8－10,12－14,72

汤万焞　59,95

陶孚尹　164

田庆曾　138

佟岱　36

W

汪楫　102,109,110,113,114,128,129,142

汪立名　188,211,222

汪懋麟　71,102,104,118,123,156,184

汪泰来　209,211

汪琬　23,24,41,84,87,90,97,108,109,113,118,123,128,162,184

汪与图　187,188,211,216,222

王崇简　1,17,27－29,39,45,46,61,

88,109,110,123

王复礼　93

王复阳　10,14

王国玺　126,127

王昊　18,19

王翚　79,226

王简　15,53

王揆　18,19

王来用　30,34,35

王日藻　139,176,179,180,227

王士祜　81,106,127,137

王士禄　41,66,67,71,91,100

王士禛　18,25,44,47,53,55,65,67,
　71,78,80,87,88,100,106－109,
　113,117,118,122,125,126,128,
　129,132,134,135,137,142,152,
　163,178,186,187,193,195,202,
　207,227,229,231,234,238

王熙　2,46,49,68,103－105,123,134,
　135,183,240

王曜升　18,19

王晫　143,144

魏礼　174,175

闻曦　211,213

吴翿　6

吴翻　5

吴谌　82,83,128,160,188,190,200,
　206,213,241

吴历　161,162

吴绮　63,78,98－100,152,154

吴秋士　187,188

吴伟业　1,18,19,24,25,35,40,57,63,

71,86,92

吴雯　14,110,112,241

吴锡晋　191,206

吴兴祚　73,89,140

吴愉　23

吴苑　71,74,183,220,224

吴瞻　140,188,190,200,206,216,217,
　229

吴兆骞　45－47,51,126,142

X

夏云蛟　5,6

性在　31

徐釚　3,47,75,94,98,104,104－106,
　109,110,113,114,120,121,122,
　125,126,128,130,131,152,155,
　191,193,196,220,237,238

徐宾　173

徐秉义　17,76,77,134,179,180,183

徐登瀛　139

徐发　173,210,231

徐枋　1,90,109,184,214

徐嘉炎　107,109－111,113,114,121－
　123,125,128,130,132,135,136,
　152,220,230

徐柯　109,222,223,225

徐履忱　39

徐乾学　17,24,25,38,39,81,97,103,
　117,125,129,130,179－181,183

徐崧　162

徐元文　3,17,23,25,38,39,52,53,57,
　58,81,89,91,114,115,117,122,

126－128,130,164,221,232
徐远 182
许定升 224
许虬 59,60
许缵曾 176,179－181,229
薛熙 102
薛柱斗 144,145,164

Y

姚士藟 153
叶璠 78,85,167,168
叶方蔼 39,52,78,107,114,117,121,126
叶封 52,102,108,117,152
叶国华 63
叶舒崇 106,113
叶奕苞 63,113
尤秉元 161
尤何 87,96,149,157,163
尤价 3,121
尤俊 2,120
尤佺 129
尤瑞 4,34,89,92,99,120,121,133
尤师锡 40,44,54,60
尤世求 77,131,220
尤偶 3,95
尤挺秀 12
尤应运 138,139
尤渝 2,61,80,86,154
尤珍 1,4,19,20,30,34,42,46,57,61,62,64,69－72,76－78,82,85－93,95,101,104,105,107,114,116,120,

125,127－133,135,136,140,144,147,148,150－155,157－159,161,163,165,167,169,172,174,181－183,185,186,188－192,194－211,213,216－221,223,224,227－229,232－235,237－240
尤倬 3,236
余怀 63,78,84,101,160,161,166,172,187,191,193,198
余峋 78,86,98
禹之鼎 179,180
袁国梓 44
袁骏 82,90,94
岳端 195,230

Z

曾王孙 47,59,60,160
张超 54
张大纯 162
张端 21
张尔素 21
张芳 63,78
张衡 157
张蛟 184,193
张茂枝 65
张叔珽 225
张英 127
张永庚 209
张远 63,128－130,135
章在兹 5,6,23,91
赵士麟 143
赵廷珪 138

郑钺　223

郑驷　228,229

郑重　47,60,64,81,108,184,225

钟允谐　78

周灿　134

周疆　68,145,160

周金然　144,171－173,179,180,202

周亮工　5,79－81,87,88

周霖　68,139,143

周铭　85,86

周体观　32,95

周行　78,79

周召　26

周肇　18,19,76

朱赤霞　163,164,166

朱典　216

朱端　186,191,196,231

朱凤台　65

朱一是　18,26,27

朱衣助　33

朱彝尊　2,24,25,40,66,109－111,113,114,130,136,202,218,229,235,241

庄朝生　231

宗观　145

宗渭　170－173,177,179－181,188,193,203,209,213,222

宗元鼎　97,129

邹衹谟　24,25,47,58,64,68,71

后　　记

此后记提笔之时,距离我博士毕业已近十五年。自博士论文的主体部分《尤侗研究》(上海文化出版社,2008)出版后,我的研究重点逐渐发生了分叉与流转。尤其 2010—2011 年自威斯康星大学麦迪逊分校(UW-Madison)跟随韩瑞亚教授(Rania Huntington)访学回来,因为工作需要等原因,我的研究方向从戏曲史与戏曲批评逐渐转向了动画理论与动画批评。虽然我今天依然对动画与戏曲的关系颇感兴趣,但是再看到"尤侗"二字,直觉却似乎能轻而易举地召唤出我对于普鲁斯特《追忆逝水年华》中玛格丽特饼干的想象,它们都成为了一种符号与媒介,成为了打开回忆的一扇大门,或是通往过去的一个窗口。

2003 年 9 月博士入学后,我之所以很快就决定选择尤侗作为研究对象,源自于一次日常性的讨论。师兄李军均(如今已是华中科技大学教授)和我聊起,"你知道吗,尤侗居然与李渔有交集!"听到这番话,我甚是感兴趣:一个端庄持重的才子名士,一个声名颇为狼藉的风情剧作家,居然同属一个"朋友圈"! 我当时的心情,大概类似于年轻的孩子们听说汤显祖与莎士比亚都去世于 1616 年、乾隆与华盛顿都去世于 1799 年一样,充满意外,却又有我个人找到了一亩三分地的几许惊喜。

此后,我便正式踏上了尤侗研究之路。为了查找资料,我花了近两年的时间待在了学校古籍室,幸有吴平老师、回达强与周保明等的多多照拂,让我得以查找到很多珍贵的原始文献资料。此外,我也曾与师兄师姐们一样,先后奔走于上图、北图,尽管当时的学生生活相对简单清苦,但如今想起,一切都是财富。博士三年时光充实而愉快,我与众位师兄、师姐、同门、同学如王庆华、杨再红、丁淑梅、余意、刘昭明、魏明扬、杨飞、刘畅、刘富伟、韩伟表、文娟、王毅、沈庆会、李睿等等多有过从，我们很多人曾一起上过童世骏老师主持的政治公共课，听过郭豫适老师对德里达的批评，参加过田仲一成先生的讲座；谭帆老师的戏剧理论课上，我们记笔记记得手软；齐森华老师的戏曲史课上，我们的浙江方言听力水平至少练到了业余八级。如今，大家曾往返于中北十七舍的河边小路两旁，蔷薇、樱花与含笑仍在开开落落，一季又一季。

如果说，这本简体版《尤侗年谱》的出版仍意味着我当年的学术关注没有中断，那么这大概是一段已经蹒跚了十八年的行程。凯文·伯明翰有过这样一句话，"当你翻开一本书，你就已经走到了一段漫长路程的尽头。"（《最危险的书：为乔伊斯的〈尤利西斯〉而战》）站在路口回头望，我看到了2006年的那个初夏。博士论文答辩之日，我还只是一个不知天高地厚的愣头青，我的博导谭帆老师英俊潇洒，师爷齐森华老师精神矍铄，郭豫适老师面色红润安康。今日再翻看论文答辩后的合影，答辩委员会中的章培恒教授、孙逊教授、李时人教授、郭豫适教授已先后驾鹤仙去。荏苒时光一去不返，空留唏嘘。

我在编撰与重修《尤侗年谱》之时，时常感慨尤侗的高寿。越是趋近尤侗晚年，越是能看到他为诸多同年交游等撰写的悼文、悼诗与悼词，老成诸多凋谢，其内心世界也定会生出诸多感慨吧。当年自京师归田后，他与乡里好友举办豆腐会，吟诗赏曲，春日桃花坞踏青，冬日七峰山探梅，寻访故人，给自己料理墓穴，安排身后事，这种平和的心态大概可以用八字形容：时时可死，步步向生。编撰年谱的过程，意味着对一个人的终身凝视，学术理性之下，是对其精神世界的自反性体悟。我们在建构着对象的同时，也建构着自我，这是我此刻最深沉的体会。

前不久去上海图书馆查阅尤侗的诗文集，打开《艮斋倦稿》，看着那似曾相识的蜡黄易碎纸张，我不禁怀疑，自当年我归还了这部集子后，兴许无人再来问津。整理年谱别集也好，编撰文献史册亦罢，注定是一张冷板凳。能坚持继续下去的，如果不是出于谋生所需，那一定是因为不计得失的学术意志。在我认识的朋友中，编辑胡春丽老师绝对是一个具有学术情怀的学者，她以极其专业的精神与研究性态度对本年谱进行了编辑与审校,字里行间都是热爱。毫不隐晦地说,如果没有胡春丽老师,一定不会有这本简体版《尤侗年谱》的出版。

当然,我还要感谢导师谭帆教授与师母邵明珍教授十八年来的指引与关怀,感谢已至耄耋之年的老母亲与兄嫂家人们无怨无悔的疼爱与支持,感谢王春雷与王徐伊诺,如果没有你们,我一定不会如此深切地感受到生命的丰盈与美好。

最后,本书中定然还有不少错讹以及需要进一步修改完善之处,恳请诸位方家学者不吝批评指正。

图书在版编目(CIP)数据

尤侗年谱/徐坤著. —上海：复旦大学出版社,2021.8
(江南历史名人年谱丛刊. 第一辑)
ISBN 978-7-309-15737-6

Ⅰ.①尤…　Ⅱ.①徐…　Ⅲ.①尤侗(1618-1704)-年谱　Ⅳ.①K825.6

中国版本图书馆 CIP 数据核字(2021)第 111811 号

尤侗年谱
徐　坤　著
责任编辑/胡春丽

复旦大学出版社有限公司出版发行
上海市国权路 579 号　邮编：200433
网址：fupnet@ fudanpress.com　http：//www.fudanpress.com
门市零售：86-21-65102580　　团体订购：86-21-65104505
出版部电话：86-21-65642845
上海盛通时代印刷有限公司

开本 890×1240　1/32　印张 8.5　字数 261 千
2021 年 8 月第 1 版第 1 次印刷

ISBN 978-7-309-15737-6/K·760
定价：88.00 元

如有印装质量问题，请向复旦大学出版社有限公司出版部调换。
版权所有　　侵权必究